能・狂言 謡の変遷

世阿弥から現代まで

高桑いづみ
Izumi Takakuwa

檜書店

写真22
雷雲蒔絵鼓胴

写真15
個人蔵鼓胴

写真1
石上神宮
鼓胴

写真3
石上神宮
鼓胴内部

写真2
神谷神社
鼓胴

写真6
飯開神社
鼓胴内部

写真5
飯開神社鼓胴

写真4
神谷神社
鼓胴内部

写真8
遍明院
鼓胴の銘

写真7
遍明院鼓胴

写真10
遍明院
鼓胴の穴

写真9
遍明院
鼓胴内部

写真11
神谷神社
鼓胴の穴

写真12
遍明院
鼓胴革口部

写真14
沼名前神社
鼓胴内部

写真13
沼名前神社
鼓胴

福山市鞆の浦民俗資料館特別展
「沼名前神社能舞台をめぐって」
カタログより転載

写真16
個人蔵鼓胴
乳袋の蒔絵

写真17
個人蔵鼓胴
内部

写真18
個人蔵鼓胴
棹の蒔絵

写真19
鳥海旧蔵鼓胴

写真20
鳥海旧蔵鼓胴
蒔絵

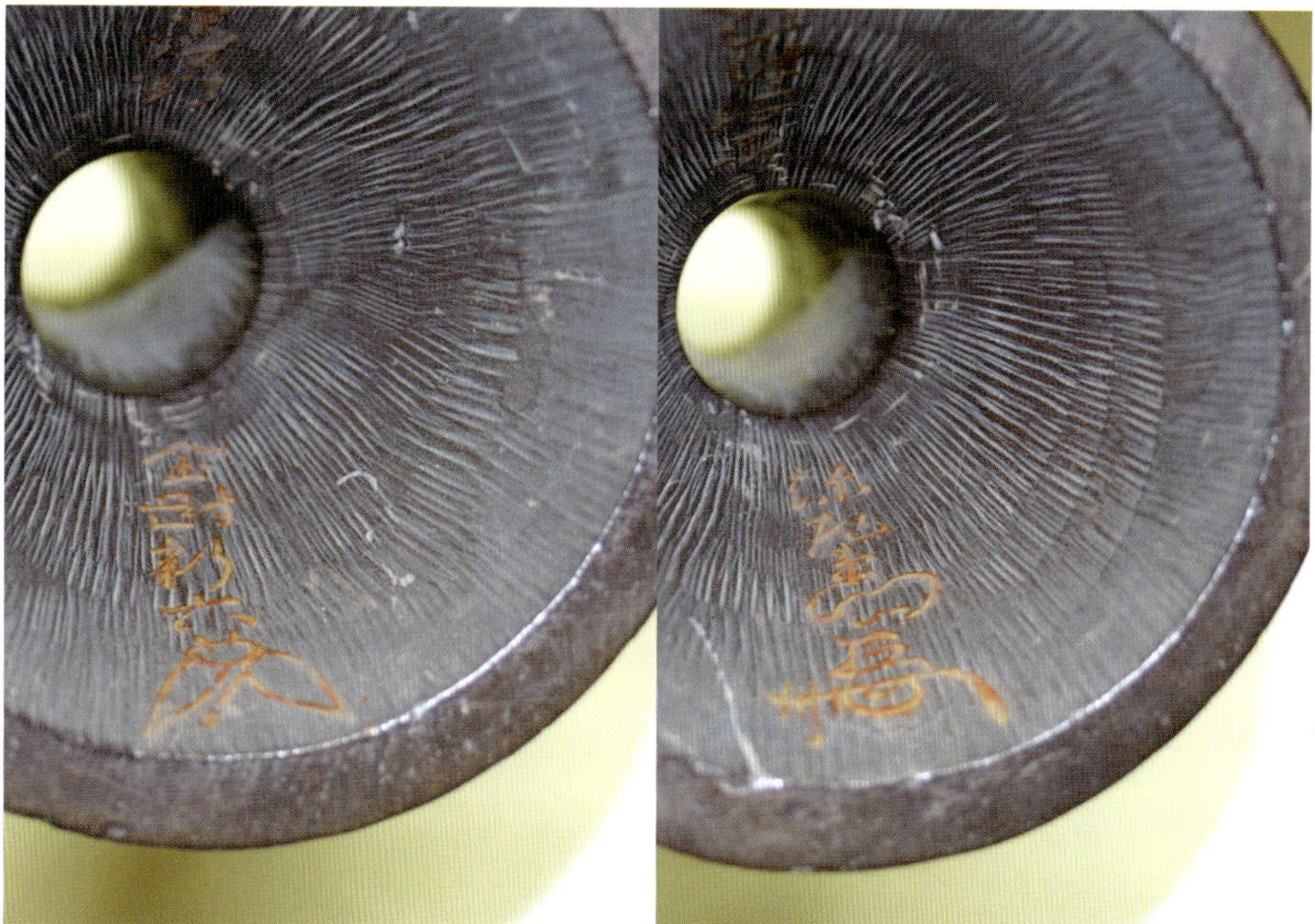

写真21
鳥海旧蔵鼓胴
蒔絵極メ

写真24
雷雲蒔絵鼓胴
X線透過撮影

写真23
雷雲蒔絵
鼓胴内部

写真 22～24 雷雲蒔絵鼓胴は
MIHO MUSEUM 蔵

能・狂言　謡の変遷

世阿弥から現代まで

目次

序にかえて

くり返すということ —— 音楽のかたちと伝承 ——

音は、生まれるそばから消えてなくなる。音を「かたち」として認識するとしたら、それはわれわれが記憶のなかで音を連なりとして再構築したときだけで、そのとき、もはや音は現実には鳴り響いてはいない。一度聞いただけではおぼつかなくとも、くり返し聞かされると音の連なりを「かたち」として認識しやすくなる。流れゆく音をひとつの「かたち」として切り取る手法として、「くり返し」は単純だが効果が大きい。

また、「かたち」のない音を後世へ伝える手段としても「くり返し」は欠くことができない。親から子へ、師匠から弟子へ世代を越えてくり返される伝授、くり返し行われる稽古。

意味は異なるが、あえてそれらを「くり返し」という日本語でくくりながら、本書の序として、能の「かたち」と伝承について言わずもがなのことを述べてみたい。

世阿弥（一三六三?～一四四三?）は歌舞を緻密に組み合わせて能作品を作り上げたが、そこでは形式を確立する手法として「くり返し」が効果的に用いられている。

世阿弥作品の中から《頼政》を例に取ってみよう。《頼政》は平家物語を出典とする作品で、京都の宇治を旅する僧侶（ワキ）の前に戦死した頼政の亡霊（シテ）が現れ、過去のいくさ物語を語って聞かせるというストーリーである。(1)

　夢の浮世の中宿の、夢の浮世の中宿の、宇治の橋守年を経て、老の波もうち渡す、遠方人にもの申す、われ頼政が幽霊と、名のりもあへず失せにけり、名のりもあへず失せにけり。

この歌は、宇治に住む老人の姿を借りて登場した頼政が、正体を明かしていったん姿を消す場面で謡われる。七五調を基調として初句と終句をくり返す形式で、高音（上音）で謡い出すところから［上《あ》ゲ歌《うた》］と呼ばれている。［上ゲ歌］では上音で謡い出した句を上音で謡い返し、下音に下行して謡い収める、という具合に旋律進行にも一定のキマリがある。

能は、オペラのように歌舞で進行する演劇である。オペラがアリアやデュエットといった小さな歌の集合体で構成されているように、能も［クリ］や［クセ］といった小さな歌の集合体で構成されており、［上ゲ歌］もその構成単位のひとつである。歌の積み重ねでストーリーが進行する以上、ひとつの歌がいつ始まりいつ終わるのか、形式の認識は重要になる。現在では「謡本」と呼ばれる楽譜があり、それを見ながら鑑賞や稽古をおこなうが、六百年ほど前、室町時代初頭に世阿弥が作詞作曲したときには、もちろん謡本は存在しない。世阿弥自筆能本が奈良県生駒市の宝山寺と、東京の一般財団法人観世文庫に数点残っているが、(2)それはもとより次世代の役者に相伝する意図で書かれたもので、観客のためではない。観客は初めて目にする作品に対して耳だけで謡の文句を聞き取り、歌の構成を把握しなければならなかったのである。

一度聞いただけでは聞き取れない歌詞の内容も、くり返すことで把握は容易になる。高音で謡い出し、その句をくり返すことで始まりを感じさせ、低音に下行して詞章をくり返すことで終わりを感じさせる。くり返しに加えて音の高低も重要なファクターになるのだが、旋律をパターン化すると、そこにどのような歌詞を盛り込んでも「かたち」として認識しやすくなる。先に引用した《頼政》では、さまざまな場面で［上ゲ歌］を謡っている。まず、僧侶が登場して宇治に着くまでの道行。つづいて宇治に住む老人が登場し、僧侶とコトバをかわすうちに近くの山に月が昇り、月の光に宇治川の水面がキラキラ光ってまるで雪のようだと謡うのも、［上ゲ歌］である。そのあと、僧侶と老人がことばを交わすうちに老人の正体があきらかになる。そこで謡うのが冒頭で紹介した［上ゲ歌］である。次に頼政の霊を弔うために僧侶が霊の登場を待ち受ける歌、これも［上ゲ歌］である。《頼政》ではここまでに都合四回、［上ゲ歌］が謡われている。さまざまな内容を盛り込む器として、［上ゲ歌］は能の構成単位としての役割を果たしているのである。

初句をくり返すのは［上ゲ歌］だけではない。

能の冒頭で謡われることの多い［次第］は、二句しかない詞章の冒頭をくり返す。

行けば深山も麻裳よい、行けば深山も麻裳よい、木曽路の旅に出でうよ。

引用したのは《巴》の［次第］である。初句は上音で謡い出すが、返シでは少しフシを変えるので［上ゲ歌］との差異化ははかられている。また、一度謡った後、舞台の横に座る地謡が再度小声で謡い返すなど、［次第］ではくり返しを演奏様式のなかにも組み込んで定型化している。冒頭に置く重要な謡なので、くり返すことで印象を強めようとしたのであろう。

太鼓が加わってリズミカルに華やかに謡う大ノリ謡[3]でも、初句を上音で謡い出し、上音で謡い返すが、［上ゲ歌］とはノリを異にしている。

なかには初句を中音で謡い、中音で謡い返す謡もある。

見ればなつかしや、我ながら懐かしや、

《井筒》では、在原業平の妻であった紀有常の娘の霊が業平の形見をまとって舞を舞ったあと、その陶酔から覚める場面を中音返しの謡で始めている。現実に戻って状況をしっとりと謡うので、上音よりも音位の低い中音で謡われるのだが、冒頭の句をくり返すことに変わりはない。いずれの場合でも、くり返すところから歌が始まる、あるいは場が改まる、能作者はそう考えたようだ。だが同じようにくり返しても上音で謡い出すか中音で謡い出すか、どのようなノリで謡うのか、わずかな差異を付けて形式を多様化し、場面に応じて表現し分けている。

ここで、話を《頼政》の［上ゲ歌］に戻そう。

名にも似ず、月こそ出づれ朝日山、月こそ出づれ朝日山、山吹の瀬に影見えて、雪さし下す柴小舟、山も川も、おぼろ〳〵として、是彼を分かぬ景色かな。げにや名にし負ふ、都に近き宇治の里、聞きしに勝る名所かな、聞きしに勝る名所かな。

地謡が最初に声を合わせて謡うので初同と呼ばれているが、《頼政》では、初同の間に主人公の老人がゆっくり舞台を回る。

能は動きが少ない芸能だが、そのなかでときおり舞台をグルッと一周することがある。舞台を一周することで、本のページをめくったように世界の見せ方を変える、能独特の表現方法である。無念の死をとげた頼政にとって宇治は思い入れの深い土地。戦いの折、宇治川は血に染まり、阿鼻叫喚のすさまじい世界がくり広げられたが、今は何もなかったかのようにおぼろおぼろと月光に照らされている。シテの思いを受け取って地謡が情景を静かに謡うなか、思いをかみしめるように老人が一周する。江戸初期に書かれた型付にすでにこの所作が記されている。

「あれご覧ぜよ」と東見る。「名にも」かろく謡。「朝日山」まで東を見る。「山吹のせ」より少出る。「山も川も、おぼろ〳〵として」いかにも向ひをうかりと見て立てゐる、よし。「さても面白き景色哉」と見とれたる心よし。観宗とやらん、うしろへ手を廻し、遠見せられしよし。若きものハ無用也。巧者ノ上ノ事也。「実や名にしおふ」より廻りても廻らぬもよし。

引用したのは『岡家本江戸初期能型付』(4)だが、舞台を回る所作はかなり古くから定型化していたようだ。ただし、すべての［上ゲ歌］で一周するわけではなく、道行では少し歩行の様を見せるだけである。おもしろいのは、夢幻能ならば初同でシテはたいていグルッと舞台を回り、それが定型になっている点である。

恋物語、戦死した武将の物語、神が登場して世の中をことほぐ作品、能にはさまざまな作品があるが、内容に関わらず、ほとんどの夢幻能は初同でグルッと舞台を回る。《融》では「げにや古も、月には千賀の塩竃の」と謡い出し、霧の中で見え隠れする籬が島、千賀の浦曲、と秋の塩竈の景色を描く中、融の化身は「霧の籬の島隠れ」で右方を遠く見やり、途中でフッと思いを断ち切ったようにワキの方を見てからグルッと舞台を一周する。若々しい住吉の神が祝福の舞を舞う《高砂》では、「四海波静かにて、国も治まる時つ風…」と、キビキビと地謡が謡うところで、老人の姿で現れた神の化身が颯爽と舞台を回る。静かに回るか颯爽と回るか、回り方は作品によって異なるし観客に与える印象も一様ではないのだが、型付には「回る」とあるだけでどう回るかまでは記載がない。

さらに言えば、初同の終句手前で小鼓が特別の手を打つ。「オドル手」「乙ノ手」「初同ノ手」などと呼ばれているが、その手をどのように打つか。それは師匠から弟子へ、稽古を通して伝えられていく。所作も音楽も、一対一で対峙しなければ会得できないところに伝承の本質があると言えよう。

型付や楽譜に動きや旋律が書かれていても、それをどのように演じて舞台で「かたち」にするか、声に出すか、それは師匠から弟子へ、親から子へ、身体を通して伝えられる。

伝統芸能の世界では、親に似ること、親の芸を受け継ぐことこそ大切だと考えられてきた。ところが、親子といえども同じ人間ではない。子供の声や体型は親とは少し異なる上、個性も別である。それに加えて、時代の変遷とともに人々の嗜好も変化する。親から子へ、子から孫へ、本人たちは同じように演じるべく芸を伝承しているはずだが、くり返すうちに少しずつ変化するのは避けられない事実である。逆の見方をすれば、時代の嗜好に合わせて少しずつ変化していったからこそ伝統芸能は現在まで伝承され、演じつづけられてきたとも言えよう。実際、田楽踊や隆達節《りゅうたつぶし》歌謡など一時代限りで衰退してしまった芸能や歌謡は枚挙にいとまがない。能も歌舞伎も昔のままで変化しなければ、現代人の関心を呼ばなくなって衰退していたかもしれないのである。

能がどの程度変化したのか、具体的な例は第一章第五節「《卒都婆小町》の復元」で示すが、謡の発声法、音階は江戸初期以降大きく変化した。桃山時代まで一つであった謡の音階が、江戸時代以降、現在のツヨ吟音階とヨワ吟音階に分化したと考えられている。もちろん、いきなり現在のようにビブラートが激しく高低差の少ないツヨ吟音階が誕生したのではなく、現在の謡い方に変化したのは幕末頃であるらしい。昭和の初期まで、京観世と俗称される謡い方が関西に残っていたが、そこで謡われるツヨ吟は現在よりもメロディカルで、発声も柔らかい(5)。祝言や勇壮な場面では息を強く出す唱法になった結果、メロディカルだった謡が少しずつ変化したわけだが、もともと謡の旋律には室町時代のコトバのアクセントが反映していたと推測されている(6)。アクセントの高低に従ってフシを付け、低いアクセントの語に下ゲゴマを付したことは、筆者も明らかにしている(7)。しかし、室町期京都弁のアクセントを引きずった旋律のままでは、能は中世歌謡、中世芸能という出自から抜け出せなかったであろう。ツヨ吟音階を案出し、ヨワ吟音階も少し変化させることで江戸時代以降の能は歌謡（旋律）から物語を語る方向へ転換した。それによって日本だけではなく世界の人々にまで訴えかけのできるユニバーサルな芸能へ脱皮できたといっても過言ではあるまい。

能は世阿弥時代から途絶えることなく伝承されてきた。ギリシャ悲劇やシェークスピア劇のように上演が中断した時期はない。それでも六百年たつうちに、音楽の「かたち」は変化した。変わったのは発声の仕方であったが、結果として音階まで変化した。比較的変わらなかったのは詞章だが、桃山時代の人間が、あるいは世阿弥自身がタイムスリップして現代にやってきたら、これが能か、と驚くくらい演出面では大きく変貌したと言えよう。極論すれば、「能」という固定した芸能はそもそも存在しない、ということなのかもしれない。

くり返すことで「かたち」となり、くり返すことで「かたち」として認識し、くり返すうちに「かたち」が変わる。それが「かたち」のない芸能や音楽の「かたち」であり伝承の実態である。「かたち」は上演されるたびに生まれ、崩れていく。「かたち」を変えても能を伝えてきたのは、伝えたいという強い思いにほかならない。その思いがなくなれば芸能も音楽もあとかたもなく消滅してしまう。その宿命の中で能の音楽がどのような道をたどり現在に至ったのか、伝えたかった思いとともにその歴史をひもといてみたい。

注
（1）以下、謡本の引用は観世流大成版による。
（2）詳細は本書第一章第一節（22ページ）を参照されたい。
（3）大ノリは、上ノ句四字、下ノ句四字を基本句とし、一字に一拍をあてて謡うノリで、七五調十二文字を八拍にあてる平ノリとはノリが異なる。

平ノリ　た…なびき…にけり…ひさかたの。
　　　　1　2　3　4　5　6　7　8　1

大ノリ　そ　の　と　き　よ　し　つ　ね

（4）全六巻のうち現在首巻をのぞく五巻が伝存している。表紙には「観世流仕舞付」と外題が記されているが、記述が観世流以外にも及ぶため、藤岡道子編『岡家本江戸初期能型付』（二〇〇七年　和泉書院）という書名で翻刻されている。
（5）羽田昶監修『京観世をたずねて』（一九八〇年　CBSソニー）に録音資料が収録されている。
（6）金田一春彦「邦楽の旋律と歌詞のアクセント」（『東亜音楽論叢』一九四三年　山一書房）、桜井茂治『日本語旋律試論』（一九八九年　国立音楽大学）などで指摘されている。
（7）高桑いづみ「ゴマの向きとアクセント」（『花もよ』第十一号　二〇一四年一月）。

第一章

能の謡

――華やかなフシをたどる――

第一節　［上ゲ歌］の形成とその応用――返シを謡うということ――

はじめに

能の作品を構成する単位としてよく用いられるのが［上ゲ歌］である。［上ゲ歌］には初句と終句をくり返す、という作曲・作詞上のキマリがある。このキマリは世阿弥時代にどこまで定型化していたのだろうか。世阿弥自筆能本を中心に、［上ゲ歌］のフシを検討したい。

世阿弥は、《高砂》《頼政》《井筒》《融》《班女》など歌舞を緻密にくみあわせた作品を残した。［上ゲ歌］や［サシ］［クセ］といった謡を構成単位（横道萬里雄はこれを小段と命名した）として一曲を構築するスタイルを築いたのは世阿弥の功績だと考えられているが、先述したように［上ゲ歌］はワキの道行や待謡、前場の状況を描く初同、情景描写や心理描写などさまざまな場面で用いられ、夢幻能の構想の核になっている。

1　平ノリ謡で、七五調の標準句を基本とする。

2　初句と終句をくり返す。
3　初句を謡い返す前に、大小鼓の合いの手（打切）が入ることが多い。
4　初句の返シは同じフシで謡うが、終句は返シでフシを変える。
5　上音から謡い出す。
6　途中で中音に下行して一段落したあと（句末でフリ・中廻シあるいは重ネ・中廻シのフシになる。大小鼓の合いの手が入ることが多い）、再び上音から謡い出す二節型が正規だが、その変形として中音に下行したところで別の小段につなぐ切尾型、途中に明確な段落を設けない一節型がある。

以上がおおまかな［上ゲ歌］の形式だが、［次第］についで音楽形式がきっちり整っているのが［上ゲ歌］である。形式化に際して2～4のように、謡をくり返す行為が持つ意味は大きい。

謡本の存在を前提として能を見ている我々とは異なり、世阿弥時代の観客は白紙の状態で舞台を見、聴きしていたはずである。謡うそばから消えていく謡を耳に留めさせ、そこに何らかのまとまりや形式を感じ取らせるために、くり返す、という行為は最も単純かつ効果的な手段であったろう。先述したように高音域で謡い出し、高音域で謡い返すところが出発点になる。開始を強調したければ、くり返す前に鼓の合いの手を入れれば効果は倍増する。その後、低音域に下がって謡い返すことで段落の終わりを認識する。途中で区切りを意識させたければ、謡をいったん断ち切って鼓の合いの手を挿入すればよい。［上ゲ歌］はこうして音楽としての形式を獲得していったと考えられる。

《実盛》の中入リ前の［上ゲ歌］のように、シテが初句を謡ったあと地謡がくり返す音頭一同形式を取るのも、ワキの道行で初句の返シをワキツレが謡うのも、［上ゲ歌］が初句のくり返しを形式として備えた歌謡だからである。ツレがいなければ返シを謡わない、シテと地がかけ合いで謡うのでなければ返シを謡わない、というわけではないのだから、初句を返す形式が演出の都合上設けられたものではなく、音楽として、詩形として当初から意識されていたことは明らかである。ところが、［上ゲ歌］と並んで夢幻能の核となる［クセ］では詞章をくり返さない。くり返さないのは［クセ］が純粋の歌謡ではなく、語り物的性格が強いからである。語り物を中核に据えて［上ゲ歌］で要所を締める、という歌舞能のスタイルを構想する過程で、音楽としての［上ゲ歌］の形式がいっそう意識された可能性は否定できまい。

『五音』所収の《自然居士》の説法の段に含まれる［上ゲ歌］（後述）をのぞくと、世阿弥以前に、節付ケを含むどのレベルまで［上ゲ歌］の形式が整えられていたのか不明である。世阿弥は、どこまで形式を整えたのか。謡をくり返す点にスポットをあてながら、［上ゲ歌］の形成と応用について考えたい。

一　古作中の［上ゲ歌］

世阿弥以前の古作では、「綾の太鼓」を翻案した《恋重荷》のように、一曲中に［上ゲ歌］が全くない作品もある。《海人》や《通小町》《百万》などの古作では、七五調の韻律にとらわれずに自由に歌詞を選び、好きなフシを散りばめて謡っていたようにもみえる。現在上演される作品は古作であっても世阿弥の手を経ている可能性が大きいが、改訂しきれずに古態を残したところがあるのではなかろうか。まず、そこを探ってみよう。

金春権守が黒頭で軽々と玉ノ段を舞った、と『申楽談儀』に記述がある《海人》には、典型的な［上ゲ歌］が一つもない。

ワキの登場を見てみよう。上掛リは「道行」を［下ゲ歌］［上ゲ歌］で構成しているが、「泊り定めぬ海士小舟」で［上ゲ歌］が終わる。道行としては中途半端なので、下掛リではこのあとに再度［下ゲ歌］［下ゲ歌］と謡い、「房前の浦に着きにけり」と道行を全うしている。その結果、［下ゲ歌］［上ゲ歌］［下ゲ歌］［下ゲ歌］と続く長大な謡になっているのだが、これをどのように考えるべきだろうか。当時、琳阿作の「海道下り（現・東国下り）」など謡い物としての道行文はすでに存在していたから、その形式を短縮して能に転用しようと努めたのだろうか。その結果、過渡的な段階としてやや長めの道行となったのが下掛リ、夢幻能の形式にあてはめて途中でカットしたのが上掛リということだろうか。いささか想像をたくましくしたが、下掛リ・上掛リのいずれにせよこの道行は定型とは言いがたい。

道行以外も見てみよう。前シテ登場後の謡は初句と終句をくり返しているが、中音から謡い出す［下ゲ歌］である。シテが述懐する［クセ］はアゲハのない片グセ、なによりも眼目となる玉ノ段は、平ノリ謡からなし崩し的に中ノリ謡になり再び平ノリに戻る、他に類例のない謡である。待謡は通常［上ゲ歌］形式をとるが、《海人》では中音で謡い出すので［上ゲ歌］ではない。場面に応じて不定形の謡やセリフで進行する作品だったために、手を入れてはみたものの典型的な夢幻能の形式におさまりきらなかったのが《海人》なのだろう。

観阿弥の関与した作品はどうであろうか。《通小町》は、もと大和の唱導師が書き、金春権守が多武峰で舞ったとされる作品だが、やはり定型といえる［上ゲ歌］はない。ツレが後見座へクツログ前の謡は次のような歌詞である。

恥かしや己が名を、小野とハ言はじ、薄生ひたる、市原野辺に住む姥ぞ、跡弔ひ給へお僧とて、かき消すやうに失せにけり、かき消すやうに失せにけり。

右は観世流大成版の詞章だが、現行では各流とも上音で謡い出し、終句をくり返す（宝生流では初句もくり返す）。横道萬里雄は『謡曲集　上』（日本古典文学大系　一九五六年　岩波書店）で［上ゲ歌］としているが、冒頭から三句は「恥かしや／己が名を（5／5）小野とは言はじ／（7／0）薄／生ひたる（3／4）」と破律句ばかりである。二節型の［上ゲ歌］ならば二節目の冒頭に字足らず句を置いて新たな開始を示すこともあるが、冒頭から破律句が続くかたちは定型とは言いがたい。

《百万》は、観阿弥が舞った「嵯峨の大念仏の女物狂い」に基づくとされる作品だが、やはり定型通りの［上ゲ歌］がない。笹ノ段は観世流大成版には「上歌」と記載されているが、左のような詞章である。

げにや世々毎の、親子の道に纏はりて、親子の道に纏はりて、なほこの闇を晴れやらぬ、シテ　朧月の薄曇り、
地　僅かに住める世に、なほ三界の首枷かや、牛の車の永久に、何処をさして引かるらん、えいさらえいさ
シテ　引けや引けやこの車、地　物見なり物見なり、シテ　げに百万が姿ハ、地　もとより長き黒髪を、…後略

上音で謡い出すが、すぐにシテと地謡のかけ合いになり、フシもさまざまに変化するうえ、終句の返シもない。ただし、室町後期の謡本の中には「引けや引けや」まで役謡の指示がないものが多いので、[1]横道萬里雄は前出の『謡曲集』で「えいさらえいさ」までを切尾型の［上ゲ歌］とし、「引けや引けや」以後を［ロンギ］として小段を分けている。しかし、「朧月の／薄曇り（5／5）僅かに／住める世に（4／5）えいさら／えいさ（4／3）」など破律句が多い点で前掲の《通小町》と共通する。

前述したように、［上ゲ歌］は七五調の定律句を基準とする小段である。［上ゲ歌］に破律句が全くないわけではないが、破律句を多用するのは［クセ］であろう。［クセ］は、観阿弥が大和猿楽に導入した曲舞が元になっている。観阿弥は従来の大和音曲と曲舞を融合させて小歌節曲舞を作り上げた、と言われているが、曲舞の特徴が

破律句を多用した点にあるとすれば、《通小町》の［上ゲ歌］や《百万》の笹ノ段のように破律句の多い歌に小歌節曲舞の面影が残っているのではなかろうか。しかし、［上ゲ歌］の定型からはずれる歌謡でも初句と終句を謡い返せば［上ゲ歌］風に形は整う。返シの付加が［上ゲ歌］の形式化に寄与した可能性は大きかろう。整えたのは観阿弥だろうか、それとも世阿弥だろうか。

ところで笹ノ段では第一句ではなく次の句をくり返していたが、《百万》のように字足らず句で始まる場合（この場合は「げにや」で三字）は、独立した句とみなさず、次の句を第一句とみなしてくり返すのが古態であったらしい。世阿弥自筆能本の《松浦》と《阿古屋松》に次のような［上ゲ歌］がある。

ケニヤイマミルモ。ヒレフルユキノマツラヤマ。〱　アトヲシレトヤ　ヨミヲキシ。ソノウタビトノ　ナヲキクモ　…後略（松浦）

ケニヤナニシヲウ　心ノヲクワ　アリケリト。〱　イマコソ　ヲモイシラレタレ。カホトイヤシキ　ヲキナサヒ。ヒトナ　トカメソ　コトワリヤ。ナヲモノカタリ申セトヨ　〱（阿古屋松）

《松浦》《阿古屋松》の奥書はともに応永三十四年（一四二七）。世阿弥円熟期に字足らず句は初句として認められていなかった例証であろう。

「融の大臣の能」を改作した《融》の初同でも、字足らず句の次の句をくり返す形を現在まで踏襲している。

げにや古も、月にハ千賀の塩竈の、月にハ千賀の塩竈の、浦曲の秋も半ばにて、松風も立つなりや、霧の籬の島隠れ。いざ我も立ち渡り、昔の跡を陸奥の、千賀の浦曲を眺めんや、千賀の浦曲を眺めん。

現在では、「旅衣、末遙々の都路を、末遙々の都路を（高砂）」のように下ノ句型のトリ(2)が冒頭にある場合を除くと、「所ハ高砂の、所ハ高砂の（高砂）」「長生の家にこそ、長生の家にこそ（養老）」のように字足らず句であってもくり返している。室町末期筆平仮名書無章句仮綴本や観世宗節筆片仮名十二行大本（ともに観世文庫蔵）の《養老》や、室町末期筆長頼本（法政大学鴻山文庫蔵）などの《高砂》では第一句の返シを記しているから、室町末期には現行の形になっていたようだ。世阿弥時代に《養老》や《高砂》の字足らず句を謡い返していたかどうか確認はできないが、《松浦》や《阿古屋松》の例があるのだから、字足らず句で始まる場合は次の句をくり返していたと考えたい。

初句をくり返すけれども同じフシで謡わない、という例が《葵上》の初同である。

我人の為つらければ、我人の為つらければ、必ず身にも報うなり。何を嘆くぞ葛の葉の、恨みハ更に尽きすまじ、恨みハさらに尽きすまじ。

初句と終句をくり返し、「報うなり」にフリ・中廻シがある二節型の［上ゲ歌］だが、室町後期の謡本でも現在の謡本でも、初句の返シでいったん中音に下行する。[3] また句数が四句と少なく、世阿弥が『三道』で、「さて、甲の物にて、みな同音に謡い出す事より、謡ひ止むるまで、十句斗を二切れに謡ふべし」と記した定型とはかたちを異にしている。世阿弥の言は夢幻能を念頭に置いたものなので《葵上》とは設定が異なるが、《自然居士》等会話を主体とした作品は、句数の少ない［上ゲ歌］や［歌］で一段を締めくくることが多い。《葵上》も、［クドキ］で嫋々と吐露したシテの心情を短い［下ゲ歌］［上ゲ歌］で締めくくり、次の後妻打ちへ気持ちを高める場面転換的な働きが強く、用法の点で《自然居士》に近い。こうした用法の違いがフシに反映したとみることもできよう。

二　世阿弥自筆能本の［上ゲ歌］

世阿弥時代に［上ゲ歌］はどこまで定型化していたのか、自筆能本でさらに確認しておこう。

自筆能本は、応永二十年（一四一三）の奥書を持つ《難波梅》から正長二年（一四二九）の本奥書をもつ《弱法師》まで、世阿弥が五十歳から六十六歳、作風において円熟期を迎えた時期に書かれたものである。現在では観世文庫に《難波梅・松浦・阿古屋松・布留》、生駒の宝山寺に《盛久・多度津左衛門・江口・雲林院・柏崎》が残るほか、江戸時代前期の臨模本である《弱法師》と、世阿弥と同時代の久次が書写した《知章》も宝山寺に残っている。元雅の作品や古作の改作も含まれているが、世阿弥時代のフシや節付ケ方法をうかがう上では世阿弥作と同等に貴重な資料といえよう。自筆能本の節付ケについては、三宅晶子が「これらの（筆者注　ハル・入・中など）節付ケ体系は、後代のものと基本的には変わりが無く、小段の音楽的特色はおおよそ世阿弥時代に整備されたと考えられる」と集約している。[4] 大筋において正鵠を得ているが、後代には見られない独自の記号や用法も少なくない。曲によって直シ（音高や地拍子を指示するための補助記号）の記載に精粗があり、曲数も限られているが、できうる限り情報を引き出してみよう。

まず初句の返シである。自筆能本には直シの記載がさほど多くない。音位の変更がなければ基本的になにも記さないので、冒頭に「上」や「マイ」とあるだけで返シに直シがなければそのまま上音で謡い返す、と判断することもできる。そう仮定すると、返シを上音で謡う[上ゲ歌]はかなりの数に上る。奥書の年次順に《難波梅》《多度津左衛門》《江口》の三曲から該当する[上ゲ歌]をあげておこう。

「春タツヤ　ケニモノトケキ　カザナキノ　〱」《難波梅》ワキの道行
「イワウナル心ソシルキヒサカタノ　〱」　同　前シテの登場
「ミテクラスハナノ下フシフクルヨノ　〱」　同　待謡
「タツカユミ　月ノイルサノ山タカミ。〱」《多度津左衛門》狂女の道行

「ヲシムコソ　ヲシマヌカリノヤトナルヲ　〳〵」　《江口》初同

「イ、モアエネハ　フシキヤナ　〳〵」　同　待謡

このほか《雲林院》に二例、《松浦》に四例、《阿古屋松》に七例、《布留》に五例、《柏崎》に三例、《弱法師》に一例、《知章》に三例、初句の返シに直シのない［上ゲ歌］は自筆能本全体で三十一例にのぼる。これらがすべて返シで同じフシを謡ったとするならば、この形式は世阿弥時代に確立していたことになる。中には、返シの表記を省略した［上ゲ歌］もある。《江口》のワキの道行がそれである。現在では返シを謡っているが、自筆能本では、詞章の終わりが料紙の端にきたので省略したようだ。世阿弥筆ではないものの《知章》もワキの道行に返シがないが、これも単に省略しただけであろう。

また、《難波梅》では［クリ］前の［上ゲ歌］の返シを記していない。［クリ］前の［上ゲ歌］で初句を返さない形は《高砂》の「四海波」にみられるが、『慶安五年小鼓伝書』には、

四海波閑にて　昔ハ打切本頭打シ也　今ハ打不切也

と書かれている。初句をくり返すのが本来の形だったのだろう。[5]《難波梅》でも、観世文庫蔵観世元広署名二番綴本「うこん・難波梅」では返シを載せているし、その後の謡本をすべて確認したわけではないが、たいがいの謡本で返シを記している。自筆本では表記を省略したか書き漏らした、と判断した方がよかろう。

終句の返シを見ていこう。「はじめに」であげたように終句は返シでフシを変える。現在では、返シの前にいったん中音から上音に上行して句末で中音に下行し、返シでさらに下音に下行するかたちが多くみられるが、その原形は世阿弥時代に誕生していたようだ。自筆能本から、このフシをもつ［上ゲ歌］をあげておく。

「カウヤトカヤニ　イソキ《入》ケリ　〳〵」　《多度津左衛門》シテの道行1

「フトウサカニモツ《入》キニケリ　〳〵」　同　シテの道行2
「エクチノサトニツ《ハル》キニケリ　〳〵」　《江口》道行
「月ニ《下》ミエタルフシ《ハル》キ《下》サヨ　〳〵」　同　待謡
「タチ《ハル》ヨリテマイラン　イザタチヨリテマイラン」《弱法師》シテの登場

世阿弥自筆能本の「入」は厳密にいえば一音上行以外の意味ももつが、ここは一音上行と判断しておく。《江口》の道行と《弱法師》は上音に上行したあと直シがないが、小段末なので下行したと考えたい。《雲林院》《松浦》《阿古屋松》《布留》では、「ハル」「入」等の直シの代わりに左のようにゴマを付している。

「クモノハヤシニ　ツキニケリ　〳〵」　《雲林院》道行
「ヲモホエスコソ　ナリニケレ　〳〵」　同　中入
「マツラカタニモツキニケリ　〳〵」　《松浦》道行
「シラデナクサムユウヘカナ　〳〵」　同　シテ謡
「ヲクトモシラヌタモトカナ　〳〵」　《阿古屋松》シテ謡
「心ヲノフル　ケシキカナ　〳〵」　同　待謡
「ワクワウノミカケナルランヤ　〳〵」　《布留》待謡

自筆能本では特別なフシでなければゴマを付さない。ここにあげた七例は、特記しておきたいフシだったのであろう。たとえば《雲林院》の道行では「シニ」に下向きの下ゲゴマが続くので、「ツキ」の平ゴマで音を戻す、つまり上音に上行した可能性が考えられる。中入りの［上ゲ歌］では上ノ句には何も記載はないが、「ナ」のゴマがやや右肩上がりである。やはり上音に上行したのではなかろうか。現在では「着きにけり」「なりにけれ」のどちらも上音に上行してから中音に下行する。《松浦》《阿古屋松》《布留》の上ゲゴマも同様に上音へ上行したと考えたい。

［上ゲ歌］には意図的に終句の返シを謡わないものがあり、これについて横道萬里雄は『謡曲集　下』（日本古典文学大系　一九五八年　岩波書店）の解説で左のように記している。

最終句の前句を上半句字足らずとし、次一句だけで繰返しなしに小段を終るのは、重みをつけたとめ方である。

終句はくり返す、と思って聞いていると謡い返さないので印象に残るパターンだが、《楊貴妃》の「されども世の中の」で始まる［上ゲ歌］など例は少なくない。同じ形をとるのが《盛久》の経文読誦後の［上ゲ歌］である。現在、終句の返シは謡わないが、自筆能本でも「ヨモクラカラシタノモシヤ、、、」と返シの代わりに点を打っている。自筆能本では返シには「〱」を用い、「、、、」で囃子事の挿入を示すことが多い。《盛久》ではこのあと、夢を見て「アラフシキヤ」とコトバになるが、自筆能本の段階ではなにか囃子を演奏したのだろうか。このほか《江口》に一例、《阿古屋松》に二例、《布留》に一例、終句の返シのない例がみられる。

このように見ていくと、初句・終句の返シとも現在の定型となる節付ケがすでに世阿弥時代に誕生していたことが明らかである。

だが、それ以外の節付ケもあったようだ。

三　初句でクリ音へ上行する［上ゲ歌］

《葵上》のシテ登場場面の［上ゲ歌］を見てみよう。

月をば眺め明すとも、月をば眺め明す《入》とも、月にハ見えじ陽炎の、梓の弓の末弭に、立ち寄り憂きを語らん、
立ち寄り憂きを語らん。

句数の少ない一節型だが、初句と終句をくり返している。定型、といいたいところだが、現在、各流とも初句の返シ「明《あか》す」の「か」に「入」があって最高音のクリ音まで上行する。返シで同じフシを謡わないのである。そもそも古い謡本では返シは「〱」と記すだけでゴマを付さないのだが、《葵上》に関しては、禅鳳筆と推測される下掛巻子本（法政大学能楽研究所蔵）がくり返し記号の横にわざわざ「しほる」と記すほか、返シにゴマを付して「入」や「シホリ」と追記したり、返シの詞章を記してそこに「入」を含むゴマや直シを付した謡本がかなりあるので、(6) 室町後期には現在のフシで謡っていたと考えられる（クリ音に上行することを下掛リでは「しほる」と称す）。

観阿弥が舞った《自然居士》には、かつて「夫一代の教法は～」で始まる説法の場面があった。その場面を締めくくる［上ゲ歌］の詞章を、細川本『五音下』から引用しておく。

くハらくのちりにましはり　〱《しほる》　かくかの波《寄》にもすそをぬらし、万民におも《寄》てをさらすもうらミならす、
ほうのため《懸切》なれハ身をすつる　吹《延》風のさむき山とて入月に、ゆひを《しほる》さしてもとめ《寄》かたきは　つなかぬ月日なりけりや　〱

初句と終句に返シがあり、詩形の点では［上ゲ歌］の定型に沿っているが、初句の返シでクリ音（しほる）に上行する点に注目したい。返シでクリ音を謡うのは、定型以前のかたちなのだろうか。もっとも、観世宗節筆『五音下』では返シの次の句「かくかの波に」の冒頭に「しほる」と記しているので、初句の返シでクリ音に上行したとは断定しにくいところである。

《融》は古作をもとに世阿弥が手を入れた作品だが、ワキ登場の［上ゲ歌］は、左に示すように返シの下ノ句で

クリ音に上行する。

　夕べを重ね朝毎の、夕べを重ね朝毎《入》の、宿の名残も重なりて、都に早く着きにけり、都に早く着きにけり。

《融》に関しても、《葵上》と同じように室町後期の謡本で返シの「入」が確認できる。(7)

　ところが世阿弥自筆能本には、返シではなく、初句からクリ音に上行する［上ゲ歌］がある。

「ミヲウキフネノ《入》ミナ《ハル》レサヲ　〳〵」　《多度津左衛門》シテの道行1

「アラメキスノ《入》ヒト〳〵ヤ　〳〵」　同　シテの道行2

「ハナヲサエ《(ママ)》　ウクルセキヤウノ《入》　イロ〳〵ニ。〳〵」《弱法師》初同

「コレヤコノ　ユクモカエルモワカレテワ　〳〵」　《盛久》道行中の［上ゲ歌］

「シヤクザイリヤウセンノ　〳〵」　同　経文読誦あとの［上ゲ歌］

「マツカケニ　ケフリヲカツクアマカサキ　〳〵」　《雲林院》道行

《盛久》《雲林院》では直シがなく右肩上がりのゴマのみだが、クリ音まで上行した可能性が否定できないのでここにあげておく。ちなみに《雲林院》《盛久》《弱法師》では、現在は上音のみでクリ音には上行しない。初句をクリ音で謡い出す［上ゲ歌］を、横道萬里雄は［クリ歌］と名付けて［上ゲ歌］とは区別した。［クリ歌］はクリ音を印象づけるために初句を謡い返さないが、《盛久》も《弱法師》もクリ音で謡い出すわけではないから厳密に言うと［クリ歌］ではないし、初句もくり返している。定型の［上ゲ歌］でもなく［クリ歌］でもない中間的な［上ゲ歌］を世阿弥は作曲したわけだ。

　さらに変わっているのが、《江口》の後シテ登場の［上ゲ歌］である。自筆能本では次のような節付ケが見られる。

カワフネヲトメテアウ《フル》セ《クル》ノナミ《入》マクラ　〳〵　ウキ《クル》ヨノユメヲ　ミナラ《ヒロウ》ワシ《クル》ノ《ツ、ク》　ヲトロカ《下》ヌ《フル》ミノ　ハカナサ《モツ》

ヨ　サ《クル》ヨヒメカマツラカタ　カ《ハル》タシクソテノ　ナ《入》ミタ《フルモツ》ノ　モ《ハル》ロコシフネノナコリナ《ハルモツ》リ。マ《下》タウチ《入》ノハシヒメ
ノ《ハル》　ト《クル》ワントモ《ハル》セヌ人《ハル》ヲマツモ《モツ》　ミ《下》ノウ《スクニ》エトアワレナリ。

クリ音を多用して華やかに遊女の登場を印象づけようと意図したのだろう。「浮世の夢を見ならわしの」にもクリ音があるが、現在では各流とも「佐用姫」になってクリ音を謡うだけで、それまでは上音のまま謡っている。これは室町後期の謡本でも同様である。世阿弥の意図は伝承されず、［上ゲ歌］の定型に押し込められてしまったのだろう。

先述したように、歌詞をくり返せばその句は耳に残る。くり返す際、音を高くすればなおいっそう耳に残る。おとなしく謡い始めたければ同じ音でくり返せばいいが、強調したかったら高い音で謡う方がよい。ただし、初句や返シでクリ音に上行してしまうと、そこがクライマックスになるので、その後のフシが工夫しにくくなる。そのような経緯があって、後世、フシを整理する段階で初句や返シをクリ音で謡うことは少なくなったのだろう。それでも《葵上》にクリ音が残ったのは、句数が少なく、初句以降でフシを工夫する必要性が低かったからではなかろうか。《融》の場合は、句数の少なさに加えて［下ゲ歌］からの連続性が強く、改めてクリ音で謡い出す、という印象がさほど強くないことも一因していただろう。クリ音を謡う例外が、たまたま古作に残ったのは興味深い。

現在、金春・喜多流は《三井寺》前シテ［上ゲ歌］の返シでもクリ音に上行する。現行喜多流の謡本を見てみよう。

枯れたる木にだにも、枯れたる木に《入》だにも、花咲くべくはおのづから、未だ若木の緑子に、再びなどか逢はざらん、再びなどか逢はざらん。

ただし、上掛リでは上音のままでクリ音には上行しない。上掛リ・下掛リを問わず室町・桃山時代の謡本でも返

シの記号のみで、《葵上》や《融》のようにわざわざ「入」と記したものは見かけないので、《三井寺》でクリ音を謡うようになったのは江戸時代以降のことであろう。小書の「今合返」と関係がありそうだが、ここでは詳しく検討しないでおく[8]。

四　第二節の謡い出し　――《江口》の［上ゲ歌］をめぐって――

《江口》後ジテ登場の［上ゲ歌］は、クリ音以外にも変わった節付ケがみられる。日本古典文学大系の『謡曲集』ではこれを二節型としているが、二節目の冒頭は上音で謡い出す形が定型である。ところが、《江口》はそうではない。自筆能本では節の区切りに。印を付しているが、その位置で判断すると、世阿弥は「唐土船の名残なり」を節の区切りと考えていたことがわかる。現在でもここでフリ・中廻シがあり、謡は一段落する。ところが、次の「マ《下》タウチ《入》ノ」には「下」と直シが入っており、第二節は中音で謡い出す。この節付ケは現行でも踏襲しているが、節付ケの点では変則的な［上ゲ歌］ということになる。世阿弥は『三道』のなかで「十句斗を二切れに謡ふべし」と記していたが、自筆能本では二切れ目の冒頭に「上」と記したものが全くない。二節目の冒頭で上音に戻るのが定型になっていたので記すまでもなかったのかもしれないが、《江口》の例をみると第二節を上音で謡い出すとは限らなかった、と考えることも可能になる。

五　返シの応用　――［ロンギ］と中入リ地――

上音で謡い出して初句を謡い返す平ノリの小段に［ロンギ］がある。《高砂》《弓八幡》《難波》など脇能の中入りの［ロンギ］では、鼓の打切をはさんで初句をくり返すうえ、地謡がひとしきり謡って役謡に渡すところでは中音に下行するので［ロンギ］の冒頭は［上ゲ歌］の第一節をそのまま援用した形といえるのだが、こうした形式も世阿弥が整えたのだろうか。ここでは初句の返シに限定しながら検討したい。

自筆能本では、《難波梅》に限らず《江口》や《雲林院》《柏崎》などでも初句を返している。《江口》の［ロンギ］冒頭を、直シも含めて引用しておく。

ホウシ　ケ《ロンギ》ニヤウキヨノ　モノカタリ〱　キケハスカ《クル》タモ　タソカレニ　カケロ《下》ウ人ワイカナラン　女　タ

ソカレニ　タ、スムカケワホ《入》ノ《フル》〱ト〱　ミエカクレナルカワグマニ《フル》　エク《クル》チノナカレノ《フル》　キ《下》ミトヤミ《ハル》

エンハツカシヤ　ホウシ　サテワウタカイアライソノ　…後略

《江口》ではシテ謡の初句も返しているが、もちろん現在では初句でもシテ謡でも返シを謡わない。ただし、金春流では現在でも「たたずむ影はほのぼのと」の後に大小鼓の打切を挿入している。かつて謡い返していた名残であろう。

シテ謡の返シは、《盛久》（道行途中の［ロンギ］）や《雲林院》後場にも見られる。

シヲミサカハシモトノ　ハマナノハシモスキワタル　タ《モリ》ヒコロモ　カクキテミントヲモイキヤ《入》〱。《ヲク延》

イノチナリケリ《延》。サ《下》ヨノナ《延》カ山ワ　コレカトヨ　カワルフチセノ大井カワ　…後略

右に引用したのは《盛久》だが、《盛久》ではシテ謡のみ謡い返し、初句の返シは記していない。また、［クセ］あとにも［ロンギ］があるが、そこでは初句もシテ謡も返シがない。《難波梅》でも、初句は謡い返すがシテ謡に返シはない。謡い返す場合と返さない場合で謡い分けのルールがあったのだろうか。それとも単に返シの記号を省略しただけだろうか。

古作では、《松風》の汐汲み、《通小町》の木の実尽くし、《求塚》の若菜摘み、《金札》の木尽くしのように［ロンギ］を労働歌として用いることが多かったが、現行の謡本による限り形式はさまざまである。

たとえば《松風》の［ロンギ］は元《藤栄》の［ロンギ］だったと『申楽談儀』に言及されているが、冒頭の地謡部分が二句と短く、［上ゲ歌］の第一節を援用したとはいいにくい。地謡と役謡がかけ合いで謡った後に地謡が長く謡って締めくくるのが定型だが、《松風》は最後の地謡部分も短い。

《通小町》の木の実尽くしは初句をくり返しているが、冒頭はツレが謡い、返シを地謡が謡う形である。返シのあとはすぐツレの謡となり、その句末「落椎」で中音に下行する。世阿弥以降の［ロンギ］ならば、このツレ謡末までを音楽形式上地謡担当分とするところである。終句「花たちばなの一枝」をくり返す点も加えると、［ロンギ］とも［上ゲ歌］ともつかぬ変則的な［ロンギ］といえよう。

《通小町》の後場には、さらに興味深い［ロンギ］がある。

> なほもその身ハ迷ふとも、打切 なほもその身ハ迷ふとも、戒力に引かれば、などか仏道成らざらん、ただ共に戒を受け給へ、ツレ 人の心は白雲の、我ハ曇らじ心の月、出でてお僧に弔はれんと、薄押し分け出でければ、シテ 裹めど我も穂に出でて、打切 裹めど我も穂に出でて、尾花招かば止れかし　…後略

ツレが加わって三者のかけ合いになるが、ツレ謡は謡い返さず、シテ謡だけ謡い返している。シテ謡を謡い返す、

と定めたものの、ツレを含めた状況を整理しきれなかった過渡的な［ロンギ］といえるのではなかろうか。最後までシテとツレが会話のように応対し、地が「我が袂も、共に涙の露、深草の少将」と複雑な拍子当たりの句を三句謡って収める点も終止感が乏しく、定型以前と推測できる。

世阿弥は、［ロンギ］を夢幻能の中入リの段、化身が正体を明かして中入リする場や物狂能で再会を果たす場に転用したが、その際、初句やシテ謡をくり返すことで形式性を高めようとしたのだろう。だが［上ゲ歌］とは異なり、その形式は徹底したものとはならなかったようだ。

現在ではシテ謡の返シは謡わなくなり、初句の返シも脇能に限られているが、そのかたちに定着するまでには、世阿弥以降さまざまの過程があったようだ。室町後期に書かれた謡本を見ると、脇能以外でも返シを記した例が散見される。たとえば元頼自筆本の《八島》、禅鳳筆巻子本の《当麻》、岩本秀清節付謡本の《江口》、下村徳左衛門父子節付本の《楊貴妃》（以上、法政大学能楽研究所蔵）では初句の返シを記している。《楊貴妃》といえば現在、宝生流や金春流では返シを謡わないのに初句のあとに鼓の打切を入れている。

　さらばと言ひて出船の、打切　伴ひ申し帰るさと、思はば嬉しさの、なほ如何ならんその心　…後略

実際に謡うのはワキだが、福王流では返シを謡うことがあるし、福王流初代神右衛門盛忠が関与した古型付にも「さらばといひて出舟の、かへしにて立」と記されている。[9] 宝生・金春流でも打切を入れていったんテンポを緩める以上、返シを謡っていたことは明らかである。宝生流では能のとき、《実盛》のシテ謡「その執心の修羅の業」のあとに打切を入れる。これもかつて返シを謡っていた名残であろう。返シがあると形式は整うが、謡の流れは中断される。そこで初句の返シに限り、それも形式を重視する脇能以外では返シを省略するようになったのであろう。

自筆能本に戻る。ここで注目したいのは、《江口》や《盛久》のシテ謡に「入」と直シがあってクリ音まで上行する点である。もちろん現在では上音のままでクリ音は謡わないが、［ロンギ］の途中で改めてシテ謡にスポットをあてようと意図した場合、《江口》の［上ゲ歌］でクリ音を多用したように、［ロンギ］でもクリ音を謡うことがあったということだろう。世阿弥時代、初句をくり返すことは決まっていてもフシはさまざまに工夫していたのである。

終句の返シはどうだろうか。返シ前に上音に上行する形が世阿弥時代の［上ゲ歌］で定型となっていたことはすでに述べたが、現在、夢幻能の中入りでも終句をくり返し、返シ前の下ノ句で上音に上行する曲が多い。

コ《下》エハカリ《入》シテ　ウ《ハル》セニケ《ヨスル》リ　〳〵（江口）

コユルトミエテ　ウセニケリ　〳〵（布留）

右にあげたのは自筆能本の《江口》と《布留》だが、「ウセニケリ」の冒頭部分にはハルと記されるか、上ゲゴマが付されている。こうした細部の節付ケは世阿弥時代に原形ができあがっていたのである。

おわりに

初句と終句を謡い返す。たったそれだけで謡に音楽としてのまとまりが生まれ、形式が整う。謡の中には［キリ］や「ハヤフシ」のように中音で謡い返す形式もあるが[10]、上音で謡い出して謡い返す形に世阿弥はこだわって［上ゲ歌］の形式を整え、［ロンギ］にも援用した。さらにいえば、《八島》や《田村》の［中ノリ地］も「その舟戦今ハはや、〳〵」「ふりさけ見れば伊勢の海、〳〵」と［上ゲ歌］風に上音で謡い出し、上音で謡い返すところから始まっている。《八島》は世阿弥作、《田村》は作者不明ながら『能本三十五番目録』に載る作品であるから、上音のくり返しを世阿弥はさらに応用しようとしていたことになるだろう。

世阿弥以後、大ノリ謡も「東遊びの数々に、〱（羽衣）」と上音で謡い出して上音で返シを謡う形が主流となった。[11] 一つのアイディアをさまざまに展開させるのは能の常套手段だが、上音の謡をくり返す、この単純な手法を駆使して歌舞能を構築する道を開いたのは世阿弥だったのである。

注

（1）「引けや」まで役謡の指示がないのは、観世元忠宗節節付本（東大史料編纂所蔵）・室町末期筆長頼本（法政大学鴻山文庫蔵）・伝観世小次郎信光筆謡本（法政大学能楽研究所蔵）・下村徳左衛門父子節付本（法政大学能楽研究所蔵）・小宮山藤右衛門元政本（法政大学鴻山文庫蔵）などである。

（2）一句四拍で構成するトリの句には七五調の上ノ句のみで構成する句、下ノ句のみで構成する句、分離ノトリで構成する句の三種類がある（分離ノトリは次節で図示）。

　　　1　2　3　4
　おと…めのす…がた（上ノ句型のトリ）
　は…るがすみ。（下ノ句型のトリ）

（3）江戸期以前の謡本で、返シで下音に下がるようにゴマや直シがあるのは、以下の謡本である。堀池宗活章句本（神戸松蔭女子学院大学蔵）・毛利家旧蔵三番綴本（法政大学能楽研究所蔵）・野上豊一郎旧蔵鳥飼道断謡本（法政大学能楽研究所蔵）

（4）三宅晶子「世阿弥時代の能本」（月曜会編『世阿弥自筆能本集　校訂編』一九九七年　岩波書店）。

（5）横道萬里雄は座談会「世阿弥の能」（『観世』一九六三年　六月号）の中で、「四海波」の［上ゲ歌］を世阿弥作の特徴としてあげながら、「返しなどは、時代によってとったり入れたりしてるものが多いから問題が有ります」とも発言している。

（6）返シに「入」ないし「シホル」と記しているのは堀池宗活章句本（神戸松蔭女子学院大学蔵）・下村徳左衛門父子節付本・伝松平伊豆守旧蔵本（法政大学能楽研究所蔵）・下掛巻子本（禅鳳筆か。法政大学能楽研究所蔵）・毛利家旧蔵三番綴本などである。

（7）同じく返シに「入」ないし「シホル」と記しているのは室町末期筆長頼本・堀池宗活章句本・室町末期毛利家旧蔵本（法政大学鴻山文庫蔵）・伝観世小次郎信光筆謡本・小宮山藤右衛門元政本・伝松平伊豆守旧蔵本などである。

（8）《融》や《三井寺》に「今合返」という小書がある。初句を謡った後で替エの打切を挿入し、上ノ句を省略してそれぞれ「朝ごとの」「木にだにも」と謡う。替エの手が秘伝となっているのだが、《融》や下掛リの《三井寺》では打切のあと、いきなりクリ音で謡い出すのでかなり目立つ。「今合返」を観世流の《邯鄲》「国を雲路の後に見て」や《融》「それは西岬に」でも行うことがあるが、そこでは上音のままでクリ音には上行しない。

（9）引用は、伊藤正義編著『福王流古伝書集』（一九九三年 和泉書院）による。

（10）ハヤフシについては拙稿「ハヤフシで意図したもの」（『芸能の科学』二十六号 一九九八年。『能の演出と囃子』（二〇〇三年 音楽之友社）に再録）で論じたのでくり返さないが、《清経》曲末の「さて修羅道におちこちの、〳〵」のような例を世阿弥はハヤフシと命名していた。ただし現在では［中ノリ地］の第二節として扱われることが多く、独立した小段とはみなさない。

（11）世阿弥の大ノリ謡は、《井筒》のように「筒井筒」を低音域で謡い出し、謡い返すかたちのみである。

第二節　世阿弥自筆能本節付考
――《難波梅》・《盛久》・《江口》をめぐって――

はじめに

六百年の長きにわたって、師から弟子へ謡は伝承され続けてきた。師匠の謡う通りにフシや拍子当たりを謡い継いで今日に至ったはずだが、人から人へ伝承される間に少しずつフシも拍子当たりも変化し、その変化が積もり重なって現在の謡をかたち作っている。その変化を遡りながら作曲当時に立ち返り、フシにこめられた意図を推測することはどこまで可能だろうか。

西洋音楽の研究者が詳細な作品分析をおこなって、作曲家ごとに固有の和音やメロディの効果を抽出していくように、また国文学の研究者が作品に引用された和歌を一首一首指摘して引用の傾向や用法から作者を特定するように、世阿弥自筆能本のフシを一音一音たどることで世阿弥の作曲姿勢をうかがうことは可能だろうか。幸いなことに、後世の忠実な臨模本を含めて世阿弥の自筆能本が十一、現存している。作詞と作曲を同一人がおこなう能の場合、音楽家としての側面を追うことは世阿弥の全体像を理解する上で大きな意味をもつはずである。

自筆能本の節付ケについて、後代には見られない独自の記号や用法も少なくない。そのうち、蒲生郷昭が「中」について、[1]望月郁子が詞章の区切りにみえる。の意味について考察を行っているが、[2]両者とも明確な結論を出すには至っていない。それ以外の記号については漠然とした理解が通行している程度であろう。残念なことに、世阿弥自筆能本にはそれほど詳細な節付ケが施されているわけではなく、節付ケや地拍子の記述は曲によって精粗のバラツキがあるのだが、それらを一度整理することで、世阿弥の節付ケを考察する第一歩が踏み出せるのではないだろうか。本論では、比較的詳細に節付ケが施され、かつ現行謡との比較が可能な《難波梅》《盛久》《江口》を中心に、現行各流の謡本や元和卯月本等と比較しながら考察を進めていく。

一　難波梅

(一)フシの表記とゴマ

自筆能本のなかで一番奥書の古いのが、応永二十年(一四一三)(実は応永二十一年と推測されている)七月筆の《難波梅》である。他本にくらべて成立が十年ほど早いこともあって節付ケはいちばん簡略だが、簡略なだけにそこに記された直シは必要不可欠だった、と考えられる。後世の視点に立つと、同じような内容にもかかわらず指示の有無にバラツキがあり、指示はかなり恣意的にみえるが、なんらかの注意を喚起したい、フシを間違えてほしくない、という箇所に表記をした、とも考えられる。自筆能本全体の傾向として、自明の箇所は指示をしないのが基本方針であるらしい。たとえば、現在フシが定型化している［次第］や［一セイ］には全く音位の指示がない。応永二十年の段階で［次第］や［一セイ］の節付ケがある程度定型化していたのだろうか。[3]

《難波梅》に見られる指示は「上」「下」「延」「。」、この四点である。

上・下は、[下ゲ歌][上ゲ歌][クリ]といった小段の開始部分に置かれて、謡い出しの音位を示すことが多い。それ以外では[サシ]や[ノリ地]などの途中で用いられている。こうした音位の表示はおおむね現行の謡と一致し、特別な箇所に表記があるという印象ではないが、「下」などの指示は、現行の節付ケよりも少し後に書かれることが多い。たとえば前場でシテとワキが行う問答の途中「トニモカクニモツノクニノ　コ《下》ヤミヤコヂノナニワツニ」は、現在は上掛リ・下掛リとも「津の国」の「の」に廻シがあって、そこで中音に下行するし、それは元和卯月本も同じだが、自筆能本では「コ」に「下」と表記があるだけである。それ以前には何も指示はないが、前の句のどこかで音位を下げ、改めて「コ」を「下」（観世流の中音）で謡い出せという指示であろう。「下」は、現在では音位を「下げる」意味で使われることが多いが、自筆能本では「下ゲ」ではなく、その文字の音位を指示する意図が強いようだ。

クリ音の指示もない。最も音位が高く、詞章を華やかに彩るクリ音は旋律構成上重要な音だが、基本となる上音・中音・下音の指示すらまばらな状況では、是非とも表示しなければならないほどの重要性をもっていなかったのかもしれない。ただし[クセ]の中で二カ所、「ツクハ山ノ」（**資料1**）と「ニヲイモ」の傍線部分に上ゲゴマを付している。両者とも現在クリ音で謡うところだが、自筆能本ではゴマで上行を示したのである。ちなみに元和卯月本では「筑波山」には「クリ」、「匂い」には上ゲゴマを付している。自筆能本ではこのほか、舞の直前、「アリガタヤ」にも上ゲゴマを付している。その前の句「ヲトロカヌ　ミヨナリ」の冒頭に「下」とあるので、「アリガタヤ」で上行せよとの指示であろう。大成版や元和卯月本では「り」に「ハル」とある。《難波梅》でゴマが付いているのはこの三カ所だけだが、すべて上ゲゴマなのが興味深い。

「延」は、［クセ］中に一カ所「ヤシマノホカマテ」の冒頭に書かれている。ここは現在ではヤヲの間（第二拍半）で謡い出すところである（**譜例1・資料1**）。この句の謡い出しを遅らせる分、前の句末「フカウシテ」の「テ」を長く延ばして謡うことになるのでその指示か、あるいは「ヤシマノ」の「シ」や「マ」を延ばす指示のいずれかと考えられる。「シ」にゴマが二つ付いているのは「シ」を二字分延ばせ、という指示であろう。ただし、音を延ばすところすべてに「延」の表記があるわけではない。

《難波梅》では直シの記述箇所が少ないため、その意図を明確にするのはむずかしい。この段階では厳密にフシを表記しようという意図が低かった、ということだろうか。

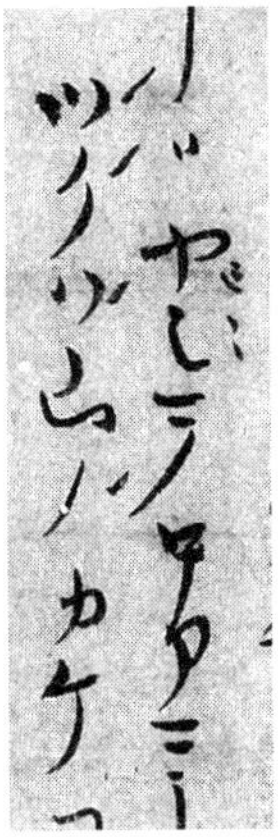

資料1

1　2　3　4　5　6　7　8
いつく…しみふ…こおし…て
ーーー。やしーま　（トリ地）
ーのーーほか…までな…みもなく。

譜例1

（二）区切りの。印

。は、区切りを示す記号である。一句の区切り、上ノ句と下ノ句の区切りは分かち書きで表示するのが自筆能本の原則だが、それ以上にはっきりさせたい場合、。を併用したと考えられる。これについて望月郁子は、世阿弥自筆能本における〈句切り〉の点とされてきた。を、〈分かち書き〉による句切りとは別の機能を担

> うものと見、現行謡本の当該箇所と対照すると、。の現れる箇所に「ヤヲハ」が現れる事例が実在するのをヒントに、記号。は拍子おそらく鼓に対する世阿弥の指示ではないかと見当をつけた。…中略… 拍子（鼓）が間をもたなければならないのは、七字五字の五字からさかのぼって本地のはじめに八拍子としての不足字数分の間がある場合であり…

という見解を示している。[4]《難波梅》において。印が頻出するのは［クセ］中で、たしかに望月が指摘したように謡い出しの間がヤア・ヤヲ・ヤヲハなど、基本となる本間以外の句の前に置かれている。[5]ところが、ワキの道行、およびシテ登場の［上ゲ歌］では本間で謡い出す基本句の前にも。を付している。道行では「ウラツタイ□□ユクホトニ」の後、シテの［上ゲ歌］では「スクナルキミヲ　アヲカント」の後である。前述したように［上ゲ歌］は二節に分節できる小段だが、前に掲げた両句はそれぞれ第一節の終句にあたり、現在では。の位置に鼓の合の手、「打切」が入る。しかしこのあとの句は本間で謡い出すので、謡い出しの間は問題にはならない。字足らずに限らず、句の切れ目、節の切れ目を示すのが。印の主な役割だと考えられる。

。印を鼓の手とすると具合の悪いのが、拍子不合の謡［クリ］や［サシ］、後場の［サシ］に記した。印である。［サシ］は「いう」、［上ゲ歌］などは「うたう」と世阿弥伝書で区別しており、［サシ］が現在のように拍子不合で謡われていた可能性は高い。七五調の韻律文でもなく、拍子にも合わせないのだとしたら、謡い出しの間云々という望月の説では納得できなくなる。現在、サシ調の拍子不合の謡では、句末で二字オトシ、一字オトシなどサシ調の謡特有の謡い方をする。世阿弥が。印をつけた句でも、これに類した句末らしい謡い方をしたのだろうか。また、［クセ］前の［サシ］では、現行の謡本では謡の担当が変わる箇所に。印を置いている。担当の交代を示す意図も含んでいたのかもしれない。

いずれにせよ、。印には句の切れ目を指示する役目しかなかった、と推測したい。

二　盛久

(一)フシの表記とゴマ

応永三十年（一四二三）以降、音位や地拍子に関する直シは格段に多くなる。応永三十年八月十二日の奥書をもつ《盛久》は元雅の作だが、クル・フル・入・ヲク・モツ・遣・延・ノフル・ソラス・ユル・長・中・ツク、と直シの種類もふえ、上下記号や。印も頻出し、ゴマを付した詞も多い。部分的に詞章を訂正しているが、息子の作に手を入れだしたら細部まで細かく表記してしまった、という感じである。世阿弥時代の表記の一例として見ていきたい。

世阿弥は、同じ年の二月に『三道』を書き残している。そこにはフシの名称として「落し節・早節・切る曲《ふし》・切拍子」程度しか記載がないが、『三道』に先行するらしい『曲付次第』には「拍子を置きて待つ曲・遣《や》る曲・越して持つ曲・切る曲・重ね曲・責め曲・早曲」などがあがっており、なかには自筆能本の表記と一致するものもある。この時期、フシに対する用語が世阿弥の中で熟していったのだろう。

まず、「クル」を表記するようになった点が大きな変化である。フシを彩るクリ音をどこで謡うかは、作曲のみならず作詞の点でも大きな問題になる。クルと表記したのは、

登場の［一セイ］の「カエル《クル》ハルナキ」

道行き途中［上ゲ歌］の「アウサカ《クル》ノセキモリモ」「サノ《クル》ミトシヘヌ」

［ロンギ］中の「ミヲノイ《クル》リウミ　タコノウラ　ウ《クル》チイテ、ミレハ」
経文読誦後の［上ゲ歌］「イ《クル》マサイハウノアルジマタ」
［クリ］前［トリ歌］中の「ツ《クル》ルキダン〳〵ニ」
［クリ］中の「ソレ《クル》フシユシ《クル》ヤウカクノ御チカイ。イマ《クル》モテハシメナラス。クワコクヲ《クル》ンノ」
［クセ］中の「ホ《クル》ッシンヒトニコエタリ」
［ロンギ］の「カンル《クル》イヲトメカネ」
［一セイ］の「ハナ《クル》ヲウケタル」

である。このうち現在クリ音で謡わないのは［クリ］中の「イマモテハシメナラス」だけで、表記箇所はおおむね現行と一致している。逆に、現在クリ音で謡うところで自筆能本に表記がないのは、

シテ登場の［一セイ］「イツカマタキヨミツテラノ」
二ノ句の「ヲトニタテヌモ」
［クセ］中の「タンネンノマコトヲ」と「心ヤスクヲモウヘシ」

の四カ所である。ただし「キヨ|ミツテラノ|」の「ヨ」と「ノ」には上ゲゴマ、［クセ］中でも「心ヤスク|」の「ク」には「入」、「タ|ンネンノマコトヲ」では「タ」字に上ゲゴマを付している。《難波梅》同様、上ゲゴマでクリ音への上行を示したのであろう。［トリ歌］中の「ツ|ルキダ|ン〳〵ニ」では、句頭の「ツ」にクルと表記があり、「ダ」にも上ゲゴマを付している（**資料2**）。現在、実際にクリ音を謡うのは「段々に」の箇所なので、上ゲゴマを付すことでクリの位置をより正確に示したといえよう。

資料2

これと似た例として、上ゲゴマと「ハル」を併記した例が「クセ」前の「サシ」「ヘンシヲコタル」の「ン」に見られる。こうした二重表記は、墨色が異なる場合が少なくないので、どちらかが後補と考えられる。

ゴマのみでフシを表す箇所もふえている。たとえば道行の「上ゲ歌」、「マタヤツハシヤタカシ山」は現在中音・下音の間を行き来するフシだが、「マタヤツハシヤタカシ」とゴマが付してあり、ゴマの通り旋律を上・下行させると現行のフシに近くなる。「クセ」末の「ユメワスナワチ」や舞後の「キミヲイワウ」も、傍線部分の上ゲゴマのみで上音への上行を表した例である。下ゲゴマの場合、下向きにかなりの長さで記す場合も散見される。下行した音のままで謡い続ける「下ゲ」の意味を、線の長さで示したのかもしれない。

ゴマを付す箇所はその後次第にふえるが、それでも、ここぞ、という歌詞に記す程度である。正長二年（一四二九）、と自筆能本のなかでは本奥書の年号がいちばん新しい《弱法師》を見てみよう。[6] シテ登場の「上ゲ歌」では「マンダラ」、「初同」では「ナニワノコトカ」の傍線部分で上ゲゴマが付く。現行の謡では両者ともクリ音で謡う箇所である。「上ゲ歌」は上音で謡い出し、強調したい詞章をクリ音で謡う。前節で述べたように世阿弥時代にすでに定型化していたので、クリ音の指示さえあればそれ以外の指示がなくても差し支えなかったのだろう。狂イの中の「一セイ」「イリヒノカゲモ」、「中ノリ地」の「ニツサウカン」「キノウミマテモ」の傍線部分も同じように上ゲゴマでクリ音を示し、「マウモク《クル》ノ」ではクルと直シを記している。「クセ」は下音で謡い出し、中・下旋律をくり返した後、上音に上行する旋律構造をとるが、《弱法師》の「クセ」では「チスイ」「ナカレヒサシキ」に上ゲゴマがついており、それによってここで上音やクリ音に上行することがわかる。「ハル」や「クル」といった直シの少

資料3

資料4

なさをゴマで補い、フシを的確に伝えようと試みている。
《盛久》に戻る。直シとの併用、という点では、「フル」があげられる。「フル」は、現在では廻シやノミ、まれにフリで謡うところに記載されている。廻シもノミも生ミ字を出し、生ミ字部分で音位を下行させるフシで、音価が二字分以上になるので現在増シ節と呼ばれている。［上ゲ歌］の「ヲイソノモリ」には「フル」に加えてひらがなの「へ」字に似たゴマ（**資料3**）が、［クセ］の「イノチ。ニ」にも「へ」字がひっくり返ったようなゴマ（**資料4**）が付されている。「へ」字に似たゴマは単独でも用いているが、現行の廻シに相当する場合がほとんどである。室町後期謡本の廻シは「へ」字に近いので、その先駆といえよう。ただし自筆能本では「へ」字に近いものや半円に近いもの、丸味を帯びた下ゴマのようなもの、「へ」字がひっくり返ったものなどもあり、形状は一定ではない。

《盛久》になって増えたのが「入」である。現在と同じく一音位上行の意味で用いる例が多いが、現行では二字バリ（シテ道行前の［サシ］「セキノヒ《入》カシニオモムケハ」）、大成版ではアタリ（シテ登場の［サシ］「ゴケチエンム《入》ナシカランヤ」など）となっている章も少なくない。アタリについては不明な点が多く、一音位上行の「入」との違いも明らかではないので、報告にとどめておく。

《盛久》ではゴマやフシのかなりの部分が現行の謡と一致するが、［問答］などコトバの部分に「下」が書かれるなど、解明できない節付ケも少なからず見受けられる。コトバとサシゴト、サシコエなどの謡い分けについては従来から論じられているが[7]、現在とは異なる謡い分けがあった可能性も考えられる。

（二）「中」について

《盛久》にみえる珍しい表記が「中」である。《盛久》に六カ所ある以外は《弱法師》に一カ所あるだけである。二曲とも元雅作品という点が興味深いが、これについて蒲生郷昭[8]が「『クル』と書かれているあたりには『中』の記入はないのである。『中』はやはり低音域と密着した記号であるらしい」と述べ、「音階の中音だろうか」と推測している。蒲生はこのあと室町末期の謡本を調査し、「観世流では、すでに室町時代に、『中』の概念が存在していたのである。しかし、記号として謡本に書くかどうかということになると、たとえば『下』などに較べて、かなり後まで恣意的だったということなのだろう」と述べ、さらに謡伝書『塵芥抄』や『音曲玉淵集』らの記述から「『中』には、ウクという概念との接点もあった」としている。「それにしても中音の『中』と中ウキの『中』は、どのように区別されたのだろうか」、というのが蒲生の感想である。室町末期の謡本に記された「中」については本章第四節で言及するので、ここでは自筆能本を中心に検討しておく。

まず［クセ］の「ハトノツエニスカリツ、」（**資料5**）である。この句は現在中音で謡い出す。この句の前後にも中音で謡い出す句はあるが、そこには「中」と表記されていないし、中音で謡い出す「キヨミツノアタリヨリ」の句頭は、その前の句末で上音（ハル）から中音に下行するため、「下」と書かれている。中音で謡い出すところに必ず「中」と記したわけではない。今日的な感覚で言うと整合性がないが、それは研究者の視点でみるからであって、世阿弥なりに、また元雅なりにある箇所だけ「中」と記した意味はあるはずだ。前述したように［クセ］は下音で謡い出し、中音・下音間を行き来するフシを何句か経た後で上音に上行する。［クセ］の前半には頻繁に中音が出てくるので、どの

資料5

句を中音で謡い出すかというより、どの句で上音に上行するかが、謡う際、注意しなければならない事項となる。《盛久》の場合、現在では「ハトノツエニスカリツ、」の次の句で上音に上行する。次の句「メウモン　タ、シキ」には「ハル」も上ゲゴマも記載がないが、「ハトノツエ」に「中」と記したために次の句で上行することがわかるのではないだろうか。「メウモン」の冒頭に「上」と記せば済むことだが、その代わりに前の句に「中」と記した、と考えたい。観世文庫所蔵の永正十三年観世弥次郎長俊筆《当麻》でも、［クセ］の「せうみやう観念の」の句頭に「中」、「観念の」に「ハル」と付している。この譜本で「中」と直シを付したのはこの箇所のみだが、《盛久》とほぼ同じ条件で「中」と表記したことは確実である。上音に上行する直前の中音の句に「中」と記す例は、同じく観世文庫蔵の、

天文十九年観世又五郎奥書の《紅葉狩》の［クセ］「しやゐんまうこもも《中》ろともに」
［裾グセ］「ち《中》るかまさきの」

天正十七年観世与三郎忠親筆《きぬた》[9]の［クセ］「あ《中》まの川なみたちへたて」

など室町末期謡本にも散見される。自筆能本の《盛久》の場合、［クセ］ではないが、経文読誦後の［歌］の「ノカスヘシヤ」にも「中」と表記がある。次の句に音高の表記はないが、現行の謡では次の句で上音に上行する。この［歌］は［下ゲ歌］風に低音域で謡い出すが、通常の［下ゲ歌］は低音域に終始して上音へ上行しない。常とは異なるフシに注意をうながす意図で「中」と表記したのであろう。

道行直後の［サシ］の「シヤリノキン」、経文読誦前の「ネカワクワ」（**資料6**）、［クセ］末の「モリヒサタットク」（**資料7**）では「下」と「中」が近接して書かれている。「シヤリノキン」は、中途半端な音位に下行する中下ゲの意味で「下中」と付した、と推測できる。

経文を読み上げる場面での「ネカワクハ」も同様である。ここは拍子不合の謡だが、拍子不合でサシ調の小段

はほとんどが上音で謡い出す。しかし、ここは落ち着いた音で信仰心をしっかり表明したいところなので、上音ではなく「中」で始めたかったのだろう。［クドキ］や［ノット］ならば中音で謡い出すので「下」と記すところだが、そこまで低い音位ではなく、かと言って高音域で謡い上げるわけでもない、そのような中途半端な意図を「中」という表記にこめたと考えたい。

［クセ］の終結部、「モリヒサタットク」の場合は、付則的な文意を「中」で表した、と解釈したい。［クセ］の内容は「モリヒサタットク」の前の句「ユメワスナワチサメニケリ」で完結しているが、そのあとに夢を見た盛久の心情が付されている。その部分を「下」でも「上」でもなく淡々と「中」で謡って［クセ］を終わらせたかったのだろう。「ネカワクワ」にしろ「モリヒサタットク」にしろ、抑えた節付ケが《盛久》の曲趣にふさわしく感じられる。

ここで［下ゲ歌］について考えてみたい。［下ゲ歌］は現在中音で謡い出すが、自筆能本では小段冒頭に「下」と記している。そこに働いているのは［上ゲ歌］と対の概念で、「低い音」で謡い出す、という意識である。音をきっちり下行する意識が働く場合に「下」、きっちり上行する場合に「ハル」と記し、低くもなく高くもない、「中途」という意識が働く場合に「中」とするようだ。宝生流ではそもそも観世流で中音と称する音位を下音と呼び、上音（上ウキ音）から下行するとき、中音まで下行する場合は謡本に「下」と書くが、途中の中ウキ音までしか下行しない場合は謡本には直シを記さず、「中まで下げる」と口頭で伝えている。具体的に現在の中音ないし中ウキ音のどちらを

資料6

資料7

指すにせよ、「中途」半端な意味をあらわす音を「中」と呼ぶ意識が現在まで通じている点は注目したい。中音、中ウキ音のどちらを指すかはそのときどきのフシの流れによって異なるが、世阿弥自筆能本の段階では、それは問題にならなかったのだろう。

かつて「ハヤフシ」を論じたとき、(10)《弱法師》の「眺めし八月影の」以下が「ハヤフシ」ではなく「歌」となっていたことに言及したことがある。フシやリズムはハヤフシと同じでも、謡が置かれたコンテクスト、謡うときの意識が異なるので《弱法師》ではハヤフシと呼んでいなかった。逆に意識が共通していれば、たとえフシやリズムが異なっていても同じ名称を用いるのが世阿弥の行き方である。《盛久》は元雅の作だが、この場合の「中」も同様と考えたい。とはいうものの、現行の謡では推測できない場合があることも否めない。舞の直前、「モリヒサカ、ルジセッニアウ事」にも中とあるが、ここは現在コトバでフシは付かない。前述したように［問答］にも「下」と記した箇所があった。下掛リ宝生流の謡本では、現在でもコトバに上・下と記しているが、世阿弥の頃からコトバに上下の高低差をつけて謡っていたのだろうか。

(三) 地拍子に関する表記

《盛久》には、拍子当たりに関する表記も多い。

句の区切りは原則として。で示すが、拍子合の小段で謡い出しの間が本間以降に遅れる場合、句の前に「ヲク」と併記するようになる。ヲクは、その後の謡本でも長く使用されたが、どこまで遅くするか、謡い出しの間を厳密に区別する必要は感じていなかったらしい。道行途中［上ゲ歌］の「ヲトロヘワ」はヤアの間（第二拍）、［ロンギ］の「イノチナリケリ」と「ユキノフシノネ」はヤヲハの間（第三拍）、二つ目の［ロンギ］中「コノトキモリヒサワ」はヤヲの間（第二拍半）、と謡い出しの間は異なるのに表記はすべてヲクで済ませている。細かい差異は、上ノ句の文字数で判断できるので、区別する必要はなかったのだろう。

不明なのが経文読誦前の「ニセノクワンマウ」に付された「ヲク」である（**資料8**）。ここは現在、拍子不合で謡い流すところで地拍子とは無縁なはずである。前の句との間に特に間《ま》をあけなければならない必然性も感じられない。月曜会が翻刻した『世阿弥自筆能本集』ではヲクとしているが、他の箇所とは筆致も異なるのでヲクではない可能性を考えたい。

『世阿弥自筆能本集』では［クセ］前の［歌］、「マツセニテワ」にも「ヲク」と翻刻しているが、これは誤りで、右隣の行に書かれた「キヤウモンアラタニ」の句頭への指示である（**資料9**）。通常は句の右側に直シを書くのだが、直シが多い場合は左に付すことも少なくない。「キヤウモンアラタニ」は、それまで役謡がかけ合いで謡っていた謡を引きとって地謡が謡い出す小段の冒頭で、分離ノトリで謡い出すためにヤヲの間謡い出しになっている。指示記号が「マイ・同・延・＼[11]」と多い上、さらに右隣の行の詞章の訂正が指示記号の上まで及んだため、左に記したのであろう。

資料8

資料9

分離ノトリの技法で節付ケすると謡い出しの間が遅くなり、音を延ばす箇所がふえる。上ノ句を二分して上半句をトリの句、下半句と下ノ句で本地とし、本来ならば一句ですむところを二句に拡大するのが分離ノトリだが、拡大した分、強調したい歌詞に引キや廻シなど増シブシを施すからである。《盛久》では増シブシを「延」として「ヲク」と併記している。前出した「キヤウモンアラタニ」がそれである。「ヲク」と表記しなくても冒頭に「延」とあるので分離ノトリだとわかるのが［クセ］中の「メウモンタ、シキ」と「タ、一ヲンナリトテモ」である。「延」は、主として現在の「引キ」を意味する語だが、「延」となっていても現在では「廻シ」や「フリ」で謡う場合もある。

分離ノトリや句頭に限らず「延」と記す例が、前の［ロンギ］の「イ《延》ノチナリケリ《延》」「サヨノナカ《延》山ワ」、［クセ］の「ホッシンヒトニ《延》コエタリ」にみえる。「イノチナリケリ」は現在分離ノトリではないので「イノチ」部分に増シブシはないのだが、上ノ句が三字の字足らず句なので謡い出しが第三拍半になる。そこまでの間、前の句の句末を引け、という指示で「延」と記したのだろう。「延」と同じような意図で「長」と記すこともある。たとえば道行中の「セタノナカハシ」は現在分離ノトリで謡うところで、「せたーのー」と「た」と「の」字が延びる（**資料10**）。二字分延ばす指示だろうか、「長」の文字も縦長に記している点が興味深い。「延」と「長」に、謡い方の区別があったのだろうか。現在とは異なる謡い分けがあったのかもしれないが、その意味は現在では不明である。

自筆能本では同じ意味をゴマで表したり文字で示したり、また両者を併記したり、とさまざまだが、どのように表記するか、その選択はかなり恣意的にみえる。当然のことだが、世阿弥も元雅も研究者ではない。作家であり実演者であったのだし、自筆能本は素人弟子へ懇切丁寧に教える譜本ではなく、基本的なフシを熟知した玄人とやりとりする台本であった。整合性を追求しすぎると、彼らの意図や感性が読めなくなりそうだ。

謡い出しの「間」に戻ろう。「ヲク」とは逆に謡い出しの間が早まる場合、すなわち半声の間（前の句の第八拍）で謡い出す句には、句頭の右横に線を引いている。

道行末の「ホシ月ヨ｜ハヤカマクラニツキニケリ」（**資料11**）

［次第］の第三句「ノ｜チノヨノ」

物着前の「クモリナキ｜ツルキダン〱ニ」がそれである。経文読誦後［上ゲ歌］の「モリヒサカツイノミチ｜ヨモクラカラシ」にも傍線が引かれている（**資料12**）が、「ヨモクラカラシ」は半声ではなく、本間謡い出しである。ただし「ツイノミチ」に増シブシを入れて謡うので、「つ[5]…い[6]のみ[7]イち[8]よ[1]も…くらか…らし」となって次の句との間に句点が入らない。続けて謡う、という点では半声と変わらないので、同じ表記にしたのだろう。現在と同じように下ノ句で増シブシを謡ったことが想定できるのも興味深い。

。印は、拍子不合の小段でも一句ずつの区切りを示すために付けられている。句末には現在と同じようなフシを伴っていたのではなかろうか。

このほか、「遣ウ」「ユル」「モツ」など論じ残した表記もあるが、《盛久》だけでは論じきれないところもあるので、別の機会に譲ることとする。

資料10

資料11

資料12

三　《江口》のキリの節付ケ――結びにかえて――

応永三十一年（一四二四）九月の奥書を持つ《江口》ではさらに表記が増え、用語も多様化する。本論では舞後の改訂部分にふれて、論の結びとしたい。

自筆能本の《江口》は六枚の用紙を貼り継いで書かれているが、五枚目の紙幅が他に比べて短く、その左端に元の詞章と思われる節付ケが残っていることから、最終紙に書かれた舞後部分は応永三十一年、この自筆能本が書かれた時点での改訂であろう、と落合博志は推測した。[12]その前のヲカシのコトバにあらわれる歌舞の菩薩を消して普賢菩薩に直していることから、普賢菩薩への変身を新たに付け加えた際に全体を手直しした、という説を唱えている。第五紙左端に残る小段名やゴマが第六紙冒頭の詞章、「ジッソウムロノ（実相無漏の）」にまったく合わないのでこの部分から差し替えた、とするのが落合説である。改訂した舞後部分の節付ケはかなり詳細に書かれているが、能にとって作詞と節付ケは一体であるから、詞章を変更した際、フシも当然変更したのである。

《江口》の前場は西行と詠み交わした和歌をめぐって展開し、後場で川舟の上での遊女の芸能をみせ、遊女の曲舞ともいえる［クセ］を舞う。クライマックスはシテの舞う［クセ］と〔序ノ舞〕である。他の夢幻能では、〔序ノ舞〕を舞った後、静かに夜が明けて僧の見た夢も覚め、シテは姿を消す。たとえば《井筒》では、〔序ノ舞〕の余韻を受けて大ノリの謡がひとしきり続いた後、そのノリを断ち切るように平ノリの謡になり、現実に戻って終曲となる。舞や大ノリ謡のゆったりしたノリのあと、平ノリや中ノリなどノリの早い謡に変えて一曲を総括するのだが、総括のために世阿弥が考案した小段が「ハヤフシ」であった。クライマックスを受けて静かに淡々と曲を終結に導くために中音で謡い出し、同じ句を中音でくり返すのがハヤフシの定型である。ところが《江口》の場合はそこを少しアレンジした。自筆能本の舞後の詞章を、直シを含めて掲げておく。

女　ヲモシロヤジッ《ハル》サウムロノ《入》大カイニ。ゴチン《クル》ロクヨ《ハル》クノ　カセ《モッハル》ワフカ《下》ネト《ユル》モ。

同音　スイエ《ハル》ンシン《クル》ニヨノ《下》ナミノ　タ、ヌヒモナシ　〳〵　女下　ナミノタチイモナニユエ《ユル》ソ。カ《ハル》リナ《ハル》ルヤ《ユル》ト

ニ。コ《ヲク》、《下》ロトムルユエ　キリヒヤウシ同下心トメスワウキヨ　モアラシ　女下　ヒトヲモシタ《下》ワシ　マ《ハル》ツクレモナク《フル》

女下　ワカレチモアラシフク　。同音　ハ《上》ナヨモ《クル》ミチ《クル》ヨ　月《入》ユ《入》キノフル事《ソラス》モ　アラヨ《ナカム》シナヤ　。女下ハヤフシ　ヲモ

エハカリノヤト　。同ハルナカム　ヲモエ□《下》カリノヤトニ　。コ《ヲク》、ロ《クルナカム》トムナト人《下ハル》ヲタニ《□ル》　。イサ《下ハルクル》メシワレナリ　コ《上》レマ《クル》テ

ナリヤカエルトテ《ツヽク》　スナワ《ハル》チフケン　。ホ《ヲク》サ《ハル》ットアラワレ　フネワ　ビヤク《ハルハル》ザウトナリツ、　。ヒ《クル》カリ《クル》モ

トモニシ《ナカム》ロタエ《ハル》ノ　ハ《ツヽク》クウンニ　ウ《下》チノリテ　ニ《ハル》シノソラニユ《ユル》キ　タマウ《入》　ア《ツヽク》リカタクソ《ハル》　ヲホエタル《入》　ア

リカタクコソヲホエタレ

舞い終えた遊女はこの世が仮だと悟って静かに去っていく、それが当初の《江口》の構想だったのかもしれないが、普賢菩薩に変身して極楽浄土へおもむく、いわばもうひとつクライマックスを加える形に改訂した。静かに淡々とハヤフシを謡ったのでは、終曲部を盛り上げていくのはむずかしい。そこで、世阿弥はハヤフシの返シを上音で謡う、という異例な処置を考案した。舞による高揚感を受けて「実相無漏の大海に」と今様を謡ったあと、地謡とシテのかけ合いが続いてハヤフシに至るのだが、シテ謡の「波の立居も何故ぞ」、「心とむるゆゑ」、「人をも慕はじ」、「別れ路も嵐吹く」はことごとく低音（下）で謡い、地謡（同音）が謡う「浮世もあらじ」、「待つ暮れもなく」は高音（ハル）で応じ、「花よ紅葉よ月雪」と俗世の華やかさを上音・クリ音などの高音で謡い上げ、「あら由なや」と収まって現実に戻ったところで遊女はハタと感慨にふけり、つぶやくように「思へば仮の宿」と中音（下）で謡う。

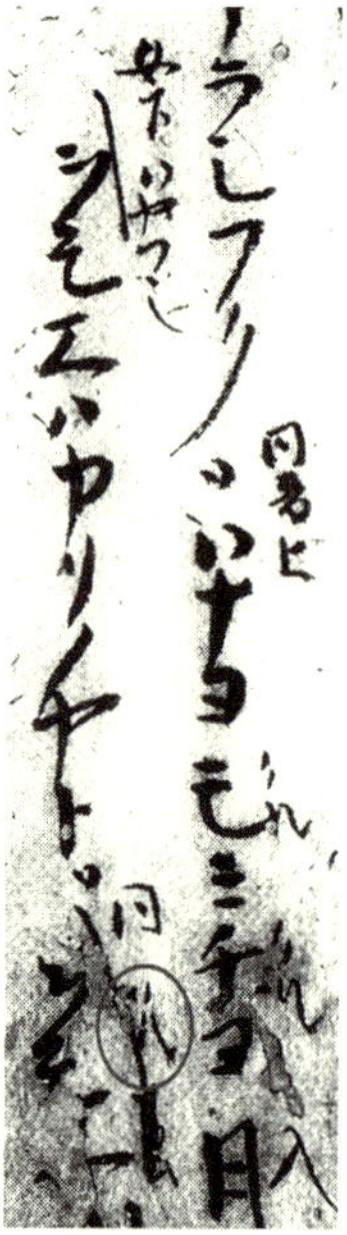

資料13

資料14

譜例2

1 2 3 4 5 6 7 8

こーこ　（トリ地）

ーろーーとむーなとひ…とをだに。

クリ音が続いた後のこの中音（下）はたいへん効果的である。通常のハヤフシならば、そのまま中音で謡い続けて現実に戻る所だが、《江口》では「そうだ、仮の宿と言ったのは私なのだ」と再び大きく納得したかのように声を張り上げて返シを上音（ハル）で謡う（**資料13**）。中音で謡うか上音で謡うか、わずかな差異のようだが、現在ならば両者で息扱いが変わるので、印象は大きく変わる。世阿弥の頃もそうだったのではなかろうか。返シを上音で謡ったことで、これに続く詞章「心とむなと人をだに、諫めし我なり」も上音で、また分離ノトリを用いて大きく謡うことが可能になったのである。

「コ、ロトムナト」には自筆能本でも「ヲク・クル・ナカム」と記している（**資料14**）から、現行と同じように「こーこーろー」と廻シや引キを入れながら高音で大きく謡ったのだろう（**譜例2**）。それは、今様「実相無漏の大海に」を受けて静かに謡った詞章、「心とむるゆゑ」に呼応しながら、さらに普賢菩薩への変身へと展開をうながす詞章である。

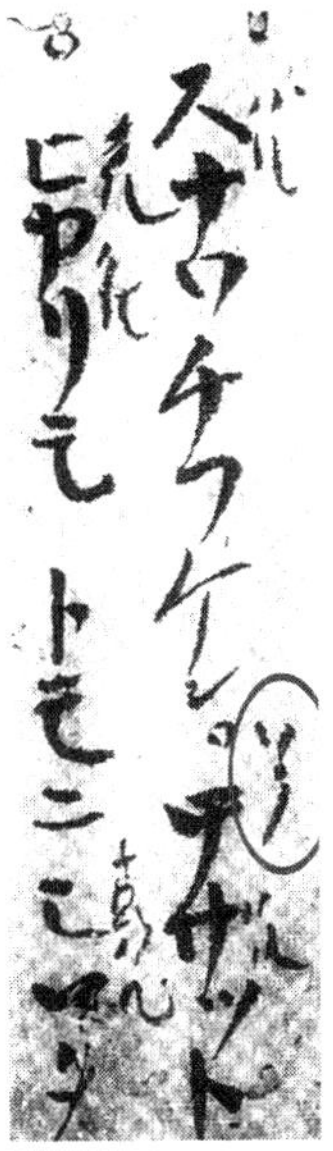

資料15

資料16

このあとの節付ケも独特で、「スナワチフケン。ホサットアラワレ」、「フケン」と「ホサッ」の間は自筆能本で「ヲク」と書かれている（**資料15**）。「フケンーー」と大きく間を取って謡う間に遊女は普賢菩薩に変身し、白象、光、白雲、上昇イメージの強いキラキラした詞章をクリ音や上音で荘厳するように謡い上げたあと、「うち乗りて」を「下」げて謡う（**資料16**）。「下」の指示でどの音位まで下げたのだろうか。常識的には下音だが、呂音まで下行することが世阿弥の時代にもあったのだろうか。現在、上掛リでは中音で謡うが、下掛リは呂音まで下行することがある。「白雲に乗る」、上昇して成仏する瞬間を下行する謡で表現する逆転の発想と、低音に下行したことで醸し出される一種の厳かさ。この節付ケは、見事というよりほかはあるまい。呂音まで下行するのが後世の工夫だとしても、ここを下行せよと指示したのは世阿弥である。

こうした作曲のセンスは、作詞同様、声を大にして評価すべきであろう。返シを上音で謡うハヤフシにしても、《江口》以外では《西行桜》にしかない。ハヤフシは世阿弥自身が考案した小段だが、新たな境地を開くためには自ら作り上げた定型すら破り、絶えず模索するのが世阿弥の行き方であった。節付ケいかんで詞章の効果は大きく変わる。節付ケがいかに作詞と不可分であるか、世阿弥は熟知していたのである。

注

(1) 蒲生郷昭「日本の音楽理論における『中』について」(『芸能の科学』二十号　一九九二年。『日本古典音楽探求』(二〇〇〇年　出版芸術社)に再録)。

(2) 望月郁子「世阿弥自筆能本(宝山寺蔵本)における記号。の分布とその機能」(『二松学舎大学大学論集』第四十一集　一九九八年)。

(3) [次第]の形式については、本書「序にかえて」を参照されたい。《盛久》の[次第]に音位の表記があるのは、この[次第]のフシが定型からはずれているためである。

(4) 注(2)に同じ。

(5) 平ノリでは第一拍の前から謡い出す形を基本としており、これを本間と言う。謡い出しの間は、上ノ句の字数で決まることが多い。現在の基本の形は左記の通りである。

8　1　2　3　4　5　6　7　8
半声　いろ…めくは…はるの…しるしかや。(上ノ句八字)
本間　た…なびき…にけり…ひさかたの。(上ノ句七字　基本形)
ヤノ間　たぐい…なみも…まつかぜも。(上ノ句六字)
ヤアノ間　おも…しろや…あめならで。(上ノ句五字)
ヤヲノ間　そ…のうえ…あめつちは。(上ノ句四字)
ヤヲハノ間　しばし…とどまりて。(上ノ句三字)

(6) 正確には臨模本であるが、ゴマの表記などはかなり忠実である。

(7) 香西精『世阿弥新考』(一九六二年　わんや書店)所収の「さし声、さしごと」など。

(8) 注(1)に同じ。

(9) この譜本では「かのたなばたのちぎりには」の冒頭にも「中」と表記がある。

(10) 拙稿「ハヤフシで意図したもの―世阿弥自筆本の小段表記をめぐって―」(『芸能の科学』二十六号　一九九八年。

『能の囃子と演出』（二〇〇三年　音楽之友社）に再録）。

（11）「マイ」については、「哥」字を崩して記号化したもので「ウタ」と読むべきだ、という説を表章が唱えている（「序に代えて」〔月曜会編『世阿弥自筆能本集』一九九七年　岩波書店〕）が、他の箇所に見られる「マイ」とくずし方が一致する。注（10）にあげた前稿では「ウタ」と解釈したが、本論では「マイ」と考え直している。

（12）落合博志「〈江口〉の構想と成立」（月曜会編『能　研究と評論』十五　一九八七年）。

参考資料クレジット

資料1　《難波梅》世阿弥自筆能本（一般財団法人観世文庫蔵）

資料2～12　《盛久》世阿弥自筆能本（宝山寺蔵）

資料13～16　《江口》世阿弥自筆能本（宝山寺蔵）

第三節　下間少進手沢車屋本節付考
――桃山時代の謡のフシを考える――

はじめに

近年、演出研究が飛躍的に進んだ結果、江戸時代には現在とは異なるさまざまな上演形態があり、時代とともに変容した過程が解明されるようになった。しかし謡の旋律に関していえば、具体的な旋律進行を示す資料が少ないこともあって現在と異なる姿を想定しにくいのが実情であろう。

謡の旋律は体系的できっちり整っている。ツヨ吟とヨワ吟という二通りの謡い方があり、それぞれ息扱いや音階が異なっている。なめらかにビブラートをかけ、音高差をはっきり意識して謡うのがヨワ吟、ビブラートを強く不規則にかけ、音高差よりは息の強さを強調するのがツヨ吟である。ヨワ吟の旋律は上音・中音・下音、ツヨ吟の旋律はこれに下ノ中音をプラスした四つの音で構成され、ヨワ吟では中音から上音へ上行するときには中音のウキ（ただし、宝生・金春では中ウキを謡わない）、上音から中音へ下行するときは上音のウキを経過する等、旋律進行まできっちり規定されているから、伝承が途絶えぬ限りその体系が変化するとは考えにくい（**譜例1**）。

しかし、近年の研究によって謡本に「強」と記されるのが元禄期以降であり、そのツヨ吟も江戸後期までかなりメロディックであったこと、ツヨ吟・ヨワ吟ともに最高音であるクリ音の音高が現在より高かったこと等が判明している。江戸時代をさらに遡って、桃山時代のフシを復元してみようというのが本稿のねらいである。

一　『塵芥抄』の旋律

桃山時代のフシや地拍子が現在と異なることは、既に指摘[1]されていた。その資料が、天正十一（一五八三）年に成立した謡伝書『塵芥抄』である。金春系謡伝書『混沌懐中抄』の説や、桜井五郎兵衛入道歌楽・弥石源太夫・春藤六郎次郎らの談話を編んだ謡伝書で、原本は伝わっていないが、江戸期に書写された写本は比較的多く残っている。具体的な例をあげながら謡のフシを解説するなかに《呉服》の［上ゲ歌］を載せた箇所があり、そこでは**資料1**にあげたようにゴマ一つ一つに「宮・商・角・徴・羽」と五声を併記している。五声は雅楽や声明で用いる階名だが、金春禅竹の『五音三曲集』でも［上ゲ歌］の冒頭に「宮」と記しているので、能の方でもなじみがあったのだろう。謡の詳細な音高推移を示したい、という欲求から援用したと考えられる。『塵芥抄』では［上ゲ歌］後の注記で五声の各音にさらに十二律中の五つの音名を対応させているので、五声をたどっていくと当時のフシがおのずと浮

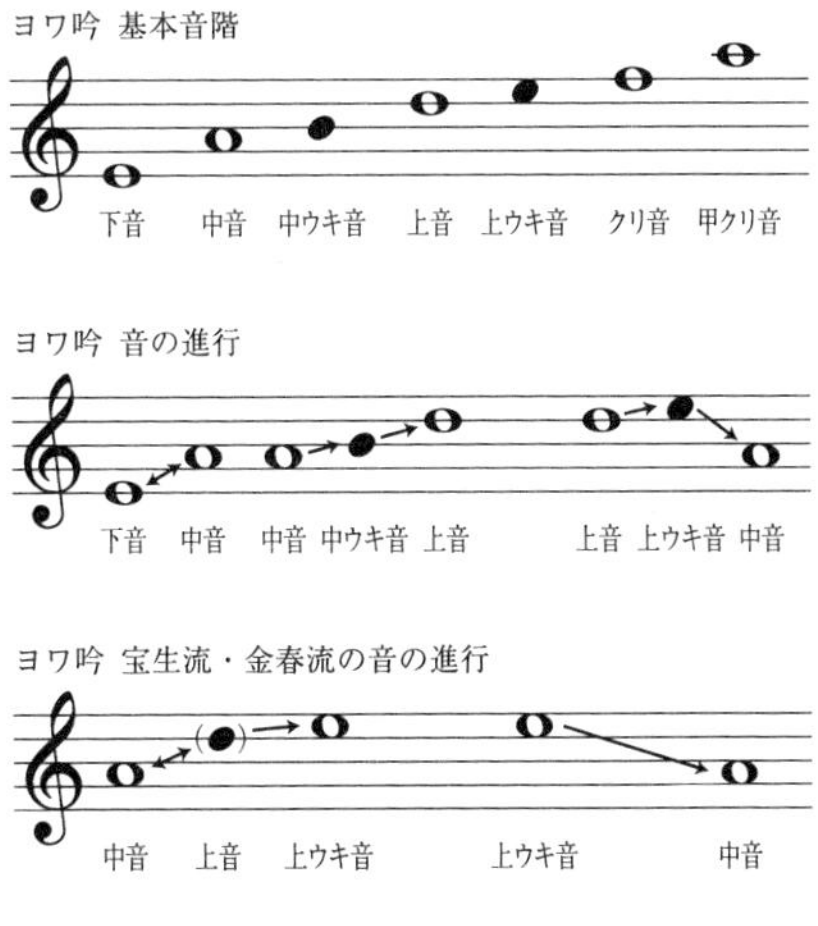

譜例1

かび上がる。まずこのフシを確認しておこう。

先述したように謡の基本となる音位は上音・中音・下音だが、『塵芥抄』では上音を宮・一越（レの音）、中音を徴・黄鐘（ラの音）、下音を商・平調（ミの音）で表している。音程はそれぞれ完全四度、現在のヨワ吟音階と同じである。《呉服》は現在ツヨ吟で謡われる。ツヨ吟は祝言の曲や勇壮な場面、鬼畜の登場する曲などで用いられる唱法で、ビブラートを強く、不規則にかける。そのため音の上げ下げが判別しにくくなり、やや一本調子に聞こえがちなのだが、『塵芥抄』の書かれた時代にはツヨ音階が分化しておらず、すべてヨワ吟のようにメロディックに謡っていたことがわかる。そこで本論では旋律を比較するために、《呉服》の［上ゲ歌］をまずヨワ吟音階に変換しておいた（**譜例2**）。**譜例3**は『塵芥抄』に記された《呉服》［上ゲ歌］の訳譜である。

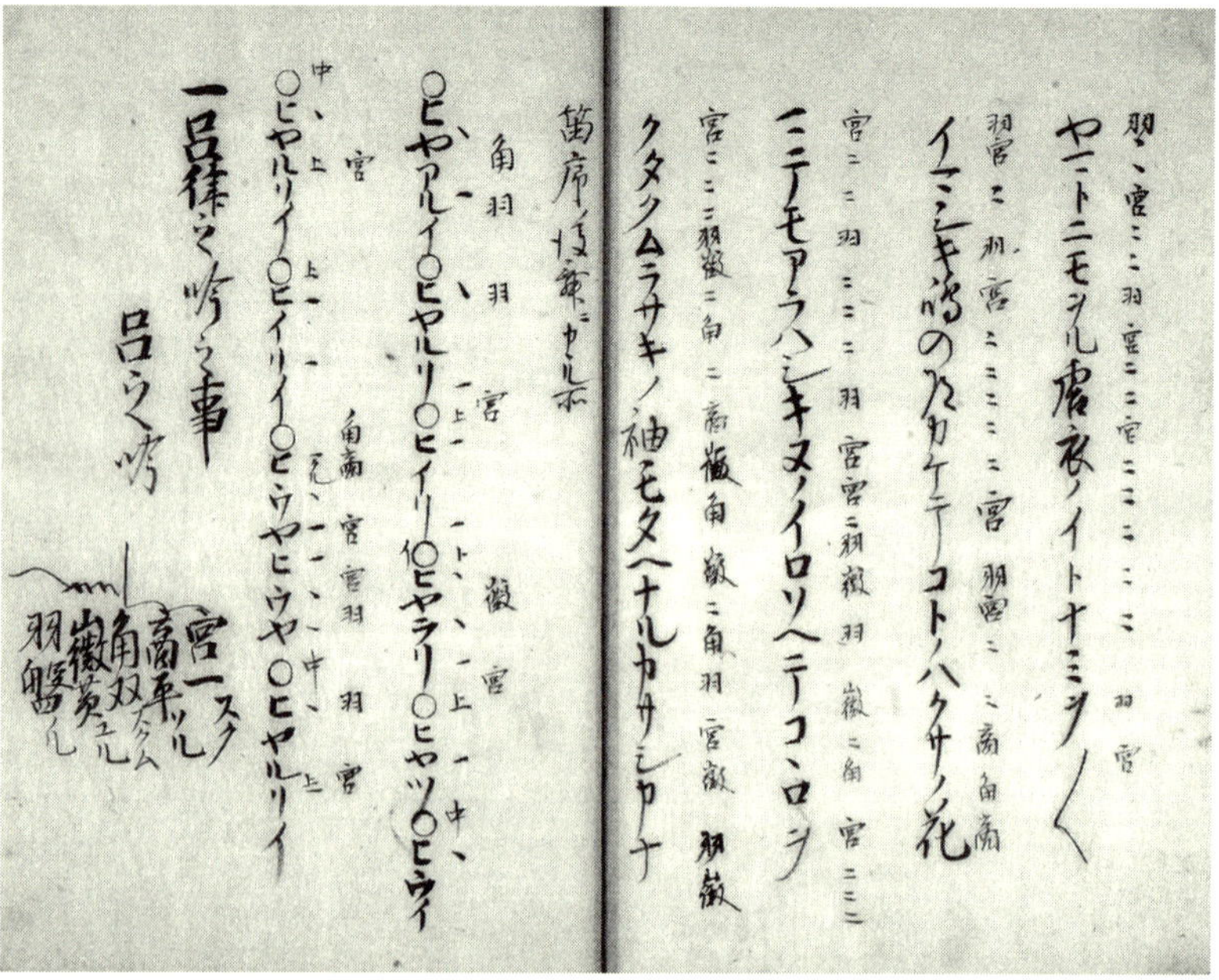

資料1　『塵芥抄』（法政大学能楽研究所蔵）

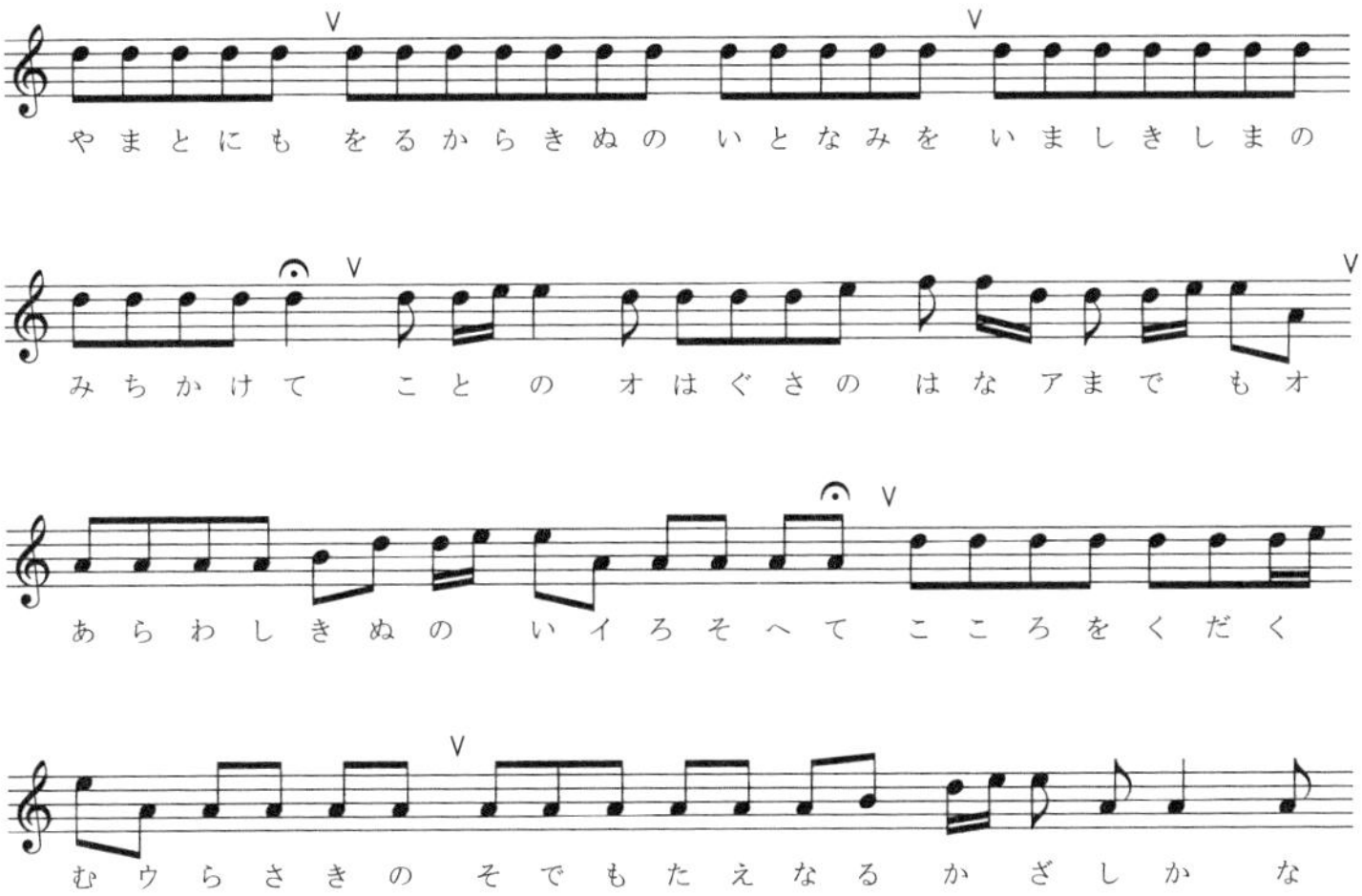

譜例２《呉服》[上ゲ歌] 現行ヨワ吟（ツヨ吟を変換）

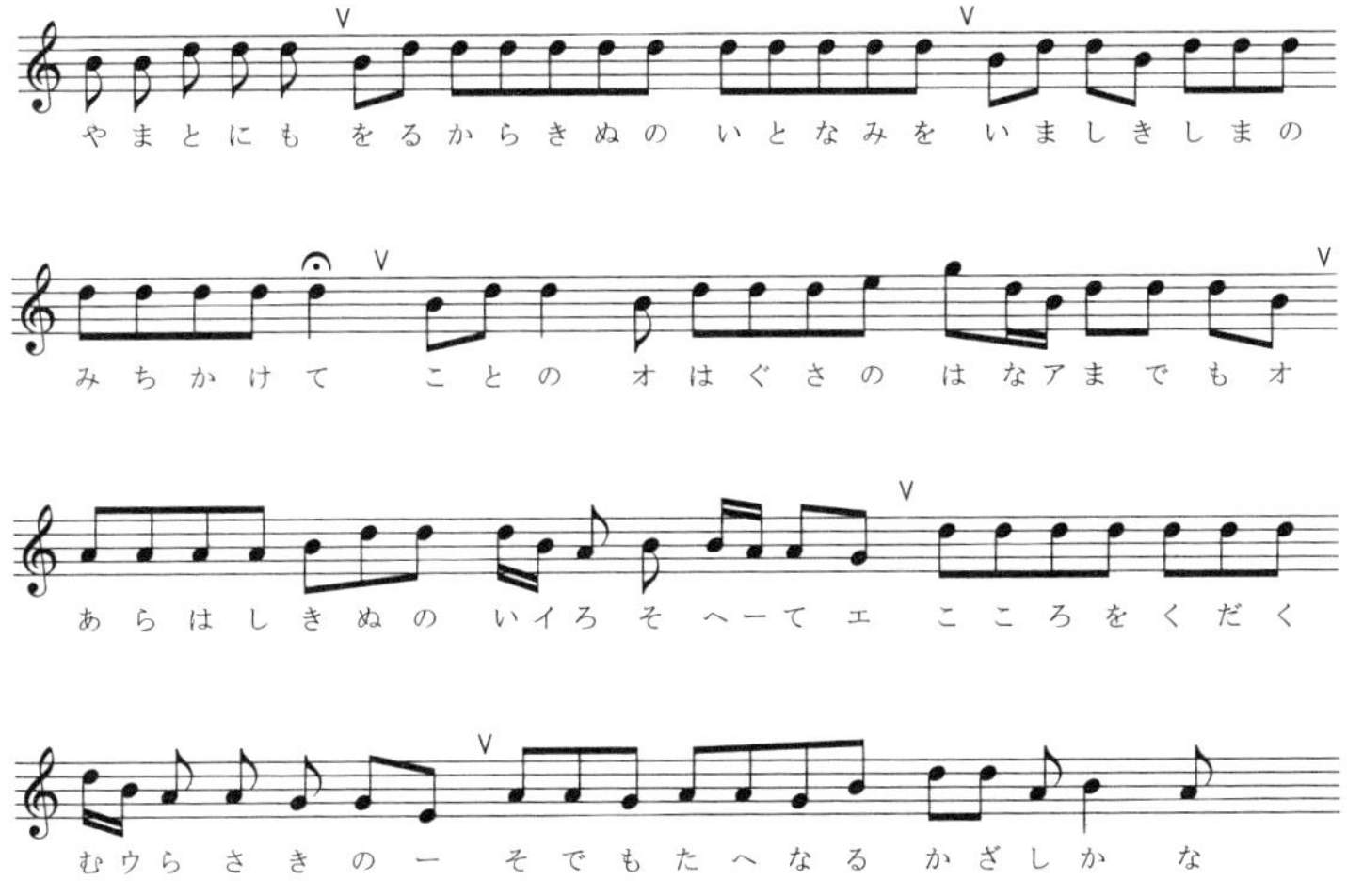

譜例３《呉服》[上ゲ歌]『塵芥抄』

譜例2と**譜例3**で大きく異なるのが、音位の進行である。

たとえば現行では、「きぬのいろそへて」は上音域から中音に下行するフシだが、『塵芥抄』では「いろ」で「宮（上音）」から「羽（中ウキ音）」を経て中音へ下行している。現行のヨワ吟ならば「の」で上ウキ音に上行してから中音へ下行するところである。上ウキ音と中音の音程は完全五度と大きく開くので、現在の謡い方ではダイナミックに下行して華やかに聞こえるが、中ウキ音は上音と中音の間の音なので、『塵芥抄』では流れに沿ってなめらかに音位が下行する。経過音が変わるだけだが、同一曲を聴いているとは思えないほど印象が変わるのがおもしろい（**譜例4のイ**）。「かざし」の部分で『塵芥抄』では「宮（上音）」から「徴（中音）」へ直接下行しているが、ウキ音を経過せず下行する謡い方も現在のヨワ吟にはない。

また、中廻シを謡うとき生ミ字で音高を下げる点も現行とは異なっている。『塵芥抄』では「むらさきのオ」の「オ」を中音オサエないし下ノ中音で謡うよう指示しているが、現在はほとんど下行せずに同じ音位で謡う。また、中音から下音へ下行するとき下ノ中音を経過する謡い方は現在でもツヨ吟で行うが、『塵芥抄』では三つの音の間にはっきりした音高差が認められる（**譜例4のロ**）。クリ音は現在のヨワ吟よりかなり高い。角・双調（ソの音）を当てているので、上音の完全

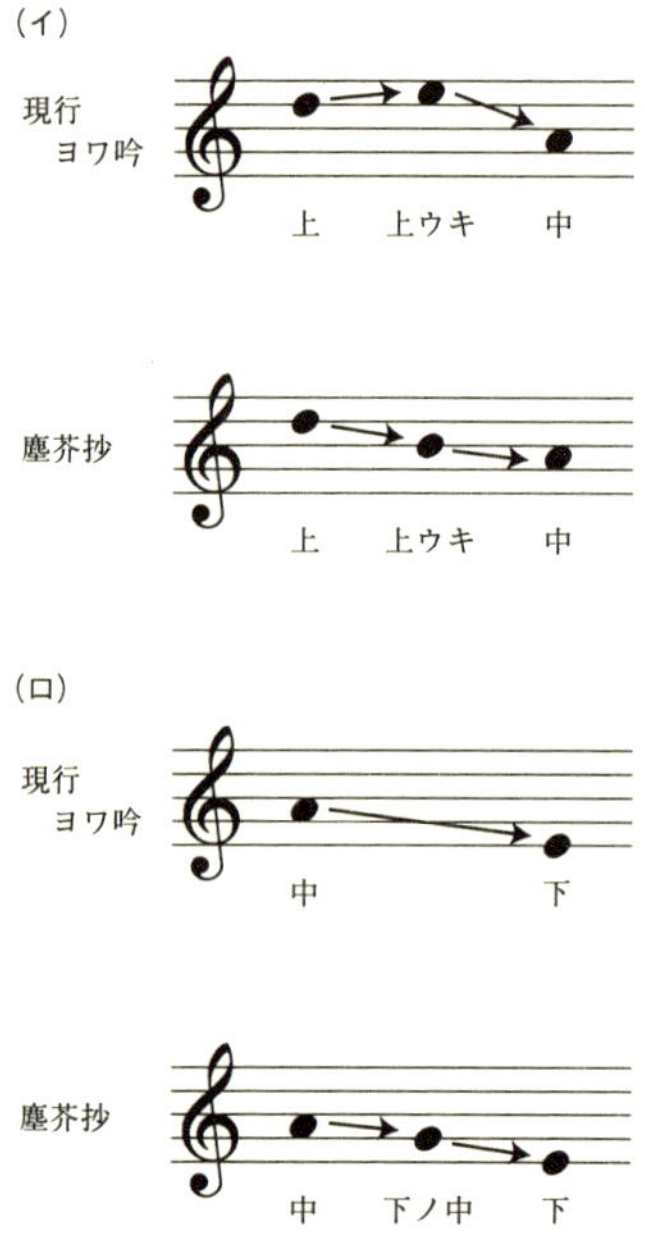
（イ）
現行
ヨワ吟
上　上ウキ　中
塵芥抄
上　上ウキ　中
（ロ）
現行
ヨワ吟
中　下
塵芥抄
中　下ノ中　下

譜例4　現行・『塵芥抄』比較

四度上である。現在のゴツゴツした旋律進行とは異なり、桃山時代の謡はかなりメロディックな進行をしていたのである。

ここで、『塵芥抄』の解読で判明したことをまとめておこう。

＊現在のようにツヨ音階とヨワ音階が分化していなかった。

＊核となる上音・中音・下音の音程は現在と変わらない。

＊核となる音同士をつなぐ経過音が現在とは異なり、上音から中音へ下行するときは上ウキ音ではなく中ウキ音（羽）を通る。だが、上音から直接中音へ下行する謡い方もあった（例として《呉服》の「かざしかな」）。また、中音と下音の間では経過音として下ノ中音（角）を謡う。

＊クリ音（角）が現在よりもはるかに高く、上音の完全四度上である。

二　下間少進手沢車屋本の概要

『塵芥抄』譜の解読によって謡の旋律進行が現在とは異なることが判明したが、『塵芥抄』には限界があった。例としてあがっているのが《呉服》の[上ゲ歌]だけで、ヨワ吟やサシ調のフシは不明だったのである。ところが、『塵芥抄』とほぼ同時代に書写された下間少進手沢車屋本（法政大学能楽研究所蔵。以下手沢本と略称する）ではヨワ吟やサシ調の謡にも五声の直シが入っていた。手沢本によって、桃山時代の謡の全容に近づく手がかりがぐっと増えた。

車屋本に関しては表章の長大な考察があるので[2]、それに基づきながら概略を記しておこう。車屋本は、室町末期から江戸初期にかけて能書家として知られた鳥養道断によって書かれた下掛リの謡本である。道断は金春岌蓮喜勝の謡の弟子で、天正頃から謡の節付ケを行い、謡本を多数制作していた。その謡本は道断の屋号にちなんで車屋本と呼ばれているが、慶長期には版下を書いて刊行を始め、同六年には三十番を後陽成天皇に献上するほどであったという。

車屋本は、節付ケ記号に「くる」を用いた点に特徴がある。[3]謡の最高音について上掛リは「クル」、下掛リは「しほる」と記すことが世阿弥や禅竹の時代から系統的に行われていたが、車屋本では「クル」と「しほる」を併用し、後世の謡本や観世流の謡本の「入」に相当する詞章に「クル」とつけている。『節章句秘伝之抄』[4]では「入」を「二字しほる心なり。但急ナリ」、「クル」を「ゆうに二字しほるなり」と区別しているから、その違いをはっきりさせたかったのだろうか。そのほか、「上・中・下・入・越・持」などの細かい直シを加えた写本もある。通常、こうした直シは謡本の使用者が後で加えることが多いのだが、車屋本の場合は直シが一定しているので、道断自身が付加したのだろう、と表は推測した。

その直シにさらに五声を加えたのが、今回資料として用いる手沢本である。車屋本はかなり流布しているが、五声まで記した謡本は少ない。下間少進は石山本願寺の坊官で天文二十年（一五五二）生まれ。金春岌蓮に謡を習い、素人ながら金春流の大事を伝授されるなど、桃山時代の著名な能役者であった。少進自身さかんに演能活動を行っているので、少進が手沢本に直シを書き込んだ可能性も充分に考えられる。実際手沢本を細かく見ていくと、直シの墨色が異なり、数回に分けて書き込んだことが確実な曲もある。ただ、道断も少進も岌蓮の弟子なので、どちらが書き込んだにせよフシに大きな相違はなかろう。

手沢本は元来百十番の揃いだったらしいが、現在残っているのは百番である。詞章のみで節付ケのない曲を七番含んでいるが、表の論考によると、それらは室町末期の金春流では上演されなかった曲である。道断は文禄三年（一五九四）以降珍曲を含む多数の謡本を所持し、山科言継らと情報交換をしながら謡本の蒐集に努めていた。節付ケのない曲を含む未完成な揃い本を作ったのは蒐集以前、すなわち文禄三年以前であろう、というのが表の推測である。

百番のうち五声の書き込みがあるのは三十番だが、鴻山文庫が所蔵する「東国下」も天正九年（一五八一）道晰筆で、五声の書き込みが見られる。『塵芥抄』の成立も天正時代だったが、理論体系の異なる五声を用いてまで細かい音高差を指示したい、という嗜好がこの時期に集中していたのがおもしろい。手沢本に五声を書き込んだのも江戸以前、と推定しておく。

三　直シの検討　その1　——中・下——

五声を検討する前に、「中・下」について見ていこう。

「中」は、単独で書き込んだ場合と「下」と組合わせた場合がある。単独の場合は、《千手》の［次第］「琴の音そへてをとつるゝ」のように現在中ウキ音で謡う箇所に書き込まれている（**資料2**）。また《籠太鼓》のキリ前の［歌］「あらありが《中》たの」のように、ハネゴマの前に「中」と付する場合も多い。現在でも中音から上音へ上行するときは中ウキ音を経過するが、この場合の「中」もそれと同じ指示と考えられる。世阿弥自筆能本の《盛久》でも「中」で中ウキ音を指示していたが、それに連なる直シである。またハネゴマの後に「中」と入る場合もある。現在では「入」の後はすぐ中音に下行するが、中ウキ音までしか下行しない謡い方もあったのだろう。《黒塚》［祈リ］前の「あたりをはらって」では「た」がハネゴマで、「りを」に「中」と直シがある（**資料3**）。「中」のあとまた「は」でハネゴマになる（現在は当リ）ので、その準備のために中ウキ音までしか下げなかった、と考えられる。

「中」と「下」を組み合わせた例は、《杜若》［クセ］「ここそ名にある」のように上音から中音に下行するフシに多い（**資料4**）。下行するとき、「中」を経て中音に「下」げたわけである。**譜例5**に示すように現在の観世流では「名に」で上音から上ウキ音に上がり、次の「あ」で中音に下がるが、手沢本では「あ」で中ウキ音、「る」で中音に下げた、と考えられる。この動きは『塵芥抄』の《呉服》と同じだが、現在、ヨワ吟で謡う《杜若》でも同じような旋律進行が認められたわけだ。だが、いつも中ウキ音を経ていたわけでもない。上音から中音へ直接下行する場合

資料2

資料3

資料4

資料5

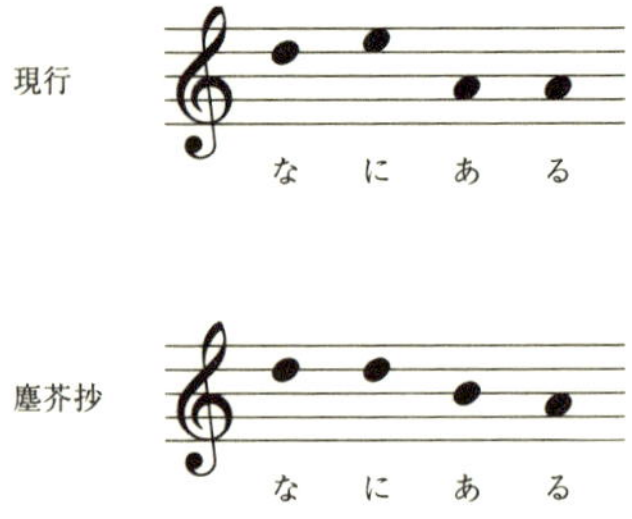

譜例5

もあったようだ。《杜若》「かほよ花とも」では「下(ゲ)」しか記載がない。上音で謡う文字数が少ない(この場合は「かほ」の二字)場合は、中ウキ音を経ずに中音へ直接下行したようだ(**資料5**)。これも『塵芥抄』《呉服》の「かざし」部分に見られた旋律進行である。

興味深いのは、車屋本が金春系の謡本だという点である。現在の金春流では上音から中音へ、また中音から上音へ音位を変えるとき、上音や中ウキ音を経ずに直接上ウキ音と中音の間で音高を変化させる。途中の音を経ずに完全五度上・下行するダイナミックな謡が金春流の特徴となっている(**譜例1**)のだが、この時代にはそのような謡い方をせず中ウキ音を経ていたことになる。いつ頃から現在のような謡い方に変わったのだろうか。その参考としたいのが、『四座役者目録』の「宮王太夫道三」の項に「昔ハ、今・観謡ノ節、サノミチカハズ。宮王方ヨリワガマ、ニ謡イ、今ニ大ニ替ルト、近代ノ八郎モ被申也」と書かれた記述である。宮王は室町末期の役者だが、観世流小鼓方の庄右衛門元信が『四座役者目録』を著した正保三年(一六四六)、遅くとも加筆を行った承応二年(一六五三)には金春と観世で旋律進行が異なり、金春流は今日に近い謡い方をしていた可能性が考えられる。伝承を大きく変えるほど「ワガマ、ニ」謡ったのか、確認しにくいことだが興味深い。

「中」は中ウキ音を指すだけではない。

中音から下音に下行するところにも単独で「中」と書かれていたり、「中・下」と組み合わせた指示が現れる。

資料6

例にあげたのは《千手》の「クセ」だが、「ひかんとするに」も「中・下」と表記がある(**資料6**)。現在では中音から下音に下行するだけだが、桃山時代には下音に下行する前に下ノ中音を謡っていたのだろう。現在、ヨワ吟で下ノ中音を謡うのはクズシ音階に限られるが、当時はそうではなかったのだろう。ただしこの動きについては「下・下」と記すこともあったようだ。

二段下ゲについては一カ所ずつ例をあげただけだが、こうした直シは枚挙にいとまがない。上音から中ウキ音を経て中音へ、中音から下ノ中音を経て下音へ、どちらも二段変化をしながら下行するのがツヨ吟・ヨワ吟が分化する以前の一般的なフシであり、経過音への下行を指示するのが「中」の役割だったのである。

四　直シの検討　その2 ── 五声 ──

五声の直シを見てみよう。五声の方が細かく音高を指示できるので、「上・中・下」では表記しきれないところに書き込みそうだが、そうでもない。中には、「上・中・下」と併記したところもある。

まず「宮」だが、これは《山姥》後場の［掛ケ合］「さ《羽》てお《宮》もての」のように現在上音で謡うところに入れている。「羽」は上音のオサエであろう。「羽」と「宮」の組み合わせは、禅竹の『五音三曲集』などにも見られる。「宮」は五声の開始音だが、能では上音を音階の中心と考えていたようである。

「羽」は「宮」と組み合わせて用いることが多いが、単独で用いる場合は中ウキ音を指している。《国栖》の［クセ］末「乙女の返すそて《羽》」などがその例である。

「羽」と「中」を併記した例が、《蟻通》のシテ登場の謡「社頭をミれハ」に見られる（**資料7**）。《千手》「初同」前の［問答］末「そのとき千手たちよりて《中羽下》」では、「て」に「下」があるが、「羽」と併記することで中音まで

資料7

資料8

下げず、「中下ゲ」のまま音高を変えるな、と指示したようだ。

「徴」は、《通盛》の前場、「弘《徴》誓深如海歴功不思議の機縁に」の冒頭などに単独で記されている。中音で静かに経文を謡えと指示したかったのだろう。

「角・徴」と続けて直シが入る例も多い。**資料8**にあげたのは《白鬚》の［サシ］だが、「今の大宮権現の」で、現在では「お」を下ノ中音、「み」を中音で謡う。「角」で下ノ中音、「徴」で中音を指示したと考えられる。

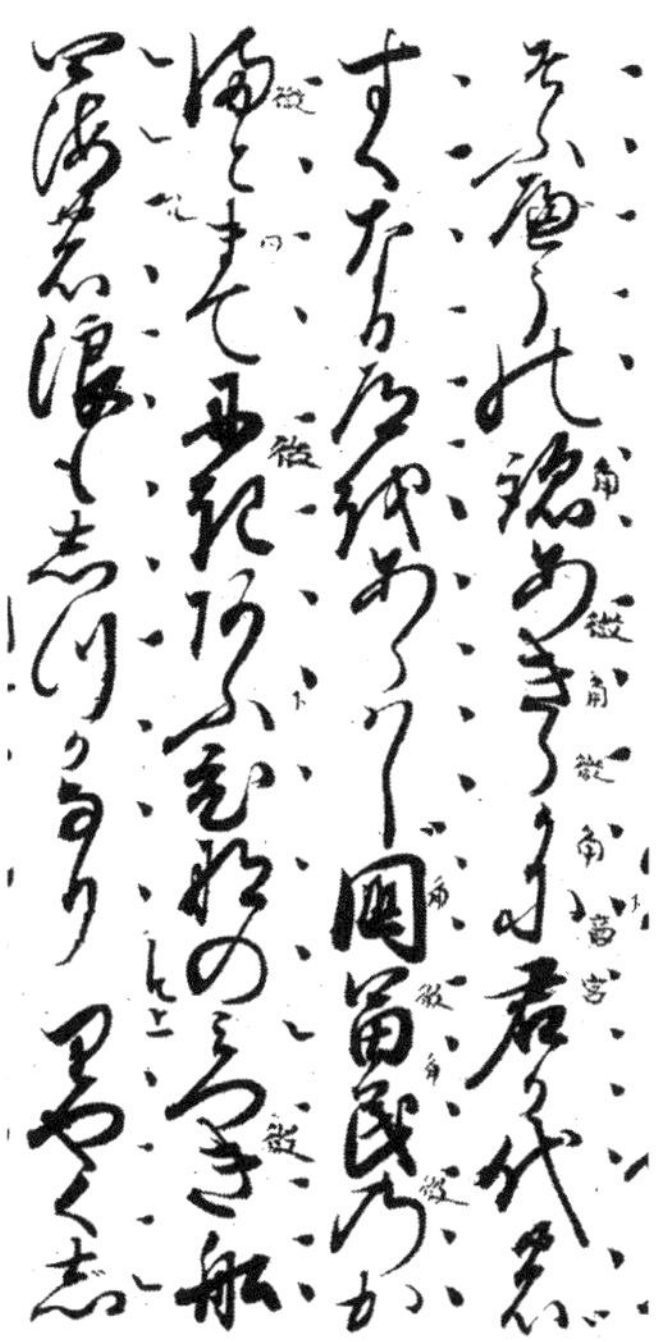

資料9

資料10

ある程度まとまって五声を書き込んだ曲もある。《蟻通》の後場や《放生川》［クセ］（**資料9**）はその例だが、現行の謡と照合すると、中音に「徴」、下ノ中音に「角」、下音に「商」をあてたようだ。《放生川》では「あ《徴》き《角》ら《徴》か《角》に《商》君《宮》が代の」と、「商」の下に「宮」も表れるが、これは何を意味するのだろうか。音程から判断すると「呂音」とは考えにくく、現在の謡でいえば「下ノオサエ」ないし「下ノクズシ」で謡うことになる。《卒都婆小町》の［下ノ詠］「あ《徴》し《角》か《宮》らめ」では、「角」から「商」を経ずに「宮」となっている（**資料10**）。「商」を経る場合とは謡い方が変わるのだろうが、ともに下音と認識していたのか、現在とは異なる謡い方があったのか、現段階では断定しにくい。下音に二種類あり、高めの下音と低めの下音を区別して謡っていた可能性も考えられる。

以上、不明な点もみられるものの、手沢本でもおおよそ『塵芥抄』と同じような旋律進行を行い、「宮」を上音、「徴」を中音、「角」を下ノ中音に対応させる点でも共通していたことが明らかになった。

五　サシ謡のフシ

これまで検討した結果、五声でなければ表記不可能という箇所は見あたらなかった。「中・下」で音位の変化を指示し、五声で具体的な音高を示す、というように両者の意味あいは異なるはずだが、「宮」を「上」、「羽」を「中」と置き換えても意味を取り違える危険性はまずない、という程度の直シの入れ方が多い。《国栖》［クセ］前の［サシ］「げ《羽》に《上》貴賤は」では「羽・上」と両者を混在させている。五声で記すか「上・中」と表記するか、かなり恣意的だったようだ。

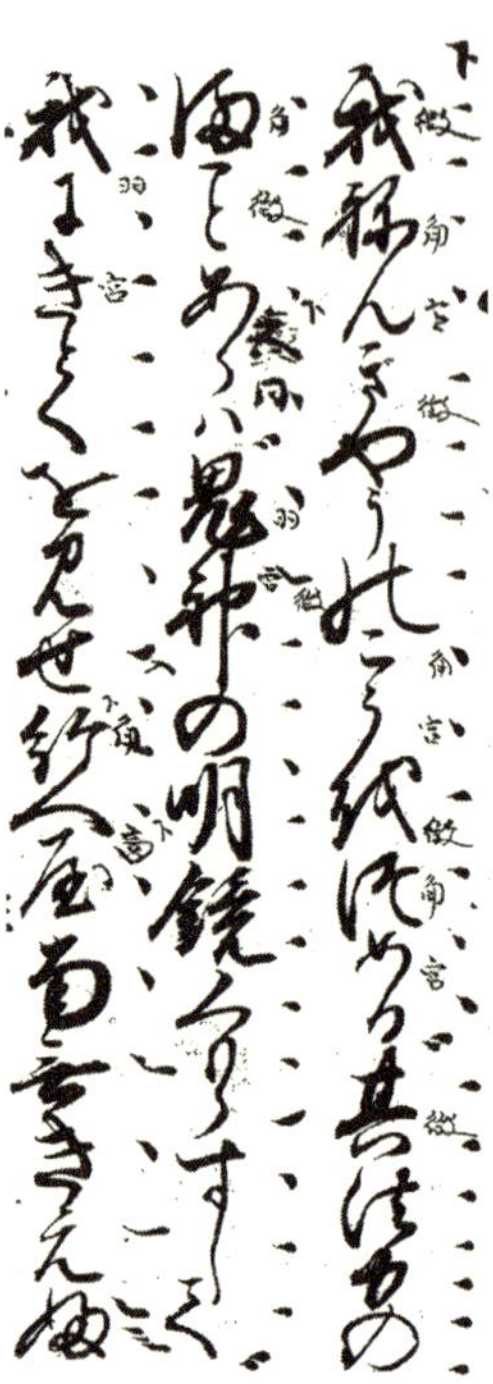

資料11

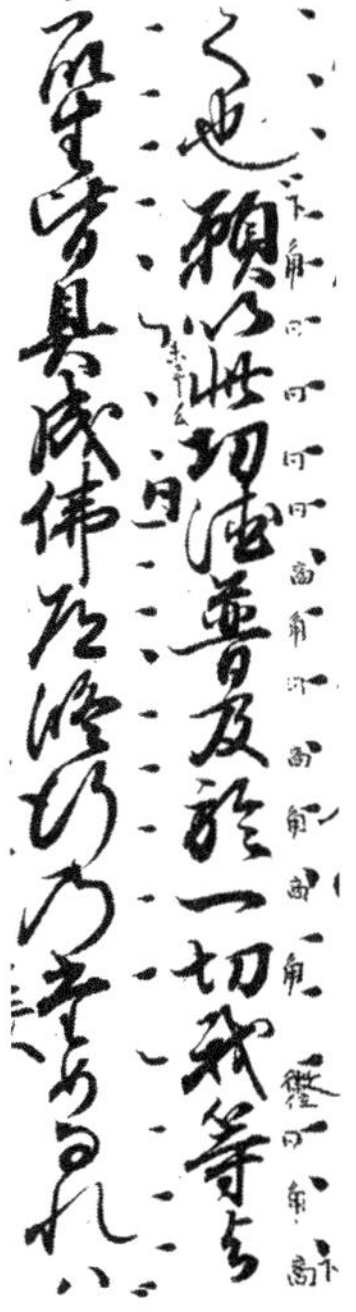

資料12

だが、五声でなければ表記できない小段があった。それがサシ謡である。

昔の謡本では、音高の変化がないときは平ゴマ、音が下がるときは下ゲゴマ、一音だけ音が上がるときは上ゲゴマという具合にゴマの上げ下げによって旋律をあらわしていた、という説があり、サシ謡に至ってはゴマの向きを追っていくとある程度当時のアクセントが再現できる、とまで言われている。[5] これについては第四節で詳しく検討するが、現在では音高を変えずに謡い流す部分でも、かつてはゴマの向きに応じて細かく音を変化させていたようだ。その例を《野守》の「ノット」部分で見てみよう（**資料11**）。

ここは現在ツヨ吟でほとんど音高を変化させずに謡うところだが、手沢本では細かく五声の直シが入っている。このような直シは、《自然居士》で説法の終わりに読み上げる「願以此功徳普及於一切。我等与衆生皆共成」にも見られるが（**資料12**）、こうした細かい音の動きは「上・中・下」だけでは表記できない。後述するようにゴマの向きでも限界があるので五声を付記したのであろう。

おわりに　——流行歌としての謡——

これまで検討してきたように、『塵芥抄』で示されたフシが他の曲でも同じように認められた上、サシ謡では、ゴマの上ゲ下ゲにそって旋律を細かく変えていたこと（詳細は次節）まで明らかになった。現在よりも音の動きが多く、歌謡としての性格が濃厚だった、と言ってよかろう。

室町後期から桃山、江戸の初期には小歌が大流行した。その歌詞を編んだ『閑吟集』には小歌と並んで謡が流行歌として載っているが、現在のようにゴツゴツしたフシであれば、謡が流行歌と同じように享受されたとは考えにくい。流行歌の「海道下り」を能狂言で摂取した際、江戸初期の俗謡そのままの旋律で狂言が謡っていたことは第二章で明らかにするが、「海道下り」が特殊だったのではなく、江戸初期の謡はみな流行歌に近いフシだったのである。いつから現在のようなフシに変化したのか、また金春流のように五度を重視した進行がいつ頃誕生したのか、興味深い問題であるが、それには新たな資料の分析が必要になろう。

桃山時代から江戸時代の初めは、日本の音楽にとって大きな転換点であった。一時的に終わったがキリシタン音楽が導入され、江戸時代の音曲に欠かすことのできない三味線が伝来したのもこの時期である。江戸時代以降は半音を含む都節音階が中心になるなど、音階も多様化した。そうした近隣芸能の影響を受けて名人が目新しい謡い方を考案すれば、それが定着する可能性は少なくない。完全四度の枠を基盤としていた謡が五度を核とするようになるキッカケは、案外そんなところにあったのかもしれない。

注

（1）広瀬政次「謡曲の音階に関する文献」（『観世』一九三二年　三月号。『観世流　節の研究』〔一九五二年　檜書店〕に再録）、蒲生美津子『早歌の音楽的研究』（一九八三年　三省堂）など。

（2）表章「車屋謡本新考」（『能楽研究』第十三号から第二十一号まで連載されているが、手沢本に関する論考は『法政大学文学部紀要』〔三十三号　一九八七年〕に掲載されている）。

（3）江島伊兵衛『車屋本の研究』（一九四四年　わんや書店）に指摘がある。
（4）引用は能楽資料集成『細川五部伝書』（一九七三年　わんや書店）による。
（5）桜井茂治「世阿弥の能楽書とアクセント」（『國學院雑誌』六十六　一九六五年）、坂本清恵『中近世声調史の研究』（二〇〇〇年　笠間書院）など。

参考資料クレジット

資料2・6《千寿》下間少進手沢車屋本（法政大学能楽研究所蔵）
資料3《黒塚》下間少進手沢車屋本（法政大学能楽研究所蔵）
資料4・5《杜若》下間少進手沢車屋本（法政大学能楽研究所蔵）
資料7《蟻通》下間少進手沢車屋本（法政大学能楽研究所蔵）
資料8《白鬚》下間少進手沢車屋本（法政大学能楽研究所蔵）
資料9《放生川》下間少進手沢車屋本（法政大学能楽研究所蔵）
資料10《卒都婆小町》下間少進手沢車屋本（法政大学能楽研究所蔵）
資料11《野守》下間少進手沢車屋本（法政大学能楽研究所蔵）
資料12《自然居士》下間少進手沢車屋本（法政大学能楽研究所蔵）

第四節　下ゲゴマ考

はじめに

謡本には、さまざまな形状や向きのゴマが記されている。水平な平ゴマ、右肩上がりの上ゲゴマ、右肩下がりの下ゲゴマ、廻シやノミのような複合したものを除くと大方はその三種類に大別されるが、現在では［サシ］の句末の下ゲゴマや「下」と直シの付いた下ゲゴマに意味が残る程度で、ゴマの向きとフシに対応関係がない流儀も多い。喜多流が現在使用している謡本は昭和初年に刊行されたものを基にしているが、音高の変化に関係のない下ゲゴマや上ゲゴマはすべて平ゴマに直しているほどである。かつてはゴマの向きで音高の変化を指示していた、漠然とそう推測されているが、六百年近い間に世に現れたすべての謡本のゴマを検討してその説を立証するのは容易ではない。幸い、『塵芥抄』や下間少進手沢車屋本（以下、手沢本）には音高を示す直シが入っているので、直シと下ゲゴマの対応関係を検討して、謡の記譜の変遷をたどる序論としたい。

一　『塵芥抄』の下ゲゴマ　その1

第二節で検討したように、世阿弥自筆能本ではところどころに付した上ゲゴマで音位の上行を指示していた。ゴマの数は大変少なかったが、室町後期以降、謡本全体にゴマを付すようになる。しかし、ゴマの向きで実際にどこまで音高を変化させたのか、具体的な音律を示す資料は少ない。数少ないなかのひとつ、『塵芥抄』については前節でも検討したが、桃山時代の謡のフシを伝える資料として必ず紹介される謡伝書である。《呉服》の「上ゲ歌」をあげ、詞章の横に雅楽の音階用語である五声を付している。

能と雅楽では音楽の実態が異なるので謡の説明に五声を用いることは現在ではおこなわないのだが、桃山時代にはそうでもなかったらしい。『節章句秘伝之抄』(1)には、五声を用いた説明がある。

中音とハ羽の位也。羽の位の二字めハふる也。「月ハ山（三井寺）」「花さかバ（鞍馬天狗）」如此の類なり。又、事により徴の位をも云事あり。下音と云ハ角の位なり。さるにより、一字〳〵にあたりてうたふなり。「所ハ九重の、東北のれいちにて（東北）」、何も如是也。

ここでいう中音、下音は現在とは異なる意味で用いられているのでそれについては後述するが、謡の音位を示す手段として「羽」「徴」「角」と五声の各音を単独で用いる方法がある程度普及していたことがわかる。

ここで今いちど『塵芥抄』(2)に付せられた五声をあげておく。

ヤ《羽》マ《羽》ト《宮》ニモ　オ《羽》ル《宮》カラキヌノイトナミヲ　イ《羽》マ《宮》シキ《羽》シ《宮》マノミチカケテ　コ《羽》ト《宮》ノ《宮羽》　ハ《宮》クサノ《商》ハ《角》ナ《商》マ《宮》テモ《宮羽》
ア《徴》ラワシキ《羽》ヌ《宮》ノイ《宮羽》　ロ《徴》ソ《羽》ヘ《徴》テ《徴角》　コ《宮》コロヲクタクム《宮羽》　ラ《徴》サキ《角》ノ《角商》　ソ《徴》テモ《角》タ《徴》エナ《角》ル《羽》　カ《宮》サシ《徴》カ《羽》ナ《徴》

今回、『塵芥抄』の五声表記と謡本のゴマの向きの対応関係を見るために桃山時代から江戸初期にかけて書かれた《呉服》の写本十三本の検討をおこなったところ、[3]下掛リより上掛リの謡本が合致することが判明した。『塵芥抄』の奥書には観世宗節の校閲を経たと記載されたものもあるので、上掛リとの合致は興味深いところである。[4]校合した結果、「やまとにも」、「織るからきぬの」、「いましきしまの」、「みちかけて」、「ことのはぐさのはなまでも」「あらわしきぬのいろ」「こころをくだくむらさきの」「そでもたへなるかざしかな」の二重傍線部分が十三本すべてで下ゲゴマになっていた（すべての譜本で下ゲゴマになっていない場合には一重傍線を付した）。このうち「やまとにも」、「織るからきぬの」、「いましきしまの」の傍線部分は『塵芥抄』で「羽」と五声を記しており、上音である「宮」に対して少し抑えて低く謡う唱法を下ゲゴマで表示したとも考えられるが、同じ句頭でも「こころをくだく」の冒頭は平ゴマで、五声も「宮」のままである（手沢本では、前の句の最後の文字で下ノ中音まで下がっているので「こ」を上ゲゴマにしている）。句頭だから下ゲゴマにしたのではなく、

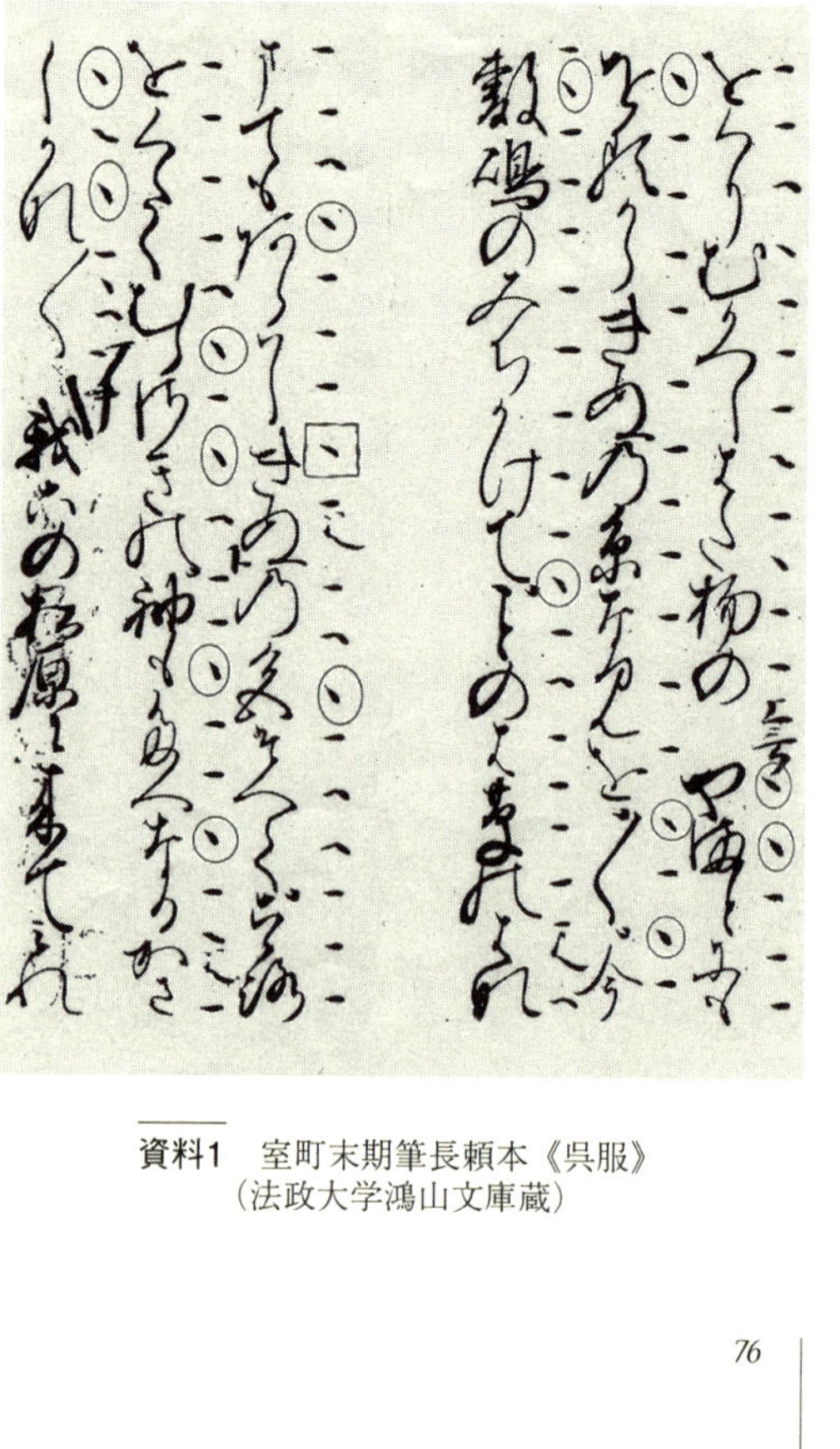

資料1　室町末期筆長頼本《呉服》（法政大学鴻山文庫蔵）

低く謡い出す箇所と謡い出さない箇所をゴマの向きで区別した、と考える方が妥当であろう。上掛リを代表して室町末期筆長頼本（**資料1**）、下掛リを代表して金春喜勝節付綴帖装本（**資料2**）を掲げ、下ゲゴマを○ないし□で囲ったので参照されたい。

『節章句秘伝之抄』内の伝書に、永禄三年（一五六〇）の奥書を持つ「温泉彦次郎久永伝書」がある。そこではさまざまな形のゴマを列挙してその機能を説明しているが、下ゲゴマを「サガルフシ」と説明している。

また、『節章句秘伝之抄』には次のような記述もある。

> さがる節に替わりめ有り。下へさがるあり、中へさがるあり、喉へおとすあり。下へさがるハ、常のさがりたるふしなり。中へと申は、楊貴妃に「るてん生死の」と申「う」の字、是か。下へさがれバあしく候。皆是にてしれ申候。のどへと申は、定家に「露霜に消帰る」の「る」の字。是にて何もしれ申候。か様の事おほく候へ共、それ〴〵の謡にて、面ならでハ申がたく候也

さがる節に「下へさがる」フシと「中へさがる」フシがあり、前者は「常の下がりたるふし」だとされている。前者が現在

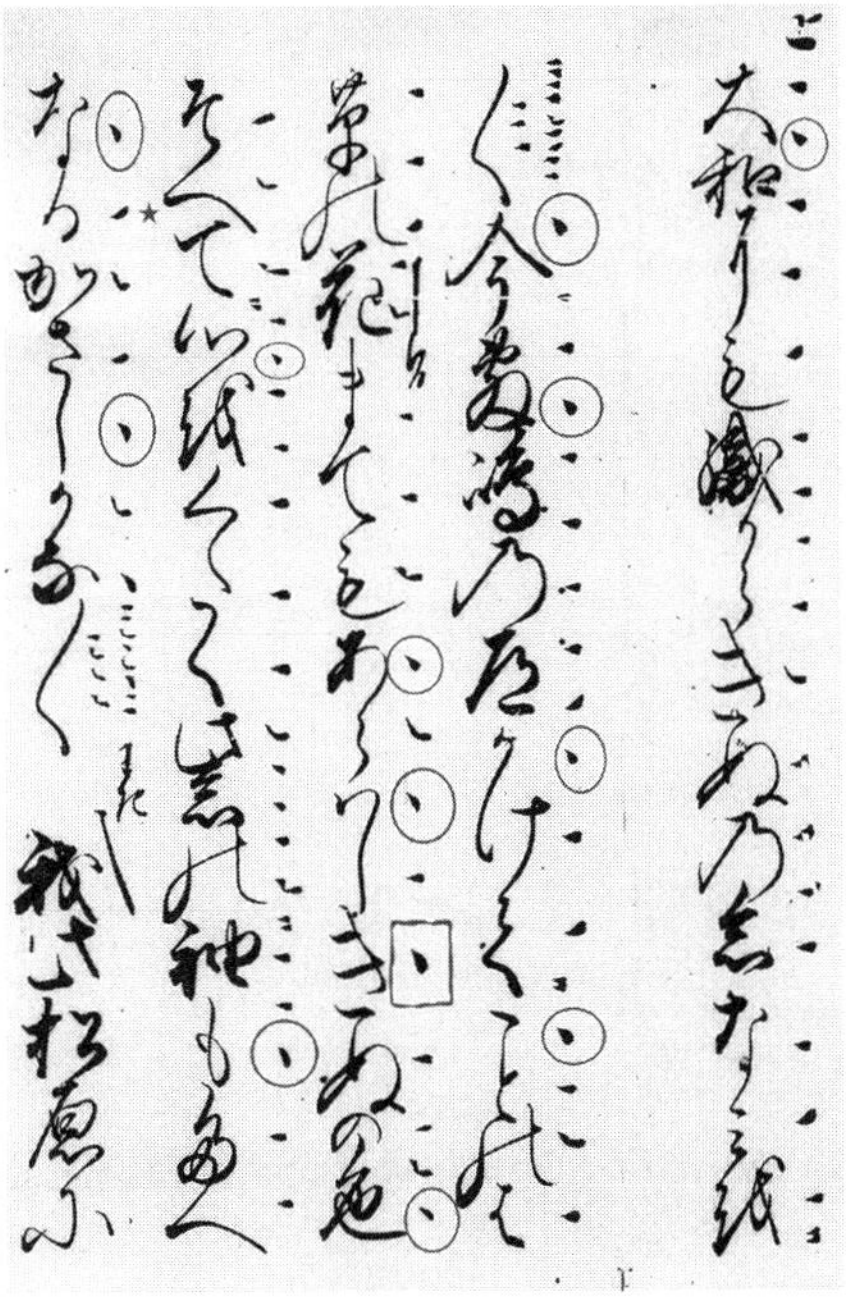

資料2　金春喜勝節付綴帖装本《呉服》（法政大学鴻山文庫蔵）

の下ゲ、後者が中下ゲに相当すると考えられるのだが、例にあげた《楊貴妃》の「流転生死」は「中へさがるふし」なので「う」のみ中ウキ音（五声でいえば「羽」）まで下行しろという意味であろう。『塵芥抄』でいえば、「いましきしまの」一の「き」に「羽」とあるのがそれに相当する。その直前・直後は平ゴマで五声が「宮」であるから「き」だけ一音低く謡うオトシの意図で下ゲゴマにし、「羽」と記したわけだ。現在ではこのような謡い方はしないが、桃山時代にはゴマの向きに応じて微細に音高を変えていたらしい。しかし、一重傍線と二重傍線で区別したように譜本によって下ゲゴマの位置が異なる場合も少なくない。当然のことだが『塵芥抄』の旋律進行が唯一無二だったわけではなく、細部の謡い方はさまざまだったと推測される。

また《呉服》諸写本では「そでもたへなる」の傍線部分も下ゲゴマになっており、『塵芥抄』ではここに「角」と五声をつけていた。全体を中音で謡う中でこの部分だけ下ノ中音にオトシて謡え、という指示である。上音域同様、中音域でも下ゲゴマによってオトシを謡っていたことがわかる。

二　『塵芥抄』の下ゲゴマ　その2

ところで、下ゲゴマにはもうひとつの用法があった。「あらわしきぬの」の傍線部分がそれである。『塵芥抄』で「あらわし」に付した五声は「徴」で中音、「ぬ」は「宮」で上音、中音から上音に移行する経過音として「き」を「羽」で謡う、という進行である。「き」は中ウキ音になるから、直前の文字より音高が上がっているのだが、校合した十三本のうち十二本が、「き」を下ゲゴマにしていた（**資料1・資料2**では□で囲っている）。「サガルフシ」ではないが、なにか別の意味があるのだろうか。ここで気になるのが、「き」の次のゴマに「ハル」と表記がある点である。「き」

は直前の「し」より音高は高いが、直後の「ぬ」よりは低い。この下ゲゴマは次の「ハル」に対する記号で、「ハル」よりも音高が低いことを示したのではなかろうか。ハルに向かって音高を変化させるのでそれなりの対応をせよ、という指示だと考えたい。前述した手沢本は『塵芥抄』と同時代の謡本で五声や上中下の書き込みがあるが、《呉服》のこの部分は下ゲゴマの「き」に「中」と直シを入れている（**資料3**）。77ページに引用した『節章句秘伝之抄』に従って読み解けば、中ウキを謡え、という指示である。

「ハル」の直前が下ゲゴマになっている例を室町時代の謡本で確認してみよう。観世文庫蔵永正十四年観世大夫元広奥書《松風村雨》は［ロンギ］中の「うれしやこれも」、［クセ］中の「とれば面影に」、曲末の「ふくやうしろの山おろし」など、ハルの前を下ゲゴマにしているし、(5) 法政大学能楽研究所蔵の伝観世小次郎信光筆謡本や堀池識語本、鴻山文庫蔵の永禄・元亀・天正　元盛・宗節章句本でも同じ箇所が下ゲゴマになっている。江戸期に入っても、元和卯月本をはじめとして現行の大成版に至るまで観世流では同じ箇所を下ゲゴマにしている例が多い。いずれも現行のフシでは中音から中ウキ音を経て上音に上行するところである。しかし、「ハル」の前がすべて下ゲゴマというわけでもない。《呉服》の「袖も妙なる翳し」は『塵芥抄』では「袖《徴》モ《角》タ《徴》ヘナ《角》ル《羽》カ《宮》」と五声がついているが（75ページ）、「る」を下ゲゴマにしない譜本が多い。「る」の前の字「な」が下ゲゴマになっており、そこで実際に音を下げるので「る」は下ゲゴマにしなかったのであろう。詳細は後述するが、下ゲゴマが連続すると続けて音位を下げる意味になる。手沢本や金春喜勝節付綴帖装本では下ゲゴマの「な」に対して「る」をわざわざ上ゲゴマにして音位の変化を示している（**資料2**の★印）し、元和卯月本などでも「な」を下ゲゴマ、「る」を上ゲゴマにしている。従来、謡本ではウキは表記しない、と言われ

資料3

てきた。たしかに大成版のように「ウ」と記載はしないが、ハルの直前を下ゲゴマや上ゲゴマにする形でさりげなくウキを指示する場合があったのである。ただしこの場合、「直前」であることがポイントである。「袖も妙なる」の例が示すように、「ハル」の二字前が下ゲゴマであれば音位を下げる意味になるからである。

ハルの前を下ゲゴマにする意図はどこにあるのだろうか。そのヒントになる記述が『申楽談儀』別本聞書にうかがえる。

宮ハ吐ク息、商ハ引ク息也。吐ク声ハ地、引ク息ハ天ナリ。律ハ天、呂ハ地ナリ。

『申楽談儀』では宮と商について書かれているが、宮、すなわち上音は吐《つ》く息、商、すなわち上ウキ音は引く息で謡う、という意味である。謡は、音位の移動を息の交替にかぶせて意識的に行い、経過音であるウキは引く息、抜く息で謡う。これは上ウキ音に限らず中ウキ音も同じで、「ハル」で上音に上行する前に息扱いを変える。『申楽談儀』では羽（中ウキ音）に言及していないが、上行・下行に関わらず、息扱いは世阿弥の頃から現在と変わらなかったのではなかろうか。息扱いの変化を下ゲゴマで表記した可能性も考えたい。

資料1・資料2の「袖もたへなる」が示すように、中音・下音の経過音である下ノ中音も下ゲゴマになっている。下ノ中音も息の扱いが中音や下音とは異なる音である。息の扱いの異なる経過音を下ゲゴマで表記することが多くなったのは興味深い。

以上、『塵芥抄』の旋律進行に基づいて《呉服》の［上ゲ歌］のゴマについてまとめると、桃山時代には、

①上音中心で進行するフシの途中に下ゲゴマがある場合、その字だけ中ウキ音（上オサエ）まで音を下行させるオトシを謡っていた。同様に、中音中心で進行するフシの途中の下ゲゴマでは、その字だけ下ノ中音に下行させるオトシを謡っていた。

②ハルと表記されたゴマの前は下ゲゴマにすることが多い。下ゲゴマの文字は中ウキ音を謡う。という結論に至った。下ゲゴマで音位を下行させるのは当然の指示であるが、それが桃山時代には現行よりも細かく行われていただけではなく、音位を下げない用法も確認できたわけである。前節で、手沢本のおおまかな旋律進行について検討したが、今回改めてゴマの向きを中心に論じておきたい。

三　下間少進手沢車屋本の下ゲゴマ

手沢本に施された直シはかなり局所的で『塵芥抄』のように《呉服》の［上ゲ歌］全体のフシが追えるものではないが、今まで《呉服》で追うしかなかった桃山時代のフシがさらに詳しく判明することになった意義は大きい。直シが付されたゴマの向きを検討してみよう。

まず、単独の下ゲゴマで音を一音下行させた例をあげてみる。上音域では、《老松》［クセ］の「御門たいふといふ」、後場の「いかに紅梅殿、こんやの」、《龍田》［クリ］前の「すなはちほこの」、《定家》［ロンギ］の「くるしミをたすけ」、《百万》［クセ］末の「身をかこち」、《兼平》［中ノリ地］の「そののちじかいの」、《通盛》［クセ］の「ゆくもゆかれぬ」、《呉服》［クセ］の「気色だつなり」、《昭君》前場の「風もろともに立よりて」の下ゲゴマ部分に、「中」と直シがある。前後が平ゴマなので、そのゴマだけ中ウキ音（上オサエ）にオトシて謡え、という指示であろう。《黒塚》［次第］の「まそおの」、《国栖》後場の「ところは月雪の」の下ゲゴマに「羽」と書き込みがあるのも同じ意味である。ちなみに観世流大成版、及び金春流現行謡本では《定家》の「苦しみを済け」と《百万》の「身を喞ち」は中オトシで実際に音を下行させ、金春流では《通盛》「行くも行かれぬ」でもヲトシを謡っている。

手沢本では、中音域の下ゲゴマにも直シが付加されている。《山姥》「道をきハめ名をたて、」の「たて」に「角徴」、《放下僧》［クセ］「青陽の春の」の冒頭に「羽」、《江口》前場「世中をいとふまてこそ」の「と」に中、《西行桜》［サシ］「このえ殿のいと桜」の「このえ」に「羽徴羽」、《昭君》［クセ］「ちからなくてし」の「から」に「角徴」、《熊野》の「山青く山しろくして雲らいきょす」の「ら」は下ゲゴマの上下に「中」と「徴」の両方を記している。五声の表記は「角」「羽」「徴」とさまざまだが、すべて下ノ中音に下行しろ、という指示である。いずれも現在では中音で謡い通すところで音位の変化はない。

興味深いのが、《山姥》の前場「（仏事をも）なし賜ハ、」のゴマ部分に五声が付加されている点である（**資料4**）。現在では中音でまっすぐ謡うところで音高の変化はないが、手沢本では下ゲゴマで細かく音位を下行させている。四字目の「ま」に五声の指示がないのは、その次の下ゲゴマでさらに音位を「商」に下行させるのでここは「た」と同じく「角」のまま謡えということであろう。細かく音を彩る桃山時代では下ゲゴマは音を下行させる指示であり、いったん下行した音位を保つ場合は、「ま」のように平ゴマで対応させたようだ。このようなゴマの付け方は車屋本によく見られるが、『塵芥抄』にも見受けられた。《呉服》を再び検討してみよう。『塵芥抄』では《呉服》の「ムラサキノ」に五声を付けていた。上音（宮）から中ウキ音（羽）、中音（徴）、下ノ中音（角）を経て下音（商）に順次音位を下行させる箇所である。「さ」では中音（徴）を謡うわけだが、調査した十三点の謡本のうち「むらさきの」とゴマを付したものが八点、「さ」が平ゴマという点だけをあげると十点になった。車屋本の時代には、下ゲゴマのあと音位が変化しない場合は平ゴマを付したようである。こうした平ゴマの用法はその後意味を持たなくなったが、元和卯月本や観世流大成版ではゴマの向きだけ昔のまま

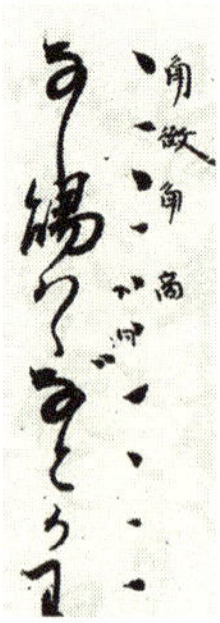

資料4

資料5

踏襲している。

だが、下ゲゴマあとの平ゴマで必ず音位を保つとは限らない。**資料4**《山姥》「なし賜ハ、」の「し」では平ゴマに「徴」と五声を付しているから、直前の下ゲゴマで「角」に下行した音位を元の中音（徴）に戻す意味で平ゴマを用いたことになる。同じような例が《野守》後場の「我ねんきやうのこうをつめる」にもみえる（70ページ、**資料11**参照）。ここは下ゲゴマが続くところで「ねん《角宮》」「こう《角宮》」「つめ《角宮》」と音高を次々下行させ、平ゴマにすべて「徴」と記して音位を戻している。《自然居士》（71ページ、**資料12**）の「願以此功徳普及於一切我等〜」でも「願」から「徳」までは平ゴマで「角同同同同〜」と五声を記し、「徳普及於一切我等」には「く」の下ゲゴマで「商」に下行し、「普」の平ゴマで音位を「角」に戻し、「う」の下ゲゴマでまた「商」に下行させる。「我等」からは別の句なので同じ平ゴマでも音位が変わり、「うよ」と下ゲゴマが続くところは「角商」と続けて音位を下行させる、といった具合である。《野守》と《自然居士》では下ゲゴマが続くところで音位を続けて下行させていたが、下ゲゴマを続けても音位を変えない場合もある。《黒塚》後場「あたりをはらつて」では「りを」に「中・中」と直シを入れているし（66ページ、**資料3**）、《三井寺》後場「古寺鐘ハ」では、「る」に「角」、「か」に「徴」と五声を付している（**資料5**）から、下ゲゴマの間は「角」で謡え、という意味である。

下ゲゴマでは基本的に音位を下行させるが、下ゲゴマが続く場合、続けて音位を下行させる場合もあれば同じ音位を保つ場合もあったのである。そのどちらで謡うのか、フシの流れや小段の構成から音位を判断できるところもあるが、判断しにくい箇所も少なくない。ゴマの向きだけで具体的な音位の変化をたどるのはかなり困難である。

このあたりで整理してみよう。

下ゲゴマでは音位を下げるが、そのあとの平ゴマで、

①下ゲゴマと同じ音位で謡う

②下ゲゴマで下げる前の高さに戻す

また、下ゲゴマが連続する場合、

①連続して音位を下げる

②一度下げた音位のまま継続して謡う

という二つの謡い方がそれぞれあったことになる。

もうひとつ例をあげよう。手沢本には「ハル」という表記が少ない。**資料3**（79ページ）《呉服》の「あらはしきぬの」は下ゲゴマの「き」に「中」と書き込みがあったが、「ぬ」に「ハル」と直シがないので、この部分だけ見たのでは中音域で謡うなかで「き」のみ下ノ中音に謡う意味にも受け取れる。「ハル」と直シがなければ『塵芥抄』のような旋律進行をするとは解読できない。手沢本では《百万》の「たまたま逢は」の「逢」にも「中」とあるが、「たまたま」は中音で謡い出し、「ふ」で上音に上行するのでその経過音として中ウキ音を謡うという指示である。しかし車屋本には「ふ」に「ハル」と直シがない。車屋本には《呉服》や《百万》のような例が少なくないのである。おそらくそのためであろう、手沢本には上音を意味する「上」という直シも多く、中音から一音上昇して上音になる場合は上ゲゴマにしてそこに「上」と書き込んだ例も多く見られる。《天鼓》の「しんゐをすます」では「ゐ」に「中」、最初の「す」に「上」と直シが入っている。だが、こうした直シがなければ経過音としてのウキなのか一音だけ音位を下行させるオトシなのか、下ゲゴマだけでは区別がつきにくいことは事実である。

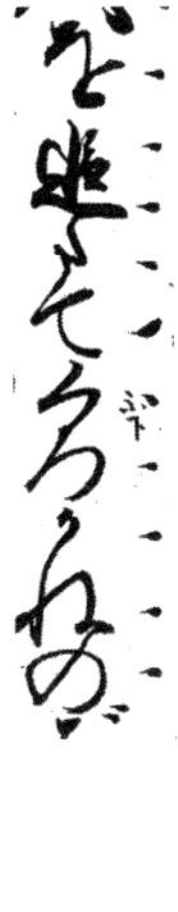

資料６

資料７

『塵芥抄』では、「かざしかな」で直接「宮」から「徴」へ、すなわち上音から中音へ下行するフシが確認できていた。下ゲゴマが続く場合は「上↓中ウキ↓中」と段階を経て下行し、下ゲゴマがひとつの場合はいきなり中音へ下行したらしい。前者の例として手沢本の《杜若》〔クセ〕の「ここぞ名にある」、後者の例として《籠太鼓》〔カケリ〕前の「時守のうちます鼓」をあげておく。前者は下ゲゴマ部分に「中・下」、後者は「ま」に「上」、「つ」に「下」と直シを入れている。上音を示す上ゲゴマあとの下ゲゴマでは、「中」と記す場合と「下」と記す場合の両用が見られる。「中」の場合は中ウキ音、「下」の場合は中音に下行したわけである。ここでは詳しくふれないが、上音と中音を直接行き来するフシは『文秋譜』にも認められるから、かつてはよく謡われたようだ。

もう一点注目したいのが、下ゲゴマに「不下」、上ゲゴマに「不入」と記した例が散見される点である。《善知鳥》後場の「罪人を追たてくろかねの」（**資料６**）、《二人静》〔サシ〕の「すてにうつてむかふと」、《歌占》〔サシ〕の「消る物ハ二度」、《白髭》〔クセ〕の「百歳の仏法をまもるべしと」、《花筐》〔クルイ〕の「日月ハ地におちす」、《昭君》後場の「さねかづらにて結ひさげ」の下ゲゴマに「不下」、《忠度》前場の「もしほたれつゝわふとこたへよ」（**資料７**）、《当麻》〔クセ〕末の「御袖もしほる」の上ゲゴマに「不入」と直シが入っている。観世流大成版でも音高に変化のない部分である。その逆で、平ゴマが続いているのに音位の変化を書き込んだ箇所もある。《昭君》〔クセ〕では平ゴマが続く「皆まいなひを」に「角徴」と五声を記し、《忠度》後場「いたはしやあへなくも」の「い」と「た」

の間に「不下」と直シがある。また、《融》の前場「実やなかむれハ」には「ハラス」という指示がある。上音に上行する指示が「ハル」だが、ここは「ハラズ」に中音のまま謡え、ということであろう。同じ指示が《忠度》の前場「もしほの煙」にもみえる。

こうした直シをどのようにとらえるべきであろうか。平ゴマではなく上ゲゴマや下ゲゴマを付したのは、元来そこでフシを上下行させたからにほかならないのだが、そう謡わなくなったのに習慣的に下ゲゴマで記譜してしまい、直シで補ったということだろうか。あるいは、筆先の微妙な角度で表すためにゴマの向きがわかりにくく、誤ったまま伝承されることもあったということだろうか。後者の可能性は実に高いと思われるが、それと同時にフシが常に少しずつ変化し、個人によっても流動的な部分が多かったことも一因している、と推測される。ゴマの向きで音高の推移を示す時代ではなくなりつつあった時代に、細かく五声を付す、という補助手段をあみだしたのだろうが、あまりの煩雑さゆえに一時的な試みで終わってしまったのではなかろうか。

手沢本には「上」のほかに「上声」、「下」のほかに「下声」などの書き込みがある。譜本によっては、同じ見開き部分に「上」と「上声」の両方が書かれているものもあるので謡い方の区別があったと思われるが、それについては別に考察することにしたい。

四　下ゲゴマのその後

手沢本の直シとゴマを比較対照することで、現在とは異なる細かい旋律で謡われており、それは『塵芥抄』に書き込まれた五声とも一致することが判明したわけだが、この時代、すでに旋律進行を表記するための手段としてゴマの向きだけでは情報を盛り込みきれなくなっている、という結論にも到達した。同じ表記で二つ以上の異なる旋律を表すことも少なくなかった上、桃山時代になるとすでにゴマの向きに従わない唱法、下ゲゴマでも音位を下げず、平ゴマで下げる場合がすでに生じていた。現在のように、ゴマの向きを無視して「ハル」や「下ゲ」といった直シに従って謡う下地が、すでに桃山時代に作られつつあった、ともいえる。

我々が現在知ることのできる最古の謡の旋律が『塵芥抄』の《呉服》であるため、そこから類推して世阿弥時代の謡も桃山時代とさほど変わらなかったろう、と漠然と論じられてきたのだが、細部に関しては変化した可能性も高くなった。江戸時代以降の謡に関しても同じ事がいえよう。手沢本の直シは桃山時代の謡い方を知る上でかなり有効であるが、それを江戸時代の謡に全面的にあてはめることはできない。謡い方は刻々変化したのだから当然のことである。

しかし、下ゲゴマで音位を変えなくなった、ということでもない。時代はかなり進むが、享保十二年（一七二七）に板行された『音曲玉淵集』巻五に下ゲゴマに関する記事が載っている（**資料8**）。「下ルふしの事」と題してさまざまな「下ゲ」を集めて解説した件のなかに、「中下ゲ」として《朝長》の「よそのみる目」、《松風》の「ゆきひらの中納言」、《井筒》の「こゝろの水もそこゐ」を例にあげている。現在ならば中音で謡い通す箇所だが、下ゲゴマで下ノ中音にオトス謡い方が引き継がれていたのである。現在ではクズシ音階でない限りヨワ吟で下ノ中音を謡わないが、享保頃には通常のヨワ吟音階でも謡っていたことがわかる事例である。ただし《朝長》《松風》《井筒》以外でも下ゲゴマであれば同じように音位を下げたのか、この三曲が特殊だったのか、そこまではわからない。『音曲玉淵集』では上音域での例を一カ所もあげていないので、上音が続く中で「中下ゲ」にオトス唱法はもはやおこなわれなくなったのかもしれないが、これも例があがっていないだけかもしれない。どこが変わってどこが変わらなかったのか、ゴマの向きだけで判断するのはむずかしい。

『音曲玉淵集』では「まはすふしの事」で《高砂》前シテの登場歌「春の霜夜の起きゐにも」をあげ、この中廻シについて「是は中廻しにて下へ落サズ上ノ章必すく《（ママ）》也」と記しているので、『塵芥抄』のように中廻シの生ミ字で音を下げる唱法はもはやしていなかったこと、また「さしの事」では、「さしの下音に成所必落かねて浮調子に成事」とあるから、「サシ」ではサシ上音から中音へ下行させる「中下ゲ」で謡うようになっていたことがうかがえる。こうした断片的な記事を積み重ねていくことで、謡い方の変遷をたどることができよう。

『音曲玉淵集』以後、どのような音程で謡っていたのか具体的に示してくれるのが『文秋譜』である。かつて横道萬里雄[5]が紹

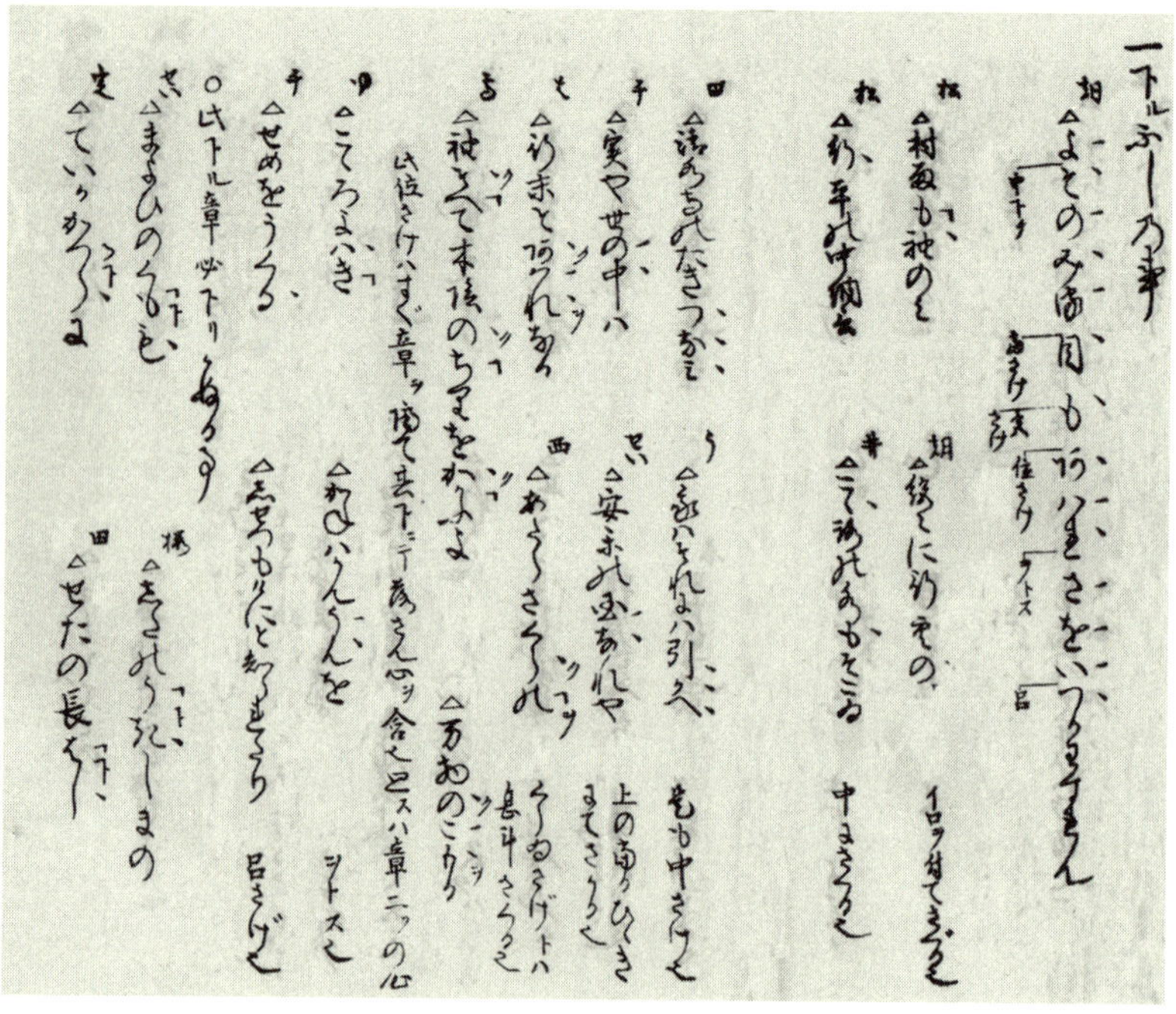

資料8　音曲玉淵集

介した文化・文政期の譜本で、雅楽の楽人豊文秋が記した篳篥譜の後半に《和国》《小塩》《芭蕉》《高砂》《羽衣》《龍田》《山本小町》七曲の［クセ］が収められている。歌詞の横に十二律、雅楽で用いる音名を付したことで具体的な音の高さがわかる、という点では『塵芥抄』以上の意味を持ち、同じ下音でも《羽衣》より《芭蕉》を低い音名で記すなど、実際の歌唱に基づいて記譜したことが想定される譜本である。最終行に「正五位下行薩摩守豊原朝臣文秋」と書かれているので、薩摩守に昇進した文化元年（一八〇四）以後の筆写、と横道は判断している。その見解に従うと、『音曲玉淵集』より八十年ほど経った時期の謡の実態を示す資料といえよう。《小塩》《芭蕉》《高砂》には十二律のほかにゴマも付しているが、ヨワ吟では、下ゲゴマで中ウキ音や下ノ中音にオ

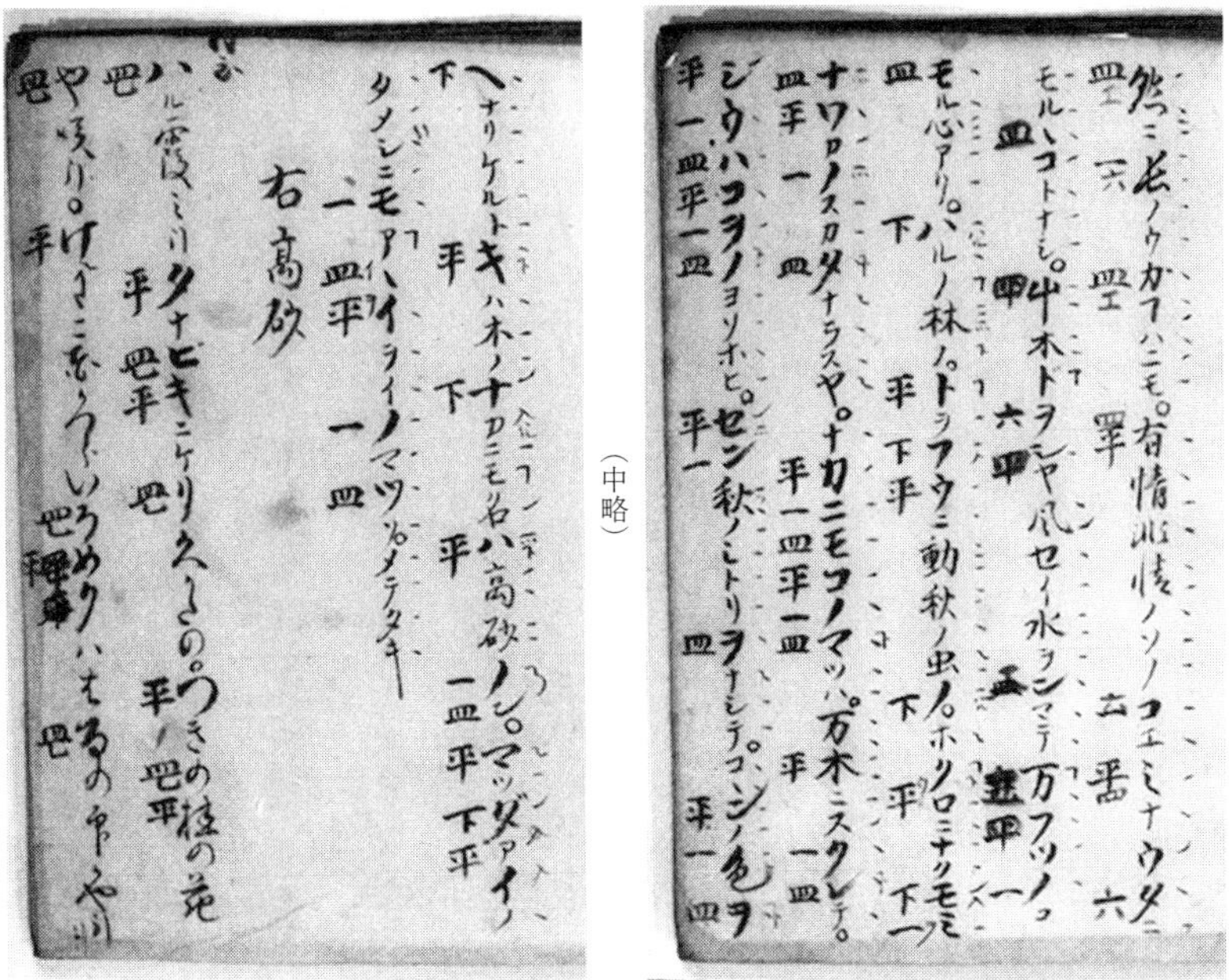

資料９　文秋譜《高砂》（平出久雄旧蔵）

トス唱法はすでに行わなくなっていたのか、細かい音位の記載がない。ただ、《高砂》と《龍田》で一部、ゴマの向きに沿った音名を記している点に注目したい。《高砂》では「なかにもこのまつは」に対して十二律を付している（**資料9**）。「平」は平調（ミ）、「一」は壱越（レ）、「皿」は盤渉（シ）を略した書き方で、盤渉は下音、壱越は下ノ中音、平調は中音に相当する。それに呼応するように大成版でも「中にもこの松は」の「も」が下ゲゴマになっている。また《龍田》では、『文秋譜』で「名《平》こそた《一》つ《平》た《一》のヲ《皿》」と十二律を記しているが、大成版でも「たつたの」と両方の「た」を下ゲゴマにしている。現在の大成版ではゴマの向きによって音位を変更しない。それにもかかわらず、いまだに下ゲゴマを配し、それが『塵芥抄』や『文秋譜』の旋律進行に当てはまるのは興味深い。意味を持たなくなっても、ゴマの向きは遠いフシの記憶を凍結しているのである。

注

（1）引用は能楽資料集成『細川五部伝書』（一九七三年　わんや書店）による。

（2）校合したのは以下の四本である。

『塵芥抄』宝永元年宮田如推写（東京芸術大学付属図書館蔵）

『塵芥抄』嘉永四年写（法政大学鴻山文庫蔵）

『塵芥抄』金泥表紙本（江戸初期の写しか。法政大学鴻山文庫蔵）

『塵芥抄』宝永十五年写し（題簽等ナシ。法政大学能楽研究所蔵）

（3）参照したのは以下の十三本である。

伝観世小次郎信光筆謡本（法政大学能楽研究所蔵　正徳三年の識語あり）

堀池識語本（法政大学能楽研究所蔵　天正四年の識語あり）

下村徳左衛門父子節付本（法政大学能楽研究所蔵　天正十七年の識語あり）
堀池宗活節付本（法政大学鴻山文庫蔵）
堀池・淵田百拾九番本（法政大学鴻山文庫蔵）
室町末期筆長頼本（法政大学鴻山文庫蔵　天正頃写）
小宮山藤右衛門元政本（法政大学鴻山文庫蔵　天正頃写）
室町末期筆紺表紙小型本（法政大学鴻山文庫蔵）
伝松平伊豆守旧蔵本（法政大学鴻山文庫　慶長頃写）
菊屋家旧蔵本（法政大学鴻山文庫蔵　慶長頃写）　　以上上掛リ
金春喜勝節付綴帖装本（法政大学鴻山文庫蔵）
天文年間長井入道貞信本（法政大学鴻山文庫蔵）
下間少進手沢車屋本（法政大学能楽研究所　天正頃写）　以上下掛リ

（4）能勢朝次博士旧蔵及び京観世浅野家蔵の『塵芥抄』の奥書には、天正十一年の日付のあとに「草案を前太夫宗節披見に入れしに、子細なきよし褒美ありて、清書せしめて加筆あるべき由候き。…天正十七年林鐘日…」とある。

（5）横道萬里雄「文秋譜の能音階」（『日本音楽とその周辺』吉川英史先生還暦記念論文集〔一九七三年　音楽之友社〕、『能劇の研究』〔一九八六年　岩波書店〕に再録）。

参考資料クレジット

資料3《呉服》下間少進手沢車屋本（法政大学能楽研究所蔵）
資料4《山祖母》下間少進手沢車屋本（法政大学能楽研究所蔵）
資料5《三井寺》下間少進手沢車屋本（法政大学能楽研究所蔵）
資料6《烏頭》下間少進手沢車屋本（法政大学能楽研究所蔵）
資料7《忠教》下間少進手沢車屋本（法政大学能楽研究所蔵）

第五節　《卒都婆小町》の復元――秀吉の見た能――

はじめに

二〇〇二年十一月、横浜能楽堂で上演された《卒都婆小町》は、桃山時代の謡のフシと地拍子を復元して舞台化した画期的な試みであった。(1)桃山時代では現在よりも一曲の上演時間が短かった、と言われているが、それを実証するために当時のフシと地拍子を再現し、セリフも当時の関西アクセントに直して謡われた。本稿は、その復元過程の報告である。

能といえば幽玄な古典芸能、と紹介される。動きが少なく、テンポがゆっくりで何を謡っているのかわかりにくいけれどもなんだか高尚そうだ、という印象だろうか。

現在上演されている能の基本スタイルは室町時代のはじめに観阿弥・世阿弥によって確立したが、その後六百年以上経過する間に演出は大きく変化した。世阿弥時代は資料が少ないので上演の様子は断片的にうかがうことしかできないが、桃山時代になると資料も増え、かなり様子がわかってくる。

桃山時代、といえば豊臣秀吉も能に夢中になった。自身で難しい曲を何番も舞い、朝鮮侵攻の折にも九州に能役者を同行させている。秀吉の夢中になった能はどのようなものだったのか、その時代の演出を復元してみよう、という試みである。竹本幹夫（当時・早稲田大学文学部教授）を中心に、国語学の坂本清恵（当時・玉川大学助教授）と高桑が参加して二年間研究を重ね、高桑は謡のフシと地拍子の復元に携わった。復元の対象としたのは、現在では老女物として重い扱いをされている《卒都婆小町》である。老女物、という概念がまだ誕生する以前の演出資料に基づいた上演は、能の研究史上大きな意味をもつものであった。

一　桃山時代の演能時間

秀吉の時代から現在までの間で最も大きく変化したのは、上演時間である。現在では動きも音楽もたいへんゆっくりしているので、一曲上演するのに一時間半から二時間以上かかるが、秀吉の時代には現在よりも一日の上演曲数が多く、一曲の上演にかける時間が現在よりもはるかに短かっただろうと推測されている。(2) 例をあげてみよう。西洞院時慶の日記には、文禄二年（一五九三）十月十七日、民部法印の屋敷で太閤もご覧になって能が演じられた、という記録がある。(3)

天晴、太閤御能於民部法印在之、…中略…太閤ハ御見物斗也。食御相伴也。大夫は観世氷室、忠則金剛、夕顔保昌、舟弁慶下間少進、卒都婆小町立羽、難波春日、以上、未下刻ニ果

観世大夫が《氷室》、金剛大夫が《忠度》、宝生大夫が《夕顔》、本願寺の坊官だった下間少進が《船弁慶》、素人出

身の虎屋立羽が《卒都婆小町》、春日大夫が《難波》を舞っている。《難波》はおそらく半能だろうが、六番の能があって終わったのは未下刻。この時期では午後二時半頃に相当するから、朝八時、九時頃に舞い始めたとしても、五時間ほどの間に能を六番舞ってしまったことになる。間に昼食をとった、と書かれているし、日記には記載がないが番組の冒頭に《翁》を舞い、能と能の間にはおそらく狂言も演じられたであろう。能一番にかかる時間はかなり短かった、と考えなければなるまい。

『能楽タイムズ』一九六二年十一月号に、その当時能一番に要した時間が表になって掲載されている。《翁》六十六分、《氷室》九十三分、《忠度》八十四分、《夕顔》八十九分、《船弁慶》八十八分、《卒都婆小町》八十六分、《難波》半能三十一分と書かれた数字を合計すると能だけで五三七分も要する。狂言一番の平均時間を二十六分とし、狂言四番分をプラスすると全体で六四一分。現在はそれよりさらに演能時間は延びているから十一時間以上であろう。それを五時間足らずで終えてしまったのだから、現在の倍の速さで能が上演されていたことになる。

実際に現在より速いテンポで能が上演できるものなのか、桃山時代の演出を復元しながら試みることになった。

二　古式地拍子

復元の中心になったのは音楽である。能は音楽劇であるから、速いテンポで謡えば全体のテンポは速くなる。しかし、ただテンポを速くすればよいというものではない。ゆっくり謡うようになったのは、さまざまな技巧を工夫した結果である。現在の技法のまま速く謡えば桃山の謡になる、というわけではない。そこで、桃山時代の旋律やリズムを検討することになった。

まず、地拍子である。謡の中心となるのは七五調の句を八拍子に当てる平ノリである。現在は**譜例1**を基本としているが、江戸時代には**譜例2**のように第一拍・第三拍・第五拍に文字を当てて謡っていたことが謡曲手引『八拍子』『拍子荃』などの刊行物からすでに判明している。文字が拍に当たるか当たらぬかという点が異なるだけだが、これがテンポに大きく作用した。奇数拍に文字を当てなくてもよければ、「つーーき」と謡い手の好みで音を延ばしてじっくり謡うことが可能である。ところが拍に当てる場合、鼓も拍に当てて打っていくので、謡い手が勝手に文字を延ばすことができない。すべての拍に当てて謡うだけで、謡はかなりリズミカルになる。

実際、能楽師に古い地拍子で謡っていただいたところ、自然にノリがつき、テンポが少しずつ速くなる、という傾向が見られた。拍に当たるか当たらないか、ほんの少しの違いだが、積み重ねによって全体のテンポに影響することが立証されたのである。

1　2　3　4　5　6　7　8
つ…きもろ…ともに…いでていく。

譜例1

1　2　3　4　5　6　7　8
つき…もろと…もにい…でていく。

譜例2

拍に当てずに謡う唱法は、江戸時代初頭から少しずつ浸透していったようだ。承応二年(一六五三)に発行された謡の指南書『問謡記』に、「拍に当てて謡い出すときは少しずらして謡う方がよい」と記した箇所がある。[4] 謡の詞章は七五調とは限らない。字足らず、字余りの句を交えて変化をつけるのだが、『問謡記』が例にあげた句、「をとづれは」は上ノ句なしに下ノ句から謡い出すので、謡い出しが第一拍にあたる。ところが第一拍には大鼓がチョンと打つことになっており、大鼓の音と一緒では謡が聞き取りにくくなる。そこで第一拍にはあてず、少しずらして第一拍半から謡い出せ、と指示したのである。このように拍からずらす謡い方が積み重なって次第に現代のようなリズムになり、テンポも変化していった、と考えられる。

三　桃山時代の旋律

桃山時代の謡が現在よりメロディックだったことは、すでに知られていた。前述したように、天正十一年(一五八三)の奥書を持つ謡伝書『塵芥抄』には《呉服》の[上ゲ歌]をあげて歌詞を載せ、その右に「宮・商・角・徴・羽」と五声を付した箇所がある。それを読み解くと、現在とは音の動きが異なっていた。詳細は前節で論証したので、ここでは現行との違いを簡単に確認しておこう。

まず上音から中音へ音を下行するとき、現在では上ウキ音を謡ってから中音に下行する。上音がソ、中音がレだとすると、ソラレと進行するのが現在の謡だが、『塵芥抄』では順次進行でソミレと下行している。中音から下音へ下行するとき、現在では中間の音を通らずにストレートに下行する。中音がレ、下音がラの場合、レラという動きだが、当時は下ノ中音を経過してレドラと謡っていた。上音、中音、下音、と核になる音位の間隔は変わらないのだが、経過音が変わることで、聞いたときの印象が大きく異なる。《呉服》の［上ゲ歌］は現在ではツヨ吟で謡うところだが、天正時代にはヨワ吟と同じようにメロディックに謡っていたことも判明した。

拍子に合わせず謡い流すところも、現在とは謡い方が違っていた。桃山時代に活躍した下間少進の手沢本には五声の書き込みが見られたが、それらを解読した結果、現在ではほとんど一本調子で謡ってしまう［サシ］の部分もメロディックに謡ったことが判明した。

拍子不合の謡では、ゴマの向きにあわせて下ゲゴマで音位を下行していたらしい、という説があった。下ゲゴマで音位を下行させ、平ゴマではまっすぐに音を変えずに謡うと、当時の京都弁のアクセントに近くなる、というのである。[5] 実際、坂本清恵が復元した当時の京都アクセントを検討すると、ゴマの向きとアクセントはかなりの程度で一致することが確認できた。そこで室町後期の謡本数本を校合してゴマの向きの統計を取り、[6] アクセントを反映させながらメロディを復元した。それにあわせて、セリフの部分も当時の京都アクセントを反映させることにした。

こうして現在よりも格段にメロディックで、リズミカルな謡ができあがった。

復元したのは《卒都婆小町》である。江戸時代以降、老女物として大切に扱うようになり、他の曲にも増してゆっくり慎重に演じるようになってきたが、ゆっくり慎重に演じたのでは《卒都婆小町》本来のおもしろさが伝わりにくい。前半では僧と丁々発止の機知に富んだやりとりをみせ、後半では老女に深草の少将の霊が憑いて狂乱する様を見せる変化の多い構成が、現在のようにゆっくり演じると、問答のおもしろさ、前半と後半でガラっと雰囲気の変わる様子がわかりにくい。《卒都婆小町》の原作者は観阿弥と推測されているが、観阿弥らしい起伏にとんだ構成が、テンポアップすることでみえてくるのではないか、というのがもうひとつのねらいとなった。

おわりに

実際、復元能は、五十分で終了した。リズミカルでメロディックな謡に、「キリシタン音楽を聴いているようだ」、あるいは「御詠歌のようだ」、といった感想を耳にした。「復元能はスピーディに進行するので何番でも続けて見られる」、「耳にメロディが残ってつい口ずさみたくなる」という感想もあった。エンターテインメントとして現在よりも気楽に能を楽しんでいた様子がうかがえたのである。

復元にはさまざまな制約がある。今回も、カマエやハコビを中心とする身体の使い方、鼓のリズムパターン（手組）、笛の旋律型など、資料の残っていない部分は現行通りにするしかなかった。技法としては一部しか復元できなかったわけだが、それでも起伏に富んだ構成、作者の意図は明確にされ、桃山時代にどのように能が享受されていたか、推し量ることもできた。能の技法のどこが変わったのか、また変わらない部分はどこなのかを知ることは、今後の能の伝承を考える上でも意味が大きいといえよう。

復元に当たって、実際に演技を担当される能楽師の方々に多大な協力をいただいた。ことにシテを担当された山本順之氏には、深謝申し上げたい。

復元した上演資料は巻末に掲載した。

注

（1）横浜能楽堂企画公演「秀吉が見た『卒都婆小町』―現代によみがえる四〇〇年前の能―」シテ　山本順之、ワキ宝生欣哉、ワキツレ 殿田謙吉、笛 松田弘之、小鼓 大倉源次郎、大鼓 柿原崇志、後見 観世銕之丞・清水寛二、地謡 阿部信之・西村高夫・岡田麗史ほか。

（2）演能時間の推移については、野々村戒三「室町時代の演能時間」（『能苑日渉』一九三八年　檜書店）が初めて指摘し、それを引き継いで表章が『岩波講座　能・狂言　Ⅰ能楽の歴史』（一九八七年　岩波書店）のなかでさらに論を展開している。

（3）竹本幹夫氏のご示教による。

（4）『問謡記』に、次のように書かれている。

一、思ひを延る斗なり　イヤ●ハヲヤ　ハヤア▲　如此あひよりうたふ吉
　　をとつれハ
　　ヤ▲ 此謡やうあしし
をとつれハといふ所一拍子なり　ひようしにひしとあて、謡事あたり拍子とて嫌ひ候　右の星付ハ拍子の跡程のあひたよりうたふ也

（5）桜井茂治「世阿弥の能楽書とアクセント」（『國學院雑誌』六十六　一九六五年）
坂本清恵『中近世声調史の研究』二〇〇〇年　笠間書院

（6）校合したのは以下の謡本である
観世元盛節付本四種（永禄九年〜天正元年写）
堀池・淵田百拾九番本（天正頃写）
室町末期筆毛利家旧蔵本（天正頃写）
小宮山藤右衛門元政本（天正頃写）
室町末期筆長頼本（天正頃写）
伝松平伊豆守旧蔵本（慶長以前写）（以上法政大学鴻山文庫蔵）
室町末期写三番綴観世流謡本（早稲田大学演劇博物館蔵）

第六節　「四季祝言」・「敷島」の謡復元

はじめに

二〇一三年は、世阿弥生誕六五〇年、観阿弥生誕六八〇年の記念すべき年で、能に関わる展示や世阿弥作品の復曲など能楽界ではさまざまな企画が案出された。五月に行われた能楽学会大会でも「世阿弥をめぐる和歌・連歌の世界」と題した記念シンポジウムが企画され、そのなかで世阿弥作の「四季祝言・夏」と「敷島」の復曲が試行された。

「四季祝言」は『申楽談儀』に、

夏の祝言に、「うけつぐ国」、「つぐ」と当る、悪し。直に云べし。

と記述があり、「敷島」は『五音』に「敷島／ソレ敷島ノ国ツワザハ」と詞章の一部が掲載されていることから、ともに世阿弥の作であろうと言われている。残念なことに世阿弥時代の「四季祝言」や「敷島」の譜は残っていないので、世阿弥にできるだけ近い時代の譜を元に復元作業を行うことになった。「四季祝言」や「敷島」の伝承が続いていたら現在どのようなフシで謡われているか、という想定のもと、復元したフシを観世清和が現在の音階と技法で歌唱した。「四季祝言」は現在と同じヨワ吟で、「敷島」は現在のヨワ吟とツヨ吟の両方の音階である。筆者は実際に復元に携わったので、その経過について報告しておく。

一　「四季祝言・夏」の復元

『四季祝言』は、観世文庫に残る観世宗節筆の譜本（以下宗節本と略称）が、現存する最古である。天文から永禄頃（一五三二〜七〇）の筆写と推測されているので[1]、これを底本とした。宗節本には春夏秋冬をはじめ三月三日、八月十五夜など四季折々の小謡が十六曲収められているが、今回は大会の時期が初夏であること、『申楽談儀』の記述が「夏」を対象としていることから、「夏」が選ばれた。宗節本の「夏」は［サシ］［下ゲ歌］［上ゲ歌］で構成されているが、［サシ］から載っているのは宗節本だけである。［サシ］は宗節本に従い、［下ゲ歌］や［上ゲ歌］は、ほかの譜本も参考にした。参照したのは次のテキストである。

観世宗節節付縦長中本『四季祝言（四季謡）』「夏」　観世文庫蔵（底本）（**資料1**）
慶長四年観世身愛節付『小謡百番』「夏」　大阪府立中之島図書館蔵（［上ゲ歌］）
慶長十六年観世暮閑筆『曲舞小謡』「夏部」　法政大学鴻山文庫蔵（［下ゲ歌］［上ゲ歌］）
『光悦小謡本』「夏」　慶長・元和頃刊行　早稲田大学蔵（［上ゲ歌］）

明治以前の謡本は、現在のように細かく直シを記していない。第四節で明らかにしたように、桃山時代にはゴマの向きで旋律の上げ下げを指示することも多く、現在では使用しない上ゲゴマも多用されている。宗節本を底本にするにあたって、今回もゴマの向きを基本情報とした。たとえば、句の冒頭をおさえて低く謡い出すことがある。これは現在では謡ぐせと考えられているが、桃山時代にはフシとして認識されて下ゲゴマを付していたし、中音から上音へ上行する際のウキも、江戸初期の段階では単なる経過音ではなくフシとして認識されていた。桃山時代のヨワ吟音階は第三節に紹介したが、上音から中音へ下行する際、現在とは異なり中ウキ音を経過する。ゴマの向きはその旋律進行にあわせて振られているので、それを考慮に入れた上で現在の謡進行に直し、上音からの下行は上ウキ音を経過する形に変更した。

［サシ］から見ていく。

宗節本では「みとりの色もい|とふかき」に下ゲ、「あまのむらわせ神代|より」にハル、「かすそひて|」「ひさかたの|」「かみ代より|」「ゆたか|なれ|」に廻シ（室町時代の譜本なので現行とは異なり「へ」字形）が記入されている。［サシ］は上音より謡い出して最初の下ゲで中音に音

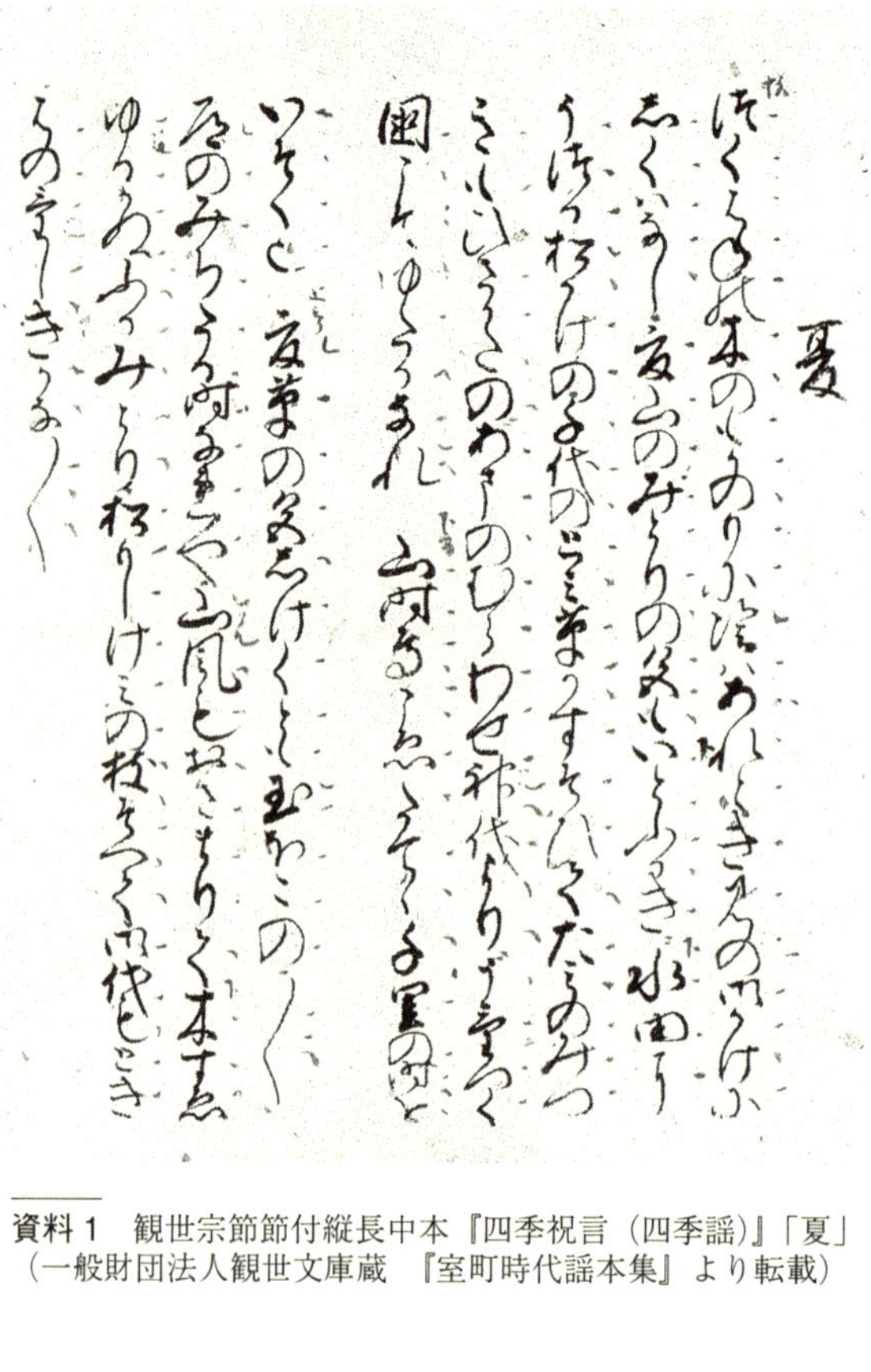

資料１　観世宗節節付縦長中本『四季祝言（四季謡）』「夏」（一般財団法人観世文庫蔵　『室町時代謡本集』より転載）

位を下げ、最後は下音から呂音に下行して謡い収める。フシの定型がはっきりしているので、今回もそれに従った。現在のヨワ吟では、［サシ］冒頭の上音と中音の音程は、通常のヨワ吟音階よりも狭くなっている。世阿弥時代、また室町後期にどのような音程だったのか不明だが、今回は現行通り狭く謡った。

宗節本も『曲舞小謡』も、［下ゲ歌］には直シがない。［下ゲ歌］は、中音から謡い出して中音と下音の間を行き来する旋律進行をとるだけで複雑な動きはない。フシを示すのに、直シを記さずともゴマの向きで指示するだけで十分だったのだろう。両譜本のゴマの向きは幸い一致していたのでそれに従い、下ゲゴマを適宜下ゲとヲトシに振りわけた。桃山時代には、ヨワ吟でも中音と下音の間で下ノ中音を謡っていた。そのために、ゴマの上げ下げが頻繁になっているが、現在では下ノ中音を謡わないので直接中音と下音の間を行き来することになる。下ノ中音を経過すればなめらかになるが、現行通りに復元したために、かなりゴツゴツしたフシになったことは否めない。また、［下ゲ歌］末の「千里の時を」のフシは《融》を参考にした。《融》では、ワキ登場の［下ゲ歌］「千里も同じ一足に」で「千」に廻シがあり、そこで呂音に下行する。能では、詞章が同じ場合はフシも統一する傾向があるので、それに倣った。

［上ゲ歌］になると直シが多くなる。宗節本では「山｜風も」にクル、「おさまりて｜」に下ゲ廻シ、「木すゑゆ｜るかぬ」「け｜しきかな」にハル、そのほか廻シも多用している。校合した三本では、このほか「松｜もしげミの」にもハルと直シが入っているので、それも採用した。［上ゲ歌］は音楽形式が整っており、二節で構成する形が標準である。上音から謡い出して途中でいったん中音に下行し、フリ・中廻シになるところが第一節の終わり、第二節の冒頭は、再び上音に上行して下音で謡い収める。その形式に直シをあてはめて節付ケをおこなった。「ふかみとり」にフリ・中廻シがあるのでこの句が第一節の終わりになる。ゴマの向きは基本的に採用しなかったが、「松も｜し

けみの」で傍線部に中ウキに落ちるフシのみ採用した。ここは底本では「も」が上ゲゴマ、他の三本では下ゲゴマになっているが、後者に従った。復元した譜が**資料2**である。

　脇能や祝言謡は、現在すべてツヨ吟で謡われる。ところが謡本に「剛」と記されるようになるのは元禄時代以降であり、それ以前にも息を強く出す謡い方はしていただろうが、世阿弥時代にはツヨ吟とヨワ吟の区別はなくすべてメロディックな音階で謡われていた、と推測されている。現在ツヨ吟で謡われる曲でも、ヨワ吟に読み替えると本来の旋律がうかびあがり、作曲意図を鮮明にうかがうことができる。「四季祝言・夏」もヨワ吟で謡うことで、素直でなめらかな旋律線がよみがえり、美しく夏の風物を彩る謡となった。

　『申楽談儀』で言及している「うけつぐ」の「つぐ」のフシだが、底本では平ゴマが続くところ

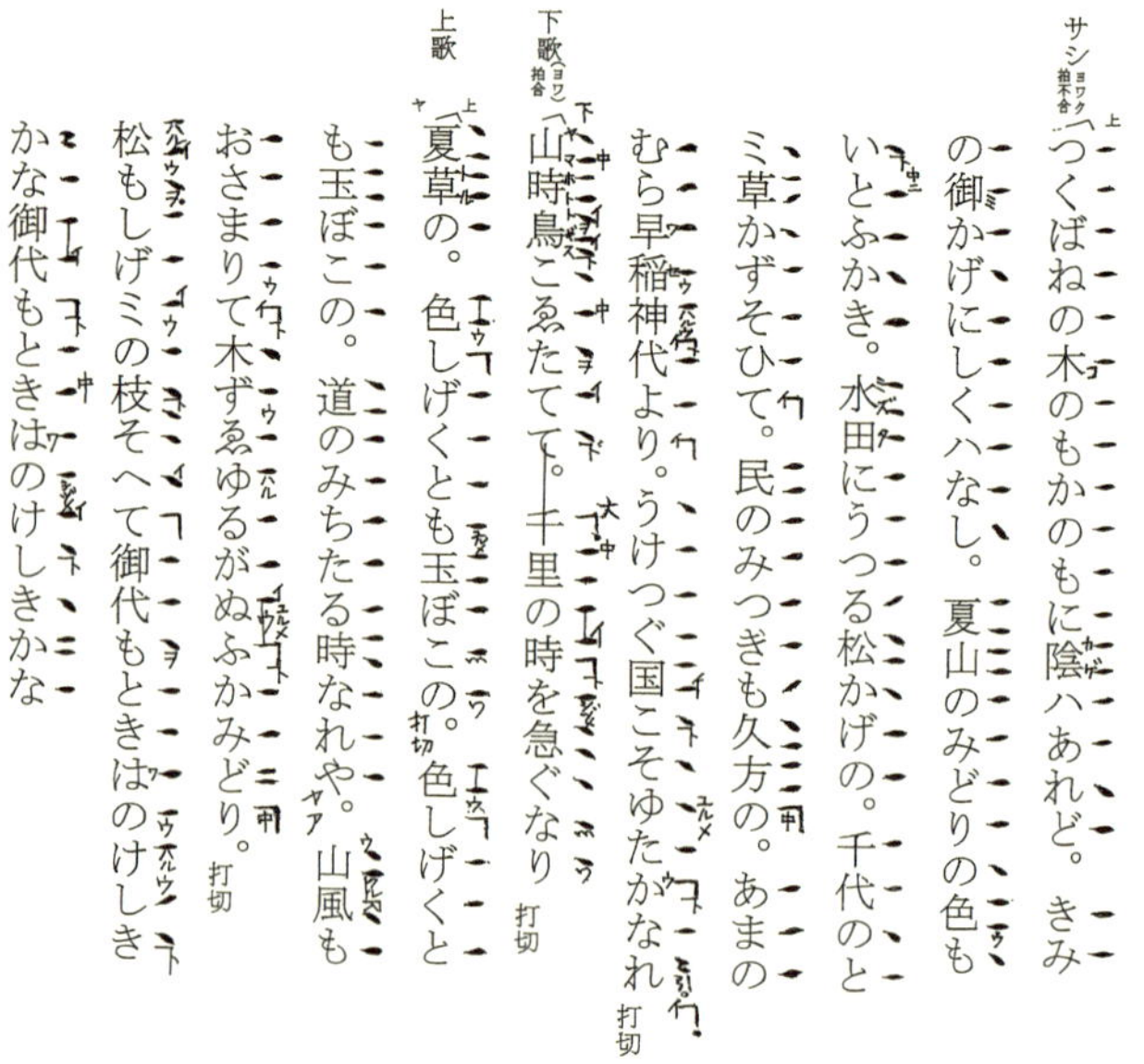

資料2　「四季祝言・夏」復元譜

で特に変わったフシはない。当たるのがよくないのでまっすぐに謡え、という『申楽談儀』の指示に従って訂正した後の譜本なのだろうか。

二　「敷島」の復元

「敷島」は、廃曲《吉野》の［クリ］［サシ］［クセ］部分である。《吉野》はシテ木守明神、ワキ紀貫之による脇能で、『能本三十五番目録』のワキ西行を紀貫之に替えた曲か、と推測されている。曲舞謡「敷島」を中心に《吉野西行》が作られ、その後《吉野》に作りかえた、という経緯があるようだ。(2)

参照したのは左記の譜本である。

妙庵玄又手沢五番綴本《木守（吉野）》（［クリ］［サシ］［クセ］）　松井文庫蔵
貞享三年刊番外謡本《吉野》（［クリ］［サシ］［クセ］）（**資料3**）
貞享四年刊『乱曲久世舞要集』「吉野」（［サシ］［クセ］）　法政大学鴻山文庫蔵
茶色表紙五番綴番外謡本《吉野貫之》（［クリ］［サシ］［クセ］）　観世文庫蔵
平岡本『久世舞』「芳野」（［サシ］［クセ］）　国文学研究資料館蔵（**資料4**）
貞享元年写柳洞本《よしの》（［クリ］［サシ］［クセ］）　法政大学能楽研究所蔵
貞享三年刊『当流外蘭曲』「吉野」（［サシ］［クセ］）　法政大学鴻山文庫蔵

ゴマの向きを校合すると、妙庵玄又手沢本のみ異なる場合が多かったので、貞享三年刊番外謡本《吉野》を底本とした。この番外謡本にはヤ・ヤヲといった謡い出しの間の記入があり、トリ・オクリなど本地以外の句についても表記があるために、復元に適していた。ただし、謡い出しの表記については注意が必要である。ヤヲは第二拍半謡い出しの意味だが、江戸時代初期の謡本では、ヤヲと書いてあってもヤヲハ（江戸時代は第三拍謡い出し）を指す場合もある。世阿弥自筆能本などではヤヲもヤヲハも区別なく「ヲク」としていたので、その延長で特に区別しなかったのだろう。上ノ句の文字数でヤヲかヤヲハか謡い出しの間は判別できるので馴れてしまえば問題はないが、念のためヤヲとヤヲハの句の区別を記しておく。

ヤヲ　おとろが／下葉を　ミ心／うちにうこき
吉野の／山桜（上ノ句四文字）

ヤヲハ　秋の／哀を　ねやの／ふすまの（上ノ句
三文字）

復元の手順は「四季祝言」と同じで、直シが書かれていない箇所は、ゴマの向きに従うこととした。七本の謡本のゴマを校合し、底本だけゴマの向きが異なる場合は、他本のゴマに従った。各小段の復元の経緯は以

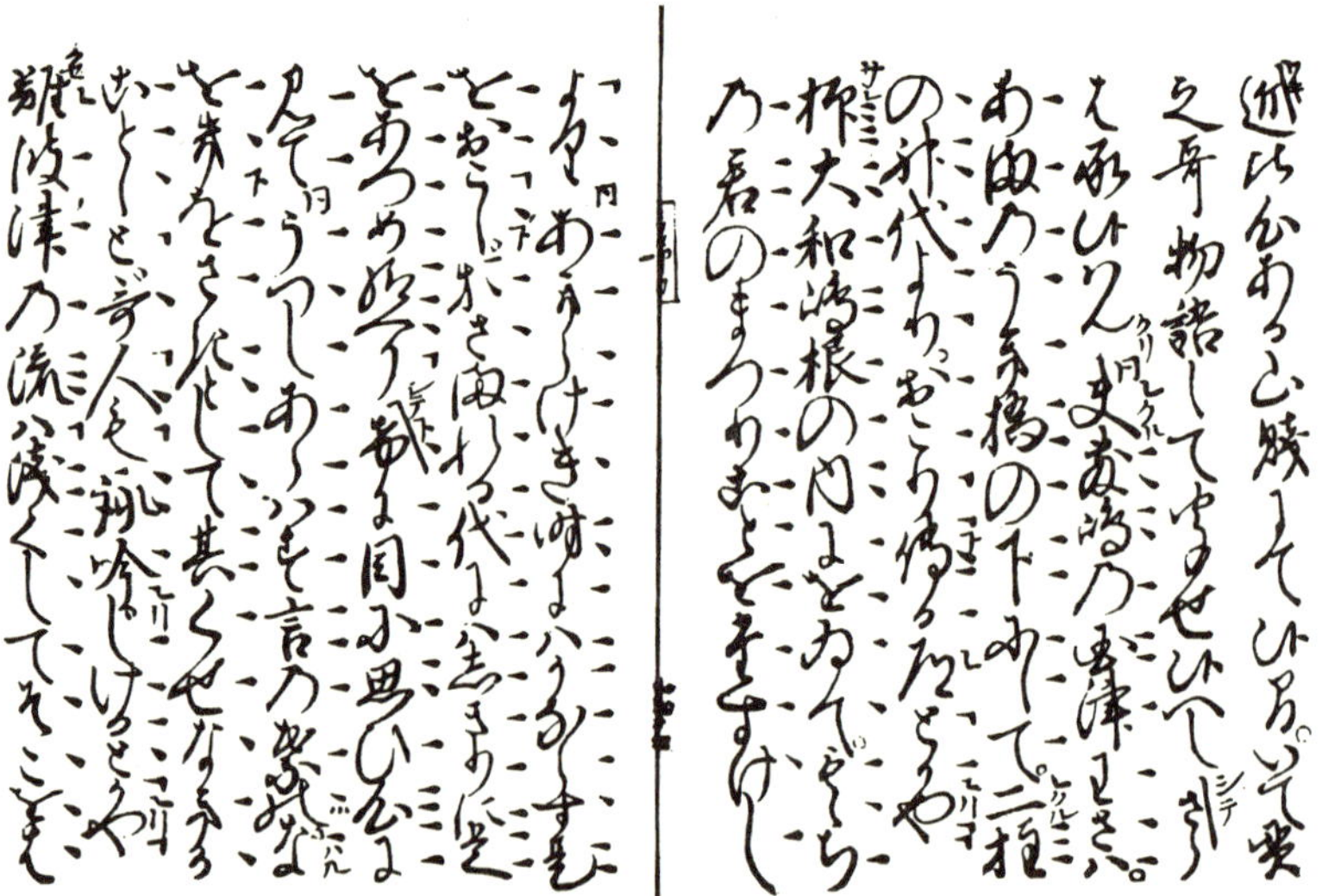

資料3　貞享三年刊番外謡本《吉野》

下の通りである。

［クリ］は拍子不合の小段で、上音で謡い出し、クリ音や入リ、廻シを多用して本ユリで謡い収める。旋律が定型化している小段で、校合した七本でも、特に問題となるフシはなかった。

［サシ］では、「たすけしより」の傍線部分が底本のみ廻シになっていたが、「是をおこし」で本格的に中音に下行する前なので、他本に従って平ゴマのままとした。

［クセ］は三節で構成される拍子合の小段で、旋律の進行が次のように定型化している。すなわち第一節は下音（ないし中音）で謡い出して下音で謡い収め、第二節は中音で謡い出して下音で謡い収め、第三節は上音で謡い出し（これをアゲハという）、途中でクリ音に上行しながら下音で謡い収めるかたちである。「敷島」の場合、三節型の［クセ］なのかアゲハ前に区切りのない二節型なのか、ゴマの向きだけでは区切りが明確にならなかったが、後述する平岡本が「水無瀬川」を

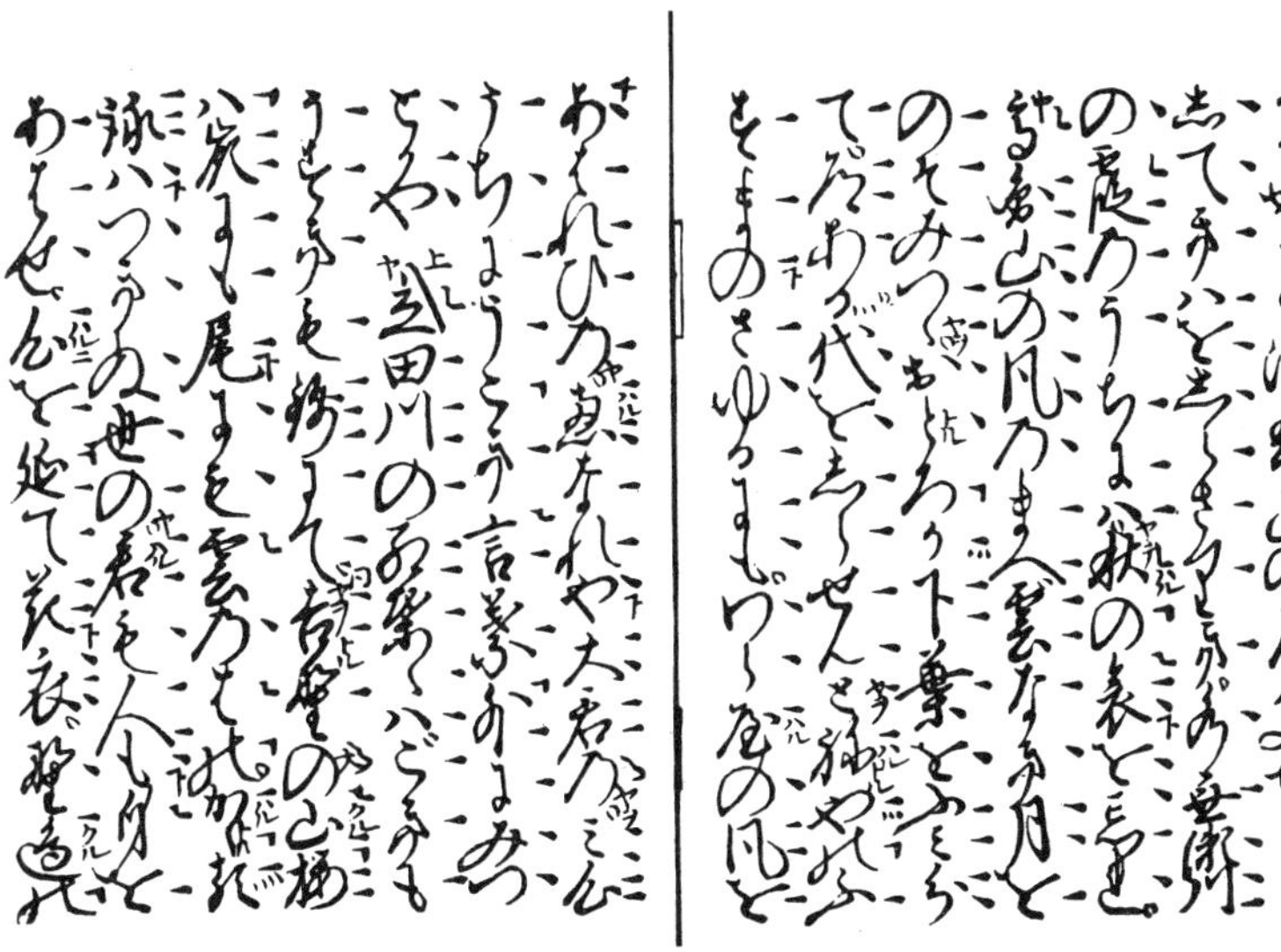

資料３（前ページよりの続き）

中音で謡い出しているのでそこを第二節の開始と判断し、三節型とした。謡だけならば二節型でも三節型でも変わりはないが、能であれば第一節の終わりに小鼓が手を打って打切という合いの手を挿入する。そのため第一節の終わりから二句目「浅香山の道ハ又」は、鼓の手を考慮した節付ケになるのだが、復元した結果、そこまで特殊なフシにはならなかった。二節型の［クセ］と判断してもよいのかもしれない。三節型とするならば、第一節は「せはくしてきハをしらさりき」まで、第二節は「水無瀬川」から「言葉外にみつとかや」まで、第三節の冒頭はアゲハから最後までで、途中の「吉野の山桜ハ」の傍線部分でクリ音に上行するかたちである。

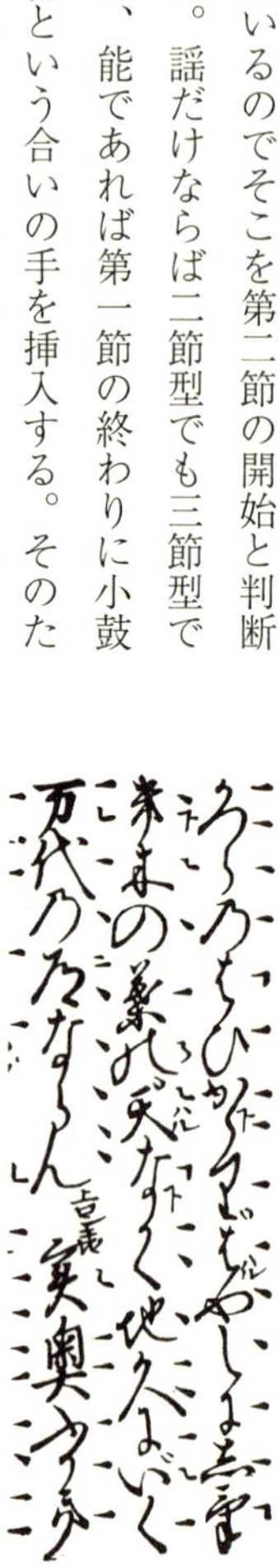

資料３（続き）

「敷島」はヨワ吟・ツヨ吟双方で復曲したが、ツヨ吟版を作成する際は平岡本を底本に準じるかたちで参照した。詞章の文字だけ追うのならば、また桃山時代の旋律を復元するのであれば古い譜本の方が適切だが、現在の謡は後世の工夫が積み重なって成立したもので、旋律進行も、旋律の構成音も世阿弥時代とは異なっている。現在のツヨ吟は江戸時代の初めには存在しなかった謡い方なので、現在のツヨ吟で謡うには、江戸後期の謡本を参考にした方が謡いやすい。校合した中では、平岡本が明和改正謡本以降の譜本と判断できた。『国文学研究資料館報』第十八号（一九八二年三月）に伊藤正義が記した資料紹介[3]によると、平岡本は目録内題下に「平岡直行」の角印がある四冊本で、二百曲の曲舞と語りを収めるが、その中には稀曲が多く含まれている。そのうちの一冊は鴻山文庫蔵福王盛有章句本『久世舞』に重なる曲が多いことから、福王流の系統と想定されている。

平岡本を検討する際、参考にしたのが京観世の謡伝書『そなへはた』[4]である。岩井直恒（一七二八～一八〇二）が

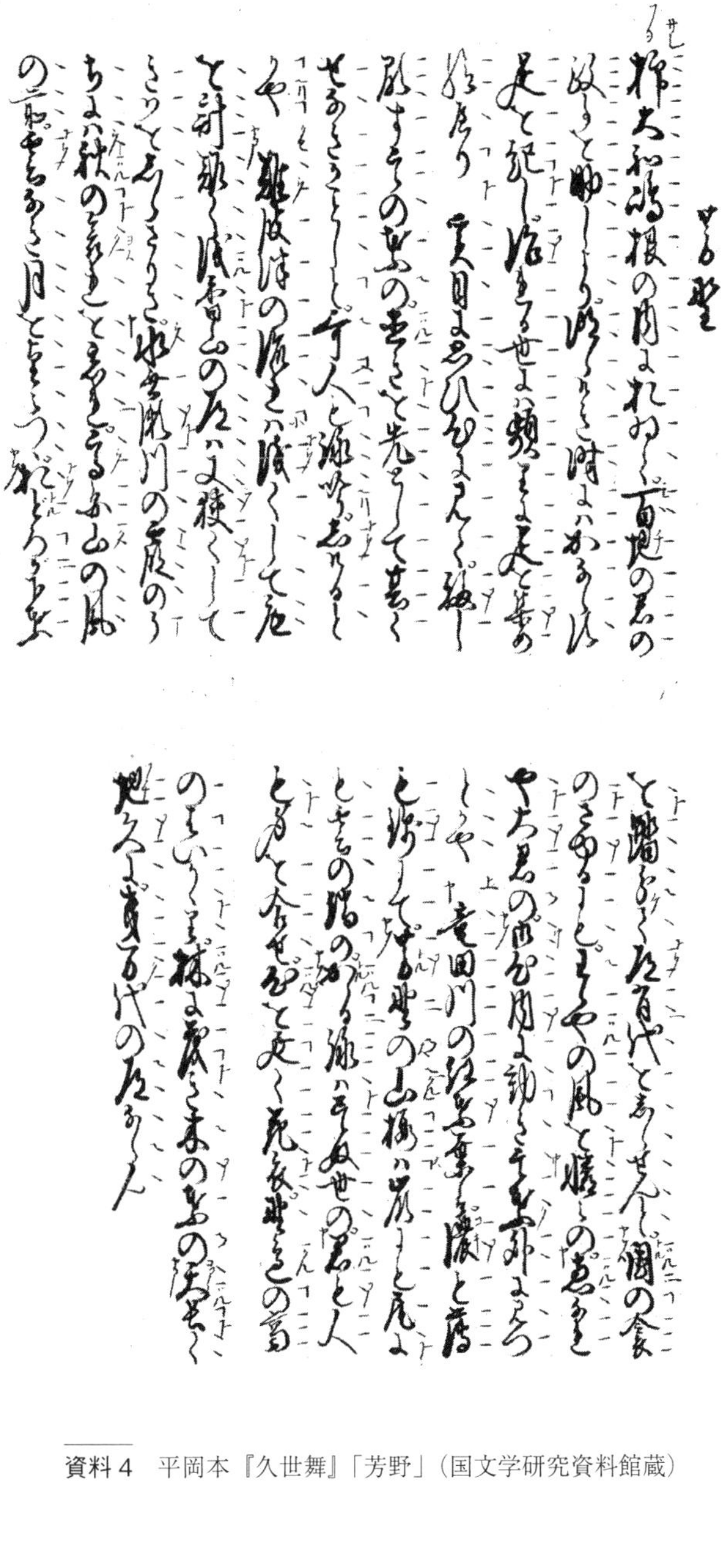

資料４　平岡本『久世舞』「芳野」（国文学研究資料館蔵）

残した伝書で、直シについて明快な説明がなされている。ツヨ吟の特徴は、中音から下音に下行する際、下ノ中音を経過して二段階に下行する、いわゆる二段下ゲを行う点である。それに関わる部分を引用しておこう。

ウ　四の音（引用者注：上音）と六の音（引用者注：中音）との間にありて五の音（引用者注：中ウキ音）也。六の音の所にありて同じくウと印すゆへに、八の音（引用者注：下音）より六の音へ上るウと紛れ安し。

下ウ　シタウキといふ。六の音と八の音との間に有て、七の音（引用者注：下ノ中音）なり。

ク　クライヲトシといふ。実はクアイヲトシ也。クと印すは略なり。此所にて隙とりて余り味あふは聞にくし。只、下ウキの七の音へ下るあしらいと心得て能程になるべし。

『そなへはた』によると中音で謡い出すところに「ウ」、下ノ中音で謡い出すところに「下ウ」と記し、中音から下ノ中音に下行するゴマに「ク」、下ノ中音から下音に下行するゴマに「下」と記す、というキマリがある。平岡本《芳野》でいえば、「ウ」とある「難波津の」を中音で、「下ウ」とある「浅くして底を」を下ノ中音で謡い出すということである。さらに「高円山」の「山」の「ま」に「ク」とあったので、その次の下ゲゴマを「下」とみなして節付ケを行った。貞享三年の謡本ではゴマの向きのみで示されていたので、直シが加わることでフシがより一層明確になった。

今回は、ツヨ吟・ヨワ吟両方で謡われたが、ヨワ吟で謡ったことで、この［クセ］の特異な節付ケが明らかになった。［クセ］の冒頭は、中音・下音間を行き来するフシが多いのが一般的である。ところが「敷島」では中・下旋律が少なく、三句目の「浅香山」で上音に上行している。世阿弥作の［クセ］でも《清経》や《当麻》では第一節に、《老松》や《八島》《松風》では第二節に上音域の節付ケが多くみられるが、三句目に上行するのは異例の早さといえよう。一般に［クセ］では物語を語るが、「敷島」の場合は和歌に用いられる語を多用する、いわば和歌尽くしである。詞章のつながりに物語ほどの必然性がないために、通常の［クセ］とは異なる節付ケになったのであろう。第二

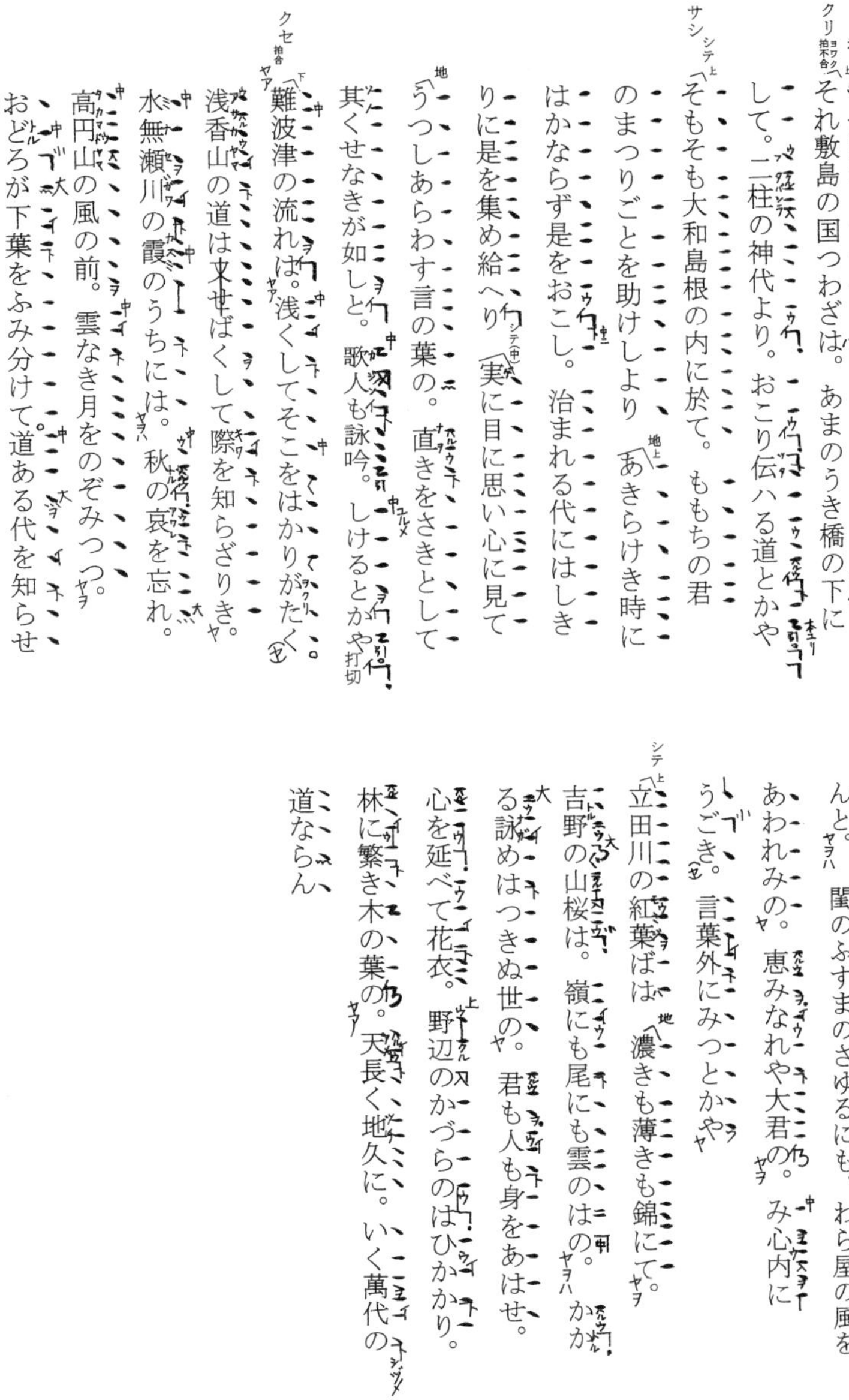
クリ 地 それ敷島の国つわざは。あまのうき橋の下に
して。二柱の神代より。おこり伝ハる道とかや
サシ シテ そもそも大和島根の内に於て。ももちの君
のまつりごとを助けしより あきらけき時に
はかならず是をおこし。治まれる代にはしき
りに是を集め給へり シテ 実に目に思い心に見て
地 うつしあらわす言の葉の。直きをさきとして
其くせなきが如しと。歌人も詠吟。しけるとかや 打切
クセ 拍合 難波津の流れは。浅くしてそこをはかりがたく
浅香山の道は末せばくして際を知らざりき。
水無瀬川の霞のうちには。秋の哀を忘れ。
高円山の風の前。雲なき月をのぞみつつ。
おどろが下葉をふみ分けて道ある代を知らせ
んと。閨のふすまのさゆるにも。わら屋の風を
あわれみの。恵みなれや大君の。み心内に
うごき。言葉外にみつとかや
シテ 立田川の紅葉ばは 地 濃きも薄きも錦にて。
吉野の山桜は。嶺にも尾にも雲のはの。かか
る詠めはつきぬ世の。君も人も身をあはせ。
心を延べて花衣。野辺のかづらのはひかかり。
林に繁き木の葉の。天長く地久に。いく萬代の
道ならん

資料５　「敷島」復元譜（ヨワ吟）

クリ　地　ツヨク　拍不合
それ敷島の国つわざは。あまのうき橋の下にして。二柱の神代より。おこり伝ハる道とかや

サシ　シテ「そもそも大和島根の内に於て。ももちの君のまつりごとを助けしより　地「あきらけき時にはかならず是をおこし。治まれる代にはしきりに是を集め給へり　シテ「実に目に思い心に見て

地「うつしあらわす言の葉の。直きをさきとして其くせなきが如しと。歌人も詠吟。しけるとかや

クセ　拍合
「難波津の流れは。浅くしてそこをはかりがたく。浅香山の道は丈せばくして際を知らざりき。水無瀬川の霞のうちには。秋の哀を忘れ。高円山の風の前。雲なき月をのぞみつつ。おどろが下葉をふみ分けて道ある代を知らせんと。閨のふすまのさゆるにも。わら屋の風をあわれみの。恵みなれや大君の。み心内にうごき。言葉外にみつとかや

シテ「立田川の紅葉ばは　地「濃きも薄きも錦にて。吉野の山桜は。嶺にも尾にも雲のはの。かかる詠めはつきぬ世の。君も人も身をあはせ。心を延べて花衣。野辺のかづらのはひかかり。林に繁き木の葉の。天長く地久に。いく萬代の道ならん

資料6　「敷島」復元譜（ツヨ吟）

節では、「浅香山」「秋の哀」「ねやのふすま」「わら屋の風」「恵なれや」、と句ごとに上音に上行しては中音に下行する旋律進行になっている。［クセ］では第三節のアゲハ以降は上音を多用するが、その前にこれだけ上音が頻出する例は稀である。世阿弥伝書の『五音』には［クリ］の冒頭しか載っていないが、［クセ］の節付ケの特異さと考え合わせると、引用部分は本来［クリ］として作詞されたのではなく、［クセ］も、本来［クセ］以外の謡い物として考案された可能性を考えたくなる。

現在のツヨ吟では、上音と中音の音の高さを変えずに謡うので節付ケの特異さはまったくわからなくなる。今回、ヨワ吟で謡ったことで、特異な旋律進行がうかびあがったのは大きな成果であった。上・下行の多いフシで謡いにくく、そのために廃曲になった可能性も考えられる。

始めに述べたように、明治以前の謡本は直シが少ないため、いろいろな解釈が可能である。今回は単純に復元しただけだが、「敷島」の［クセ］では一カ所、「高円山の風のまへ」でヨワ吟・ツヨ吟で異なる節付ケを試みた。さらに凝った節付ケも可能であろう。**資料2**、及び**資料5**・**資料6**は大会当日配布した資料だが、一つの例として提示した。

資料の所在について協力をいただいた落合博志氏、復元した謡を謡ってくださった二十六世観世宗家観世清和師のお二人に深謝申し上げる。

注

（1）表章編『室町時代謡本集』（一九九七年　財団法人観世文庫）。

（2）表章「世阿弥の〈敷島〉と〈吉野西行〉の行方」（『能楽史新考（一）』〔一七七九年　わんや書店〕所収）。
（3）伊藤正義『中世文華論集』第一巻（二〇一二年　和泉書院）に再録。
（4）翻刻は、大谷節子・松居郁子「京観世伝書『そなへはた』解題と翻刻」（『神戸女子大学文学部紀要』第四十五巻、二〇一二年）による。

第二章

狂言の謡

——流行歌の摂取と狂言謡——

第一節　狂言小歌拍節遡源 ── 狂言小歌は拍子合か拍子不合か ──

はじめに

狂言が酒盛りの場面などで余興として謡い舞う小舞謡は、現在大蔵流に五十九番、和泉流に七十一番伝承されている。能の謡を転用したもの、中世から近世初頭にかけての流行歌を摂取したものなど、さまざまな種類の歌謡を含んでいるが、このうち流行歌経由の小舞謡は、拍子に合う謡と拍子不合の二種類に分類される、と言われてきた。拍子に合う謡は、一字一拍を基本としながら、ときおり「タンタタタンタタタンタタ　◦」という近古式平ノリを混在させるノリで、横道萬里雄は狂言ノリと命名している。[1]「□　なーなーつになーるこが　◦いーたいけーなーこーとゆた　◦〜　よ　し　の　は　つ　せ　の　は　な　よ　り　もー」と謡う「七つに成子（七つ子）」がその代表である。一方の拍子不合の謡は、ユリをたっぷりとつけて謡ういわゆる小歌と呼ばれる歌謡で、五線譜にはとうてい乗らないような不思議な音を散りばめながら謡う。「柴垣」がその代表としてあげられる。

狂言の小舞謡は狂言ノリか拍子不合のどちらかに分類できる、と思っていたのだがどうもそうではないらしい。「十七八」という小舞謡がある。東京の野村家では「細布」と呼んでいるが、六世野村万蔵（一八九八〜一九七八）の名演(2)に聞き惚れていたので、この曲はすっかり拍子不合の小歌だと思いこんでいた。万蔵は、「十しちーイは〜〜アちーイわアアアーア、さおにほいた〜〜アほそぬの」と廻シやフリにたっぷりユリをつけて謡っていた。『狂言の道』(3)の「小舞」の項で伝承曲を列挙した後、「習い物の中にある春雨から住吉までの六番（春雨・細布・柴垣・薬師・鎌倉・住吉　筆者注）を小歌といっています。これらは他のものとは違った特殊な吟の細かい変化があり、その内容も当時のいわゆる流行歌謡風であります」と発言もしている。辞典類やレコードの解説書では、万蔵の発言をそのまま引用してこの六曲を和泉流の小歌、拍子不合、としてきた。(4)ところが茂山家では謡い方が全く異なり、**譜例1**に示したように「□さおにほいたアほーそぬのーー。とーりーよーりゃいーとーしーイーーたぐりよーりゃいーとーしー」とリズミカルに謡う。(5)

同じ和泉流でも、名古屋の十二世野村又三郎信広（一九二二〜二〇〇七）の謡は茂山家ほどリズミカルではないが、万蔵ほどユリもつけずに謡う。「はーーちわーアー」の箇所では大きく間を取るが、一字一拍の句は間を延ばしたりスッスッと運んだりと変化をつけて謡い、七五調の句はモチをなくして間をつめ、「さおに・ほいた・ほそぬ・の」と謡っている。(6)モチをなくす、いわゆる三地謡である。能では素謡のとき三地謡で謡うことが多い。狂言では囃子が入らないので拍の拘束が少なく、三地謡になる割合が能以上に高くなる。囃子が入る場合でも、《末広》の囃子物を「ひーとがかーさをさーすならーば・わーれもかーさをさーそうよ」と拍子に合わせて謡うこともあれば、「ひとが・かさを・さすな・らーば・われも・かさを・さそう・よー」とモチを縮めて、西洋音楽でいうところの三連音符に近いリズムで謡うこともある。囃子の入らない小舞謡では拍の拘束が少ないので、なおさら三地謡の可能性を考慮に入れる必要がある。

「十七八」については山本東次郎家も又三郎家の謡い方に近い(7)ので、流儀によって、というよりは家によって同じ詞章を拍子不合で謡ったり拍子に合わせて謡ったりと謡い方が異なるわけだが、どちらが本来の形なのだろうか。これは「十七八」に限ったことではなく、そもそも狂言小歌は本来すべて拍子合だったのではないか、狂言では拍にとらわれずに謡うので拍子不合だと思いこんでしまったのではないか、そのような仮説をたててみた。以下、狂言小歌の拍節をめぐって、問題提起を行いたい。

一　和泉流の小歌

狂言の台本には、歌謡の部分を抜き出して詳細に音楽情報を記した譜本が付随することが多い。文政年間に十四世山脇元業（一七八二〜一八五〇）が書写した雲形本(8)は二十冊に及ぶ大著だが、その最終巻の後半に「をはら木」「海道下り」「住吉」「柳の下」「宇治の晒」「痛物細《いとものほそき》（大蔵流の「柴垣」）」「鎌倉の上臈（万蔵家の「鎌倉」）」「爰をどこぞ（大蔵流の「府中」）」「七に成子」「暁の明星」「いたいけしたるもの」「ざむざ」が収められ、節付ケと拍子当たりが示されている。「をはら木」にはヤヲ・ヤヲハ・トリなど間拍子関係の記載があるだけだが、他の十一曲にはそれに加えて拍子当たりを示す朱筆の△や○が付いており、万蔵が小歌と指定した「住吉」「痛物細」「鎌倉の上臈」も例外ではない。△は大鼓、○は小鼓の粒を示す記号で、八拍子の第一・第三拍にあたる文字の横に△、第五・第七・第八拍にあたる文字の横にそれぞれ○●○とつける。「三地」という鼓のリズムパターン（手組）で拍子当たりを示す典型的な手法で、片地の句（一句六拍）は第一拍に△、第三・第五・第六拍に○●○、トリの句（一句四拍）は第一拍に△、第三・第四拍に●○とつける。**資料1**に「住吉」、**資料2**に「痛物細」の冒頭部分を掲げ、この表記に従って割り付けた譜を**譜例2**と**譜例3**に載せておいた。「住吉」や「痛物細」にはトリや片地が多いので、拍子不合の謡を無理に拍子に収めたようにみえるが、能《藤栄》の小歌もトリや片地が多い。八拍子の本地にこだわらないのは小歌の特徴、といえよう。「住吉」では冒頭のトリの句の左右に二種類の当たり、「痛物細」でも「しづがしばがき」に片地とトリの二種類の拍子当たりを記しているから、拍子当たりが複数ある場合もあったらしい。

まず、又三郎家の伝承がこの八割譜と重なるかどうか確認してみよう。一九六四年に東京国立文化財研究所芸能部が作成した録音資料を聞くと、「いともの細き」の「矢負」「とらひやう」「御足に」「鳴り候」「柴垣」「えせもの」は地拍子通りモチを入れて謡っているが、それ以外は三地謡と判断できる。拍子に合うかどうか、頓着せずに謡ったであろうから能の三地謡よりさらに拍節感が希薄だが、一句としてのまとまりはある。十一世又三郎信英（一八六五〜一九四五）が書写した『和泉流小舞集』[9]では二句目、「太刀をはき」の前に「ヤア」と第二拍謡い出しの指示が

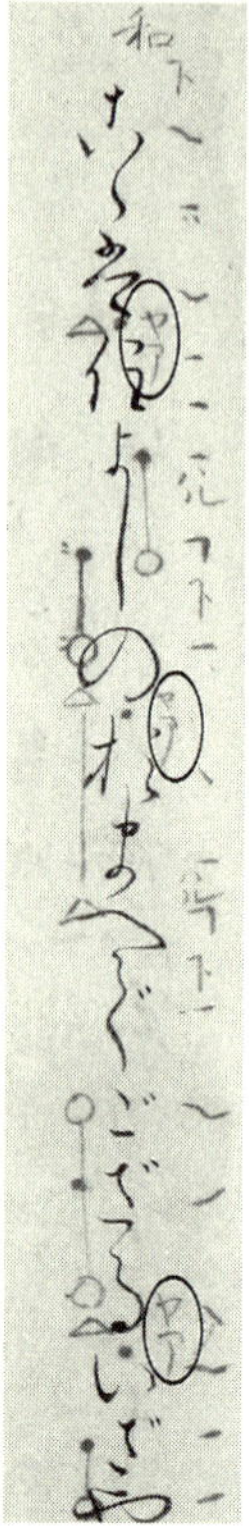

資料1

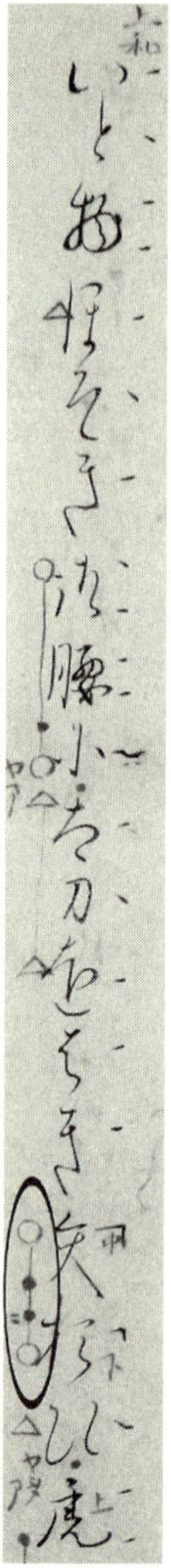

資料2

譜例1　十七八

1 2 3 4 5 6 7 8
じゅ う
し ち ー イ は ーち わ ア
さおにほいたアほ そぬの ー
と り よ りゃ い と し イ
たぐりよ りゃ い と し ー
い と よ り ほ ー そ い
こ し を し ーむれ ば
イ 。 た ん と な ー お
い と ー し

譜例3　痛物細（雲形本による）

1 2 3 4 5 6 7 8
いとものほ…そきお…んこし に
ー たちを…はきやーア お オ
い ーとらひょお（トリ）
をー ふむおーンあし に（片地）
イー わらぐ…つをめ されて ー
くぐ…ればが…さとなーアりそ ろ
オし ずがし ばンが き（片地）
イー ー え せエも ー の ー

譜例2　住吉（雲形本による）

1 2 3 4 5 6 7 8
こ こ わ
す み よ し イ の ー
おまえエで ご ー ざ る
いイざ や（トリ）
ひと び（トリ）
とー みやめぐりをは じめて ー
かみをーもオ（トリ）
す ずしめ の（トリ）
みゆ…まいら…しょおふ…なかた ー
ー ー まアつ（トリ）
ウの ひま よ（トリ）
オり うみずらアをみ イ れ ば
き り に（トリ）
まじ わ（トリ）
るあ…わじのオし（トリ）
まや…まこぎ…く（トリ）
るウ ふウねエ（トリ）
わ おもし…ろやふ…なかた ー

譜例4　鎌倉の上臈（雲形本による）

1 2 3 4 5 6 7 8
かまくウらのじょ おろお わ
ー すすだアけのつ ウめた に
ー おりもオののて エ おおい
ー うつのオみやが ア さアを
ー きりりイと め ーされ て
おりゃらしまアせ いあらしまアし
てか アさいわい さ アしま せ

譜例5　春雨（『小舞・小謡抜書』による）

1 2 3 4 5 6 7 8
は る さ め ー に イ
さすからか…さのえ…もりしイて
そでま…くりし て ー ー
そら…みてー…ひやお りゃ るろう
しょぼ…とぬれ…たもよ…オいも の
を かまいてほさいなよいひにも

ある（**資料3**）ので、拍子合であったことは疑う余地がない。興味深いことに、雲形本ではユリの入る「太刀をはき矢おひ」の下ノ句に「○―●―●―○」と一拍延びるような指示をしている（**資料2**）。ユリ風のゴマは付けていないが、実際には現在のように少し延ばして謡うことがあったのだろう。「宇治の晒」の「つったところが」にも「○―●―●―○」と記されており、そこで踏む足拍子の分だけ拍を延ばすような指示が見られる。実際には八拍子からはみ出す箇所があったのかもしれないが、それでも拍節を意識していたのは興味深い。

又三郎の謡に戻る。「住吉（又三郎家の譜本では「爰ハ住吉」）」では、雲形本とは六カ所[10]ほど廻シの位置や増シ節の有無が異なるが、「宮めぐりをはじめて」「御湯参らせう船かた」「淡路の島山」「面白や船かた」の傍線部分を三地謡で謡い、「御湯参らせう船かた」の「か」をユリ風に扱ったと考えれば、この八割譜にほぼ則っている。

「鎌倉」も、同じように三地謡で謡っている（**譜例4**）。ユリ風に扱っているのは「かまくウらのじょーおろおーわ」「すすたアけのつーうーめたーに」「おりもオののてーおーい」「ゐあらしまアして」「かアさいわいさーしまアせ」の傍線部分で、地拍子上、音を延ばしてもおかしくないところ、あるいは上ノ句と下ノ句の境に限られている。流儀は異なるが、文化財保護委員会が昭和二十五年度に収録した善竹弥五郎（一八八三〜一九六五）の謡[11]もこの拍子当たりに忠実で、モチを残しながら謡っているのが興味深い。

万蔵家はどうだろうか。「住吉」についてはビクターのレコード『狂言』に六世万蔵の録音が残っている。[12]「宮巡りを始めて」と「淡路の嶋やま」の二カ所にユリをつけ[13]、「すずしめの、御湯参らせう」「淡路の」を三地謡にしているが、それ以外は実に大きな間で拍をとり、一拍一拍を伸び縮みさせながら謡っている、と解釈すれば、ほぼこの八割譜通りになる。

雲形本に少し遅れて天保十年（一八三九）に山脇元業が書写した小舞謡の抜き書き本（『小舞・小謡抜書』と仮称）を

佐藤友彦が所蔵しているが[14]、六十曲ほど本狂言中の歌謡部分をあげたなかに「春雨」「十七八」「最愛《イトヲシ》若衆」が載っている。これも検討したい。

「春雨」では詞章の左横に朱で△や○をつけており、冒頭にヤ、「袖まくり」の前にヤアと謡い出しの間を指示している（**資料4**）。「かまひてほさいなよい日にも」の拍子当たりがわかりにくいが、**譜例5**に一応の八割譜を掲げておいた。先述したレコード『狂言』では九世三宅藤九郎（一九〇一～一九九〇）の謡を収録しているが、解説書には「近年復曲されたものである。サラリと謡われている。『柴垣』『お茶の水』などとは曲風がかなり違う。この曲が復曲されたものであるからかもしれない。音の伸縮が割合少なく、何となく拍子感を感じさせるが、明瞭ではない」と書かれている（執筆は小山弘志）。「近年復曲された」のがレコード発売時（一九六四年）よりどの程度遡るのかはっきりしないが、「何となく拍子感を感じ」るという解説書の文言と「ユリはつけてもつけなくてもよい」と

資料3

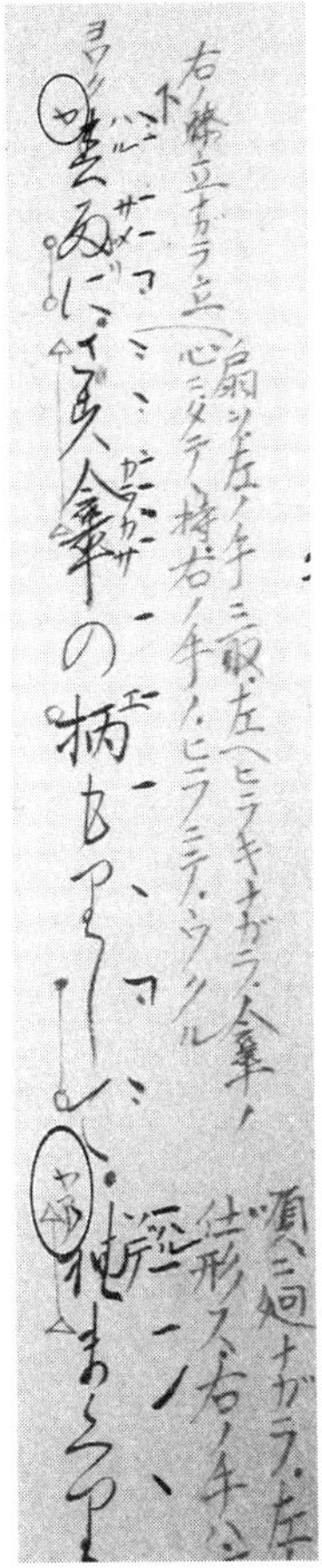

資料4

いう六世万蔵の言と照らし合わせると、狂言小歌本来の姿がうかびあがってくるようで興味深い。

「十七八」には△や○はないが、ヤ・ヤアなど謡い出しの間が書かれている。それに従って八割譜に割り付けると**譜例1**のようになり、先述した茂山家の謡にほぼ一致する。

「最愛若衆」には△や○がついている。この曲は詞章の末尾に「此小鼓頭（タイトルの下に「又小鼓頭トモ唱」と書かれている。筆者注）之小舞ハ謡ハ勿論拍子合方ヨクワキマヘタル者ノ業ト心得ベシ　此本地ト頭数ノ具合合場大事也此小舞不合点ノ狂言師ハ此道迚モ行ト〻カズ嘆息ス」と付書きがある。△や○のほかにアマダレ拍子と称して等間隔に朱点を付けているから、元業も拍子に合わせて謡う難しさを痛感していたのだろう。

△や○が付いているのはこの二曲だけである。雲形本に収められた小舞謡は基本的に『小舞・小謡抜書』には収録されていないので、補完しあう意図で編纂されたのだろう。

この伝書では奥書の前に「本書之内　津の国　忍其夜　貝尽　石河藤五郎　春雨　十七八　此六曲ハ小舞之部也」と書かれていて、このうち「津の国」と「忍其夜」の詞章の冒頭には「小歌」と書かれている。万蔵家では「春雨」と「十七八」を小歌としていたから、伝承が異なる点に注目したい。「津の国」では「しい持もせで」の傍線部分にユリのような記号が見られる（**資料5**）が、「中島に」の横には「走リ」のような傍線も引いてある。現在と同じく「なーかじまーに」と拍子に乗って謡え、という指示であろう。「忍其夜」にはユリの記載はなく、「太刀ははばひろし」にやはり走リのような傍線が見られる。現在、二曲とも拍子に乗って謡う。「石河藤五郎」は狂言ノリ、「貝尽」は大ノリ謡である。元業があげた小歌は基本的に拍子合だったのだ。これらの曲とは別に、「今神明」の冒頭にも「小歌ノ吟」と付記されている点を付け加えておく。

さて、『小舞・小謡抜書』とは別に、狂言共同社には『和泉流狂言六儀抜書　甲』『同　乙』[15]も伝来している。詳細

資料5

なゴマの記載から判断すると江戸後期の書写と思われるのだが、乙本の後半に収められた「住吉」「痛物細」「鎌倉の上臈」「十七八」にもヤア・ヤヲなど謡い出しの間が記されている。

こうして、万蔵が小歌とした六曲のうち、「薬師」以外の小歌はすべて拍子合の譜が確認できた。「薬師」は、山脇系の和泉流譜本には見あたらないが、近年安田信一が金沢市内で発見した小舞集『不許他見　狂言奥儀　并小舞』[16]には載っているから、金沢の和泉流だけに伝承された曲なのかもしれない。どの曲を小歌と認識するか、山脇系と万蔵家では相違が見られたが、歌唱法にも金沢特有の伝承が生まれていた可能性が考えられる。改めて『狂言の道』を読み直すと、万蔵は小歌を「拍子不合」で謡うと発言したわけではない。細かい吟の扱いがあるという言である。研究者の多い東京で活躍した万蔵の芸があまりに自在であったために研究者側が拍子不合と思いこんでしまっただけで、山脇系・万蔵家を問わず、和泉流の小舞謡は拍子不合ではなかったのではなかろうか。

雲形本巻二十には「能無シニ囃子斗リ有之間ニテ狂言装束着用相勤例公義ニモ近年有之事也　其内囃子ノ間ニテ会釈有之狂言ハ不整ノ式法也　…中略…　囃子之節ハ小舞又ハ語之類相勤候事狂言方ノ式法也」と書かれた箇所があり、能を舞わず囃子（舞囃子）だけの催しの折は狂言も小舞や語りですます例が多くなった由が記されている。そのために小舞も囃子入りで演奏するようになり、拍子当たりを記したのではないか、という説を田口和夫から伺ったことがある。たしかに、小舞謡に付した○や△には一部書き直しが見られ、元業が拍子当たりに呻吟した様子もうかがえる。しかし、もともと拍子不合であった謡に新たに拍子当たりを考案し、多用していたであろうユリを外して謡うよう、伝承を変更するのはかなり困難だと思われる。レコード解説ではないが、拍節を曖昧に感じさせる程度で謡われていたからこそ、それを元に拍子当たりを記すことができたのではないか。それも元々拍子合で謡われていたからこそ可能であった、と考えたい。

二　大蔵流の小歌

大蔵流では現在、「柴垣」と「住吉」の二曲を拍子不合の小歌としている。宝暦から文化年間の書写と推定される龍谷大学所蔵の『大蔵流狂言式目』(17)には、「柴垣」と「住吉」は《花子》を勤めた後でなければ勤めてはいけない、と書かれているから、和泉流より早い時期に拍子不合風な謡い方に移行していた可能性が考えられる。

山本東次郎家に「寛政七年（一七九五）／虎寛」と奥書と花押（**資料6**）のある和綴本『小舞謡　廿二番』(18)が伝存している。そこに「柴垣」と「住吉」が収められているが、「柴垣」の冒頭には「小歌」と記され、「おんこし|に」「矢を負|ひ」の傍線部に独特の記号がみえる。おそらくユリを示すものであろう（**資料7**）。「柴垣」でこの記号があるのは廻シ二つに挟まれた箇所である。廻シは生ミ字で音を下げる記号だから、「し《高》イ《低》に《高》イ《低》」と音高を上下させる謡をさらに細かくすることでユリに発展した可能性が考えられる。現在、茂山家・山本家ともこの二カ所でユリを謡っている。『小舞謡　廿二番』は雲形本のように拍子当

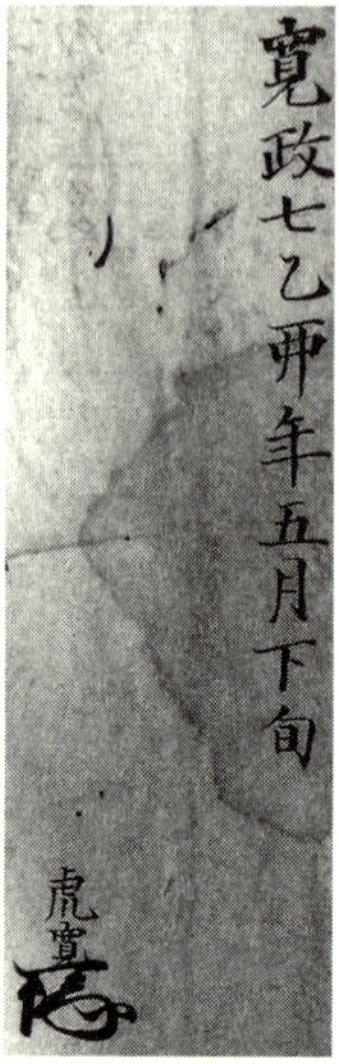

資料6

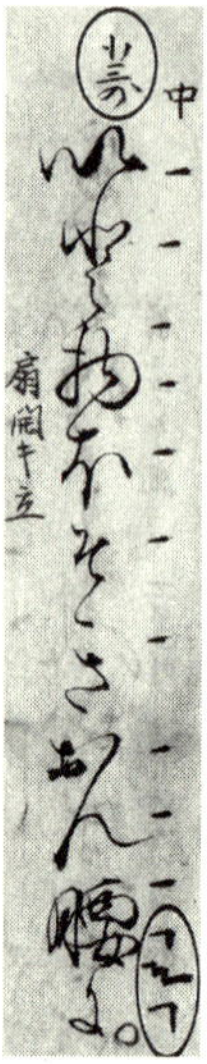
資料7

たりを記していないが、増シ節の位置が和泉流とは多少異なるものの、おおよそ雲形本の拍子当たりでまかなえる。ユリを謡う「おん腰に」と「負ひ」は地拍子上、大きく間を取って謡っても差し支えない箇所である。それ以外の句はスラスラ謡っているので、三地謡が定着して拍子不合と判断されるようになった、と考えたい。

この小舞謡本では「柴垣」以外にユリ風の記号がみられない。「住吉」にはこの記号がない上に、「小歌」の表記もない。引キは多いがユリを謡わないので「小歌」とみなさなかったのだろうか。「住吉」を伝承しているのは大蔵流では山本家のみだが、「柴垣」に見られるようなユリは謡わず、一字一字大きく間を取って引キや廻シを丁寧に謡っている。

このようにみてくると、今まで和泉流や大蔵流で拍子不合と言われてきた狂言小歌は拍子合に還元できそうである。鷺流については伝承が途絶えているので、もはや確認できないが、現時点ではユリらしきゴマのある小舞謡本は管見に入っていない[19]。

三　能の小歌

現時点で検証できたのは江戸時代中期、末期の譜本である。狂言小歌が本来拍子合だった、と証明するには江戸時代以前の譜本によらなければならないが、狂言台本の成立が江戸時代以降であることを考えるとそれは不可能である。古い時代の資料に代わるものとして、江戸時代初期に作られた一調「竜田川辺」を挙げておく。

この曲に関しては、四代目の大倉流小鼓大倉長右衛門宣安が家光に鼓の手付けを命じられたというエピソードが『能楽全書』第七巻[20]に載っているが、『四座役者目録』には別の伝承がある。「近代素人芸者」にあげられた「山本雅楽《ウタ》」の項に「大坂ニ居ル。立田河辺ノ小歌ノ鼓ノ作人也。常、鼓悪シ。」と記されているのだ。また、幸清五郎、後の小左衛門月閑の項目に、「ヲヤヨリ、おはらき鼓、立田河辺の小歌の鼓ナドヲヲモテト打」ともあって、幸流の江戸初期の伝書には、「小原木」「立田川辺」「いとし若衆」の譜が載っている。(21) 伊達文庫蔵の「古之御能組」には、承応二年（一六五三）七月十日の催しで「立田川辺」の一調を長右衛門が打ったという記録が残っている。(22) 作者が長右衛門なのか山本雅楽なのか今ひとつ釈然としないのだが、作調直後に演奏もされたことがわかる。家光が風流踊りを愛好していたことは夙に知られており、能の囃子方が踊りを囃すことも珍しくなかったので、その流れの中でこうした一調も新たに作られたのだろう。鼓をあわせようというのだから、この小歌が拍子合だった可能性は高い。

法政大学鴻山文庫蔵の『番外曲舞・語り七十一番』(23)に、「竜田川辺」（**資料8**）と「小原木」の詳細な節付ケが載っている。詞章の左側に間拍子の記載があり、「竜田川辺」は冒頭の二句がヤアの間、その後はヤの間謡い出しとなっている。詞章の句頭右側に「コ」と書かれているのは、「コイ合」を打てという指示であろう。「コイ合」は「三地」と異名同形のリズムパタンである。それをあてて行くと、七～八文字で八拍子一句に相当させていることがわかる。第二句の冒頭には「片」、つまり「片地」の表記があるから、それらを考慮して八割譜に割り付けると**譜例6**のようになる。一字一拍を基準とするノリで、《放下僧》の小歌と同じである。

『番外曲舞・語り七十一番』には番外曲《小林》（**資料9**）と《広元》（**資料10**）の小歌部分の節付ケも載っているので、あわせて検討してみよう。ゴマの左側に△と○を付して地拍子を示しており、これを参考に八割譜に割り付けると**譜例7**・**譜例8**のようになる。《小林》は明徳の乱をモデルにした能で、瞽女が小林の戦話をする、という設定で小歌を謡うが、片地が多いところは《放下僧》に酷似している。《小林》には室町時代の写本が残ってい

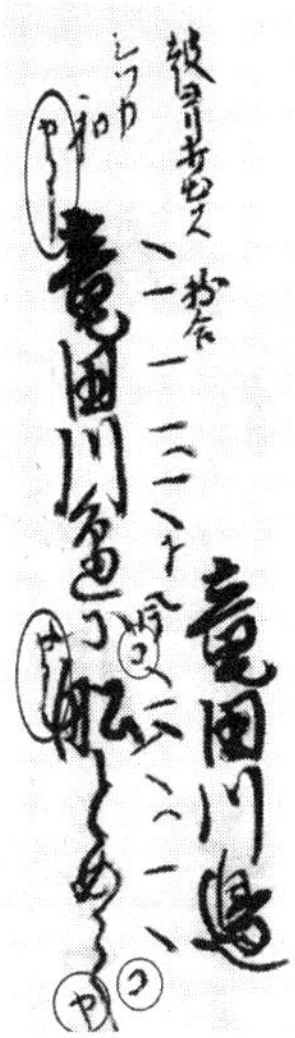

資料8

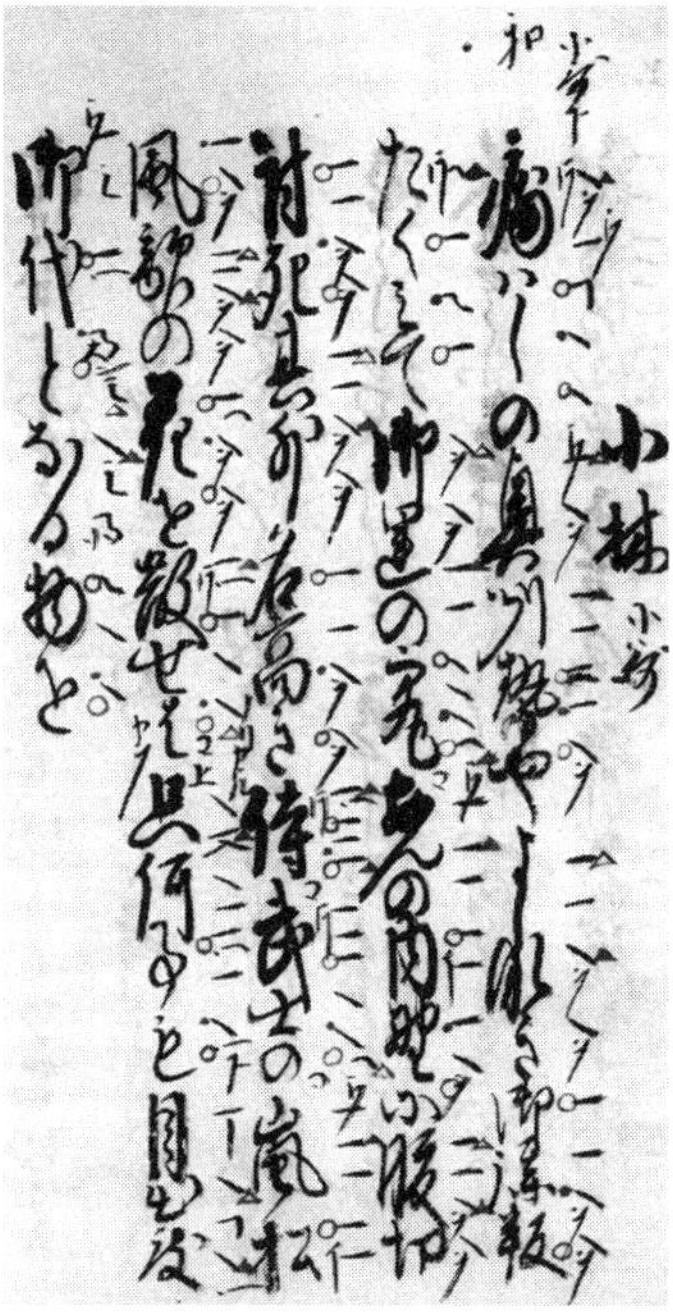

資料9

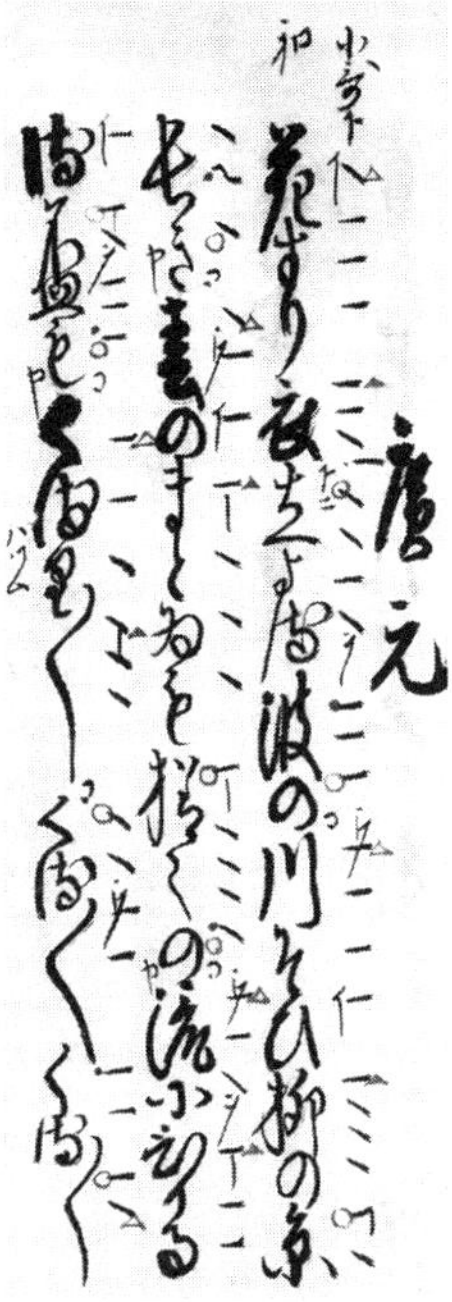

資料10

るが、盛親本番外謡は小歌の冒頭に「放歌僧同事」と記しており、江戸初期の時点でも拍子合だったことは確実である。

《広元》は、『証如上人日記』に天文十二年（一五四三）観世が所演した記録が残っている。安原豊後守にとらえられた津軽広元を救うため、獄中に送り込まれた白拍子が所望により小歌を謡う、という設定である。《小林》とは拍子当たりが異なるようにみえるが、△と△の間、△と○の間などに細かく△や○を補足すると「はなすりこーろもたちよるなみのー。」と一字一拍の当たりになる。「くるりくるり」とくり返す歌詞がおもしろい。江戸初期に流行した三味線組歌の「琉球組」第四歌は「険しき山の、つづら折りの、彼方へ廻り、こなたへ廻り、ソレくるりくるくるくると、したる心はンお

譜例6　竜田川辺

1 2 3 4 5 6 7 8
　たつたかわべに
ーふねとめて（片地）
おばなかちじとおらばー
ひーがくれエまちそうよ
とりがなくとままよのう
よまちのオとのごと
ねたたるよのうれしさわ
さてとりもかねもいとわじー

譜例8　広元

1 2 3 4 5 6 7 8
はなすりこ…ろもたちよるなみの。
かわそいやなぎのいイとながアき。
は…るのまといもさまざまのー
りゅ…うにひかるるさかずきもー
く…るりくるり。くるくるくるく
るーくウーるくるくる
ウくるりくるりくるくるくると
ンめくるもおオそきはアるのひイの
くも…らぬみイよぞめエでたきー

譜例7　小林　小歌

1 2 3 4 5 6 7 8
　いたわアしの
おうしゅうぜーいや
よしなきごむほん
たアくーみて（片地）
ごうんのきわまり
あんのうちのに
はらきりうちじに
そのほかなたかき
さーむーらい（片地）
ものーふの（片地）
あらしまつかぜ
かたきのはーなを
ちーらせばー（片地）
ただなにごーとも
めでたアきみよーとン
なるンもーのを

もしろや」という歌詞だが、こうした言語感覚は、「身はさらさらさら、さらに寝られね」と謡う《花月》の「小歌」にも近い。くり返しのおもしろさは「さよ、さよ、小夜更け方の夜」「来る来る来るとは、枕こそしれ」など、『閑吟集』の他の歌にもみられるから、中世から近世初頭にかけて流行した小歌の特徴のひとつとみてよいのだろう。

《花月》の小歌も、現在は拍子合で謡う。しかし、「さ〜〜〜〜〜らさ〜らさ〜ら」など極端に延ばすフシがあることから、かつては「柴垣」のように拍子不合で謡われていたのではないか、と言われてきた。その説に対して、かつては現在よりもさらに拍子合だった、という説を藤田隆則が示した。(24) 妙庵玄又手沢五番綴本に付された地拍子を読み解いて、「こしかたよりイ、いまのよまでも、たえせぬもーのわ」と一字一拍の当たりに還元し、「さ〜〜らさ〜ら」の部分も「□さーらさらさら」と還元できること、「□こいといーえるくーせものー」「げーーにこーいわくーせものー」など近古式地拍子の句を含む点でも狂言小歌に酷似していると確認したのである。

《放下僧》の小歌を筆頭として、《花月》《小林》《広元》「竜田川辺」と廃絶曲まで含めると、能の小歌が江戸初期の時点ですべて一字一拍を基準とする狂言ノリに基づくことになった。江戸時代の初め、同じ「小歌」という名称を用いながら、狂言だけが拍子不合で謡っていた、と考える方がかえって不自然ではないだろうか。

四　拍子合からの変貌

拍子合だった小歌が拍子不合風に変容するキッカケについては推測するしかないのだが、ヒントにしたいのが、SPレコードに吹き込まれた二十三世観世清廉（一八六七〜一九一二）の《放下僧》の「小歌」である（米コロンビア二三四七）。清廉の謡を聴くと、「おもしイろのー花の都や」と一字を一拍にあてるノリが、実に自在でおもしろい。上音に上行するところや増シ節のあるところはかなりたっぷり間をとってフシを聞かせ、中音・下音が続くところはスッスッと進む。SPレコードでは片面三分弱しか収録できないのでテンポが速くなるのはいたしかたないが、ノリまで変える必要はない。このように自在に謡うこともあった、と考えるべきであろう。

そもそも一字一拍で進む謡はノリが単調になりがちでおもしろみが少ない。あるところはスピーディに、別のところはたっぷり間を取って謡うことでリズムにメリハリができる。清廉の謡は、このように謡われたら鼓は打てないだろう、と思うほど自在である。能の場合は囃子という大きな制約があるので清廉のように謡えないが、鼓の入らない狂言謡は、拍を意識して謡う必要がない。間を大きくとっても支障のないところにはユリをたっぷり入れ、それ以外の句はモチをなくしてスラスラ謡う、といった工夫を重ねながら拍子不合に見まごう情感豊かな謡に変容していった、と推測したい。

おわりに

狂言小歌が拍子合だったとすると、小歌で謡い綴る《花子》や《御茶の水》の謡はどうだったのか、という問題が生じてくる。本格的な検討は別の機会に譲ることとし、ここでは簡単に触れることにしよう。

まず和泉流だが、雲形本の巻八に《水汲新発意（大蔵流の《御茶の水》）》、巻九に《金岡》《枕物狂》など小歌を多用する作品が載っており、その小歌にはユリのようなゴマがみえる。巻二十に掲載された小舞謡にはこのようなゴマは付いていなかったが、本狂言ではユリを謡っていたのだろう。たとえば《水汲新発意》では「手にやどる」に多くのゴマを付けている（**資料11**）。万蔵家は現在「やどる」でユリを謡っているが、その後の「地主の桜」でも同じようにユリを謡っているのに、雲形本にはその記載がない。時代とともに次第にユリが増えた可能性があるのではないだろうか。たとえば、又三郎家は現在でも万蔵家ほどユリをつけずに謡っている。六世万蔵が謡を洗練させた結果、ユリがさらに華やかになったのであって、それは和泉流本来の謡い方ではなかった可能性も考えられよう。雲形本の《金岡》では、「清水の」の冒頭に「小歌ノル」と書かれているのが興味深い（**資料12**）。元禄六年（一六九三）以前の成立とされる和泉家古本『抜書』[25]でも同じ箇所に「小歌ノル」と記しているので、元禄の時点でノル

資料11

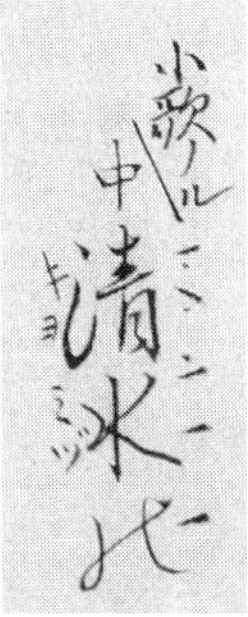
資料12

資料13

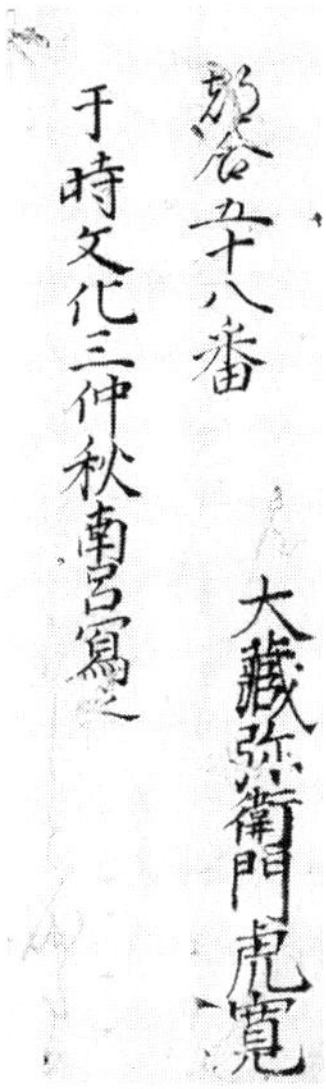

資料14

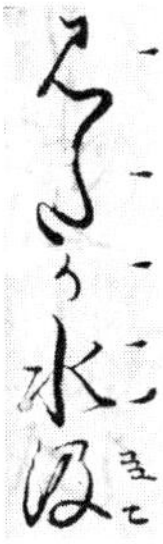
資料15

小歌とノラヌ小歌に分かれていたのかもしれないが、なぜこの小歌だけが「ノル」と書かれたのか、理由は不明である。ちなみに和泉家古本『抜書』では《若菜》に、また天理本『抜書』では《石神》にユリ風のゴマがみえる（**資料13**）。

大蔵流では、山本家に「于時文化三仲秋南呂写之」と奥書のある虎寛筆の『謡抜書本（仮題）』が伝存している。外題・内題等のない写本で、本文は虎寛の自筆だが、奥書の署名は別筆で、花押がない（**資料14**[26]）。虎寛の没年は文化二年（一八〇五）とされているので、とりあえず文化二年以前の成立と考えておくが、そのなかに《御茶の水》や《枕物狂》の小歌が載っており、そこには「柴垣」とほぼ同形のユリ風のゴマが見られる（**資料15**）。このゴマのある箇所では現在でも茂山家・山本家ともユリを謡っているが、そうした唱法はこの時代にはすでに行われていたのである。虎明本でも《花子》などにユリ風のゴマはみえる。江戸時代初期の時点で、本狂言ではユリを謡っていたのかもしれない。

狂言小歌が拍子合で謡われていたと結論づけると、《昆布売》や《呼声》で小歌節と対照される踊り節との差異はどこにあるのか、という問題が発生する。「昆布召せ昆布召せお昆布召せ」という昆布売りの口上を、平家節、小歌節、踊り節（和泉流では謡い節・浄瑠璃節も）と音曲を変えて唱える趣向は音曲のリズムやフシが違ってこそおもしろいのだが、小歌節が拍子合であったとすると、違いは踊りの振りが付くか付かぬか、という点に絞られる。違いを明確にする意図で、本狂言のなかでは小歌が拍節感を出さずに謡うよう変わっていったのかもしれないが、それは推測の域を出ない。

また少々飛躍するが、観阿弥が曲舞を摂取する以前の大和猿楽のイメージも変わる可能性がある。『音曲口伝』によれば、曲舞導入以前の只謡は「声が体を持ちて、拍子をば用に添へた」音曲だった、と書かれている。「拍子が体を持つ」曲舞と対比しているのだから、只謡、すなわち小歌節は拍子不合でユリを多用した狂言の小歌のような歌か、と推測されていた。その狂言小歌が拍子合だったとすると、曲舞導入以前の大和音曲も拍子合だった可能性が高くなる。そのつもりで読み直すと、『音曲口伝』では只謡に拍子がないと言っているわけではない。拍子はあるけれども、それに拘泥せず、あるときは拍子を意識してリズミカルに、あるときは拍子を気にせずたっぷり間をとって謡える歌、メロディ本位とはそうした歌謡だったのではなかろうか。イメージとして浮かぶのは清廉の謡である。

今回の仮説に基づくことで、これまで定説とされてきたこうした事柄を再考しなければならなくなったが、それについては、別の機会に考察することとしたい。

本稿を記すにあたって、山本東次郎師、佐藤友彦師、名古屋市立博物館、安田信一氏には、資料の閲覧について便宜を図っていただいた。末筆ながら記して深謝申し上げる。

注

(1) 横道萬里雄『謡リズムの構造と実技』(二〇〇二年　檜書店)。

(2)『桜間弓川謡曲集　野村万蔵狂言謡集』(ビクター)。

(3) 野村万蔵『野村万蔵著作集』(一九八二年　五月書房)。

(4)『狂言辞典』(一九七六年　東京堂出版)、『音楽大事典』(一九八二年　平凡社)など。

(5) 東京国立文化財研究所芸能部で一九九六年二月に行った茂山千之丞の録音資料による(現在は無形文化遺産部所蔵)。

(6) 東京国立文化財研究所芸能部で一九六四年四月に行った録音資料による(現在は無形文化遺産部所蔵)。

(7) 東京国立文化財研究所芸能部が行った録音資料による(収録年月日不明　現在は無形文化遺産部所蔵)。

(8) 二三七×一七二ミリの袋綴写本で、鳥の子紙の表紙に薄青色の雲形模様があることから雲形本と通称されている。現在狂言共同社所蔵。名古屋市立博物館寄託。

(9) 東京文化財研究所蔵。一五六×二三二ミリの袋綴本で五十一丁。四十番の小舞謡を収める。奥書はないが、同筆の『六儀』二冊などと一緒に帙に収められ、一曲ずつ台本を記した仮綴本には大正から昭和初期にかけての元号と野村又三郎信英の署名が見られる。なお、信英を十世とする伝承もある。

(10) 廻シの位置が異なるのが「ここはすみよし」で、雲形本では傍線部にある廻シが又三郎家の譜本では「ここはすみよし」となっている。また「はじめて」「ふなかた」「見れば」(以上、雲形本)」の傍線部が又三郎家では廻シやフリになっており、「うみづらを」の廻シが又三郎家では平ゴマになっている。

(11) 大蔵流では独立した小舞ではなく、狂言《比丘貞》の中で舞う。

(12)『狂言』(一九六四年　ビクター)。

(13)「住吉」に限ったことではないが、万蔵が「ユリは謡っても謡わなくてもかまわない」と発言したことがあると、小林責が二〇〇九年楽劇学会大会での本論発表時に発言している。

(14)一五〇×二二五ミリの袋綴本で七十丁。題箋が薄れて書名が読めず、佐藤友彦は「小舞・小謡抜書」と仮称している（「狂言共同社蔵『秘伝聞書』翻刻二」〔『名古屋芸能文化』第九号　一九九九年〕の解題による）。佐藤によると、十六世山脇元清が明治に上京した折も手放さなかった書で、後年、井上礼之助が十八世元康から一括して引き取った中に含まれていた伝書という。六十曲の小舞謡を収めるが、五十七曲目の「齢」のあとに「語之心得」、次の「赤は酒」のあとに雑書、「最愛若衆」のあとに「狂言神楽後段拍子再治定之和　藤田流真ノ吹方ノ積ノ事」「寝音曲業入ト唱勤形之伝」を記したあと、「天保十年巳亥五月吉祥日　元業　花押」と奥書と花押がある。奥書の後もさらに「寝音曲之狂言ニ謡舞心得」「小謡当時撰専用ル部」「同狂言柄ニヨリ用ル部」「同寝音曲ニ用ウベキ強吟ノ部」「鞍馬参之狂言短ク勤シ例」など記している。残りの遊び紙だったところに元清が「住吉」「柳ノ下」「今宵ノ月」「海道下り」「影清《ママ》」の型付けなどを記している。これを書写したとされる法政大学能楽研究所所蔵の『和泉流六儀抜抄』は旧斑山文庫蔵で、高野辰之自身の書写か、と同研究所『解題目録』に記されているが、小舞謡をまとめて記したあとに「語りの心得」等を載せ、注記に関しては一部省略している。元清筆の謡は書写していない。両者に収められた小舞は「弓矢・筒竹筒・鴈雁金・勝栗・松楪・恵比須・大黒・毘沙門連歌・大黒連歌・福神・松脂・三人長者・餅酒・三人夫・鶏聟・孫聟・宗論・名取川・水汲・若菜・法師母・田植・塗師・楽阿弥・祐善・蛸・野老・木実論・津の国・忍其夜・訥・合柿・花盗人・御冷・鐘之音・栗焼・松拍子・双六・蟬・今神明・樋の酒・庵の梅・蜘盗人・鬼丸・末社・山の神・鱗・花・貝尽・鮒・桃仁・河水・石河藤五郎・春雨・十七八・猿子を・齢・赤ハ酒・虎送・最愛若衆」。

(15)井上礼之助旧蔵。甲には本狂言一〇三番中の謡、乙には小舞謡を中心とした一〇五曲を収める。佐藤友彦は、三世以降の歴代宗家の筆跡ではないことから、それ以前の伝来か弟子家の佐々藤左衛門家系統の伝書ではないかと推測している。閲覧は、佐藤所蔵のコピーによる。

(16)金沢出自で和泉流狂言師だった藤江又喜（一八七一～一九二八）の弟子、絹川豊旧蔵の一連の譜本。「和泉流狂言名寄一覧」と張り紙した箱に収められた中の一書で、半紙型本。『不許他見　狂言奥儀　并小舞』の後半、「小舞之部」に「薬師」が収められている。曲のタイトルが山脇系とは異なり、「細布」「柴垣」「小鼓」など、現在の万蔵家と同じものが多い。前半の「竹雪」の項に「明和九年辰五月九日　禁裏御用之御能之節」とあるので、小舞集もその時期の可能性が考えられる。目次に「高弥」印があるという。以上の情報は安田信一作成の目録、及び平成十八年八月に行われた芸能史研究会定例研究会での田口和夫の発表資料による。

(17) 『日本庶民文化史料集成』第四巻（一九七五年　三一書房）所収の翻刻と解題による。

(18) 山本東次郎家蔵。一七二×二四五ミリ。表紙・裏表紙を含めて十三丁。所収曲は「雁かりがね・餅酒・三人夫・松楪・土車・雪山・泰山府君・道明寺・海人・鵜飼・景清・放下僧・七つになる子・宇治のさらし・十七八・暁の明星・さかづき・桑の弓・住吉・柴垣・府中・いたいけしたるもの」。

(19) 『鷺定経相伝鷺流伝書』（法政大学能楽研究所蔵　天保三年奥書）に「住吉」「鎌倉の上臈」「十七八」「春雨」「柴垣」の詳細な節付ケが載っている。また早稲田大学演劇博物館蔵の『小舞秘書』には「爰は住吉」「春雨」「糸物」が載っているが、「爰は住吉」では、「住吉」「宮めぐり」「舟方」の三カ所に走リが見られる。

(20) 大倉六蔵「小鼓の一調のはなし」（綜合新訂版『能楽全書』第七巻（一九七九年　東京創元社））による。

(21) 早稲田大学演劇博物館蔵『幸流小鼓之習并口伝之事』など。『早稲田大学演劇博物館所蔵目録　特別資料目録　五』（一九九七年）によると、貞享二年（一六八五）の写しと推測されている。

(22) 「江戸初期能番組七種（その三）」（『能楽研究』第二十四号　二〇〇〇年）による。

(23) 表章『鴻山文庫本の研究』（一九六五年　わんや書店）では、「菊之露」に「享保二年」とあることから享保以後の写本、また詳細な観世流の節付ケがあることから江戸末期の写本と判断している。

(24) 藤田隆則「小歌がかりの拍節法」（『能と狂言』四　二〇〇六年　能楽学会）。

(25) 三世山脇元信の手になる写本。池田廣司『古狂言　台本の発達に関しての書誌的研究』（一九六七年　風間書房）に収められた複製による。

(26) 一六七×二三七ミリの袋綴本。六十七丁。本狂言中の歌謡を抜き出した写本。所収曲は「恵比須毘沙門・恵比須

大黒・大黒連歌・連歌毘沙門・福の神・雁かりがね・餅酒・三人夫・松楪・鶏聟・音曲聟・人馬・栗焼・鐘の音・吃・松脂・靫猿・秀句傘・鶏流・柑子・棒縛・附子・千切木・瓜盗人・伊文字・子盗人・連歌盗人・磁石・合柿・文山立・八句連歌・宗論・名取川・悪坊・悪太郎・御茶の水・井礑・不聞座頭・朝比奈・八尾・節分・政頼・禰宜山伏・蟹山伏・梟・腰祈・枕物狂・老武者・髭櫓・若市・比丘貞・法師母・通円・楽阿弥・祐善・塗師」。

参考資料クレジット

資料1　「住吉」雲形本（狂言共同社蔵）
資料2　「痛物細」雲形本（狂言共同社蔵）
資料3　「いともの細き」『和泉流小舞集』（東京文化財研究所蔵）
資料4　「春雨」『小舞・小謡抜書（仮称）』（佐藤友彦蔵）
資料5　「忍其夜」『小舞・小謡抜書（仮称）』（佐藤友彦蔵）
資料6　奥書と花押『小舞謡　廿二番』（山本東次郎家蔵）
資料7　「柴垣」『小舞謡　廿二番』（山本東次郎家蔵）
資料8　「竜田川辺」『番外曲舞・語り七十一番』（法政大学鴻山文庫蔵）
資料9　《小林》小歌『番外曲舞・語り七十一番』（法政大学鴻山文庫蔵）
資料10　《広元》『番外曲舞・語り七十一番』（法政大学鴻山文庫蔵）
資料11　《水汲新発意》雲形本（狂言共同社蔵）
資料12　《金岡》雲形本（狂言共同社蔵）
資料13　《石神》天理本『抜書』（天理図書館善本叢書『狂言六義抜書』〈八木書店〉より転載）
資料14　奥書『謡抜書本（仮称）』（山本東次郎家蔵）
資料15　《御茶の水》『謡抜書本（仮称）』（山本東次郎家蔵）

第二節　独吟一管「海道下り」の伝承再考

はじめに

「海道下り」は『閑吟集』に載る室町時代の流行歌謡である。狂言に摂取される一方で寛文四年（一六六四）に板行された箏・三味線・一節切《ひとよぎり》の手習い本『糸竹初心集《しちくしょしんしゅう》』[1]にも収められ、初期歌舞伎の女形右近源左衛門が当り芸とするなど、室町時代から江戸初期まで長く人々に愛好されてきた。『糸竹初心集』の旋律は林謙三による復元が『日本古歌謡の復原』[2]と題したレコードに収められているが、現在狂言で謡う「海道下り」とは似て非なるフシなので、狂言が摂取したのは歌詞だけでフシは狂言独自のものに替えた、と言われてきた。

ところが一九八九年、筆者は独吟一管用の狂言歌謡「海道下り」譜を早稲田大学演劇博物館で発見した（以下、独吟一管譜と称する）。通常とは体裁の大きく異なる譜であったが、これを『糸竹初心集』の「海道下り」譜と比較したところ両者の音楽構造が一致し、音の動きもほぼ同じであることが判明した。狂言は、近世歌謡と同じフシを謡っていたのである。詳細は「独吟一管『海道下り』譜をめぐって」[3]と題して発表した（以下、前稿と称する）が、その時点では現行の狂言謡まで考察が及ばなかった。今回改めて各流各家に伝承される「海道下り」を分析し、独吟一管の伝承がどこまで現行の謡に反映しているか検討してみようと思う。二十年前の研究の続編、後始末の論である。

一　独吟一管の伝承

狂言の「海道下り」には、独吟一管という伝承があった。

カイタウクタリ調子ハ、笛ハ何ニテ吹候哉と人御尋時、笛ハ平調、尺八ハ盤渉キリノ尺八トテ、常ノヨリ少ミチカキ尺八御さ候。此ミチカキ尺八ノツ、音、盤渉ニテ候。此尺八ノ双調ニテノカイタウクタリト、笛ノ平調ノ調子ノカイタウクタリト、イキ相候。

これは江戸初期頃の笛伝書『矢野一宇聞書』[4]の記述だが、能管の伴奏で「海道下り」を謡う、という内容である。室町時代の流行歌は一節切という小型の尺八に合わせて歌っていたが、それを能管で代用したわけである。慶長十六年（一六一一）の奥書を持つ由良家旧蔵の『笛秘伝書』[5]には、

かい道下の笛うたひ手と云合てうたい手の調子次第に其調子に吹物也

とあって、謡のフシをなぞって吹く形だったこともうかがえる。『矢野一宇聞書』には、松囃子の折に「海道下り」を吹いたという記事も載っている。

松拍子ノ時、カイタウクタリヲ吹。其時、左笛・左鼓・太コ・尺八吹、此衆何も両人ツ、ニテ、右左ノ吹テ・役者、ソレモ二人ツ、アリ。松拍子ノ笛ト云事アル由。…後略

実際、松囃子の折に演奏した記録も『証如上人日記』天文十年（一五四一）正月十二日の条に残っている。

松囃者午刻已然始之。於寝殿之四本懸内、舞台敷之。七番有之。仍史公、右近、夕顔、紅葉狩、左衣、海道下、賀茂。其後春一大夫ニ能させ候。羽衣、芦刈、岩船、三番にて立候。又乞能分雪葛木、高砂此分也。

小林英一はこの「海道下り」を曲舞謡と判断したが、(6)『矢野一宇聞書』の記述とあわせると狂言謡の可能性も考えられる。江戸時代の演奏記録は『代々勤書之覚』(7)にある。

寛延三年午年九月江戸表ニおいて源明様御慰御用之節、海道下独吟一管被仰付笛三村七兵衛と立合相勤申候。於御家海道下独吟一管被仰付候儀ハ此節始而ニ御座候。其後又於尾州宝暦三酉年被仰付奥御舞台ニ而相勤申候

十二世山脇元喬の代に和泉流として初演したという記録である。江戸初期以降寛延三年（一七五〇）まで退転していた、ということだろうか。相手を勤めた三村七兵衛は、宝暦十年（一七六〇）に刊行された『改訂能之訓蒙図彙』の「京都部　平岩流」に「尾州　三村惣八」とある惣八本人か係累であろう。法政大学鴻山文庫の『小舞秘書　全』(8)に「平岩流の笛に海道下ト云テ有之其笙歌也」と書き込みがあるが、まさに平岩流で上演したわけである。

実際の上演の様子は、雲形本の巻二十に載る「海道下独吟一管之伝」でうかがうことができる。

狂言方先へ出　少シ上ノ方ニ隅カケ座ツキ扇ヌキ膝脇ニ置見合居ル　次ニ笛方出真中ニ座ツキ笛取出シカマエ能程見合　扇取持狂言方ヨリ謡カヽリ也　笛ハ〽見わたせばヨリ吹也　謡ハ〽面白の海道下りやヨリ謡也　併笛方トノ申談ニテ〽見わた(ママ)ばヨリ謡カヽリ例モアレトモ成ベクハ始ヨリ謡カヽリタシ　謡方ハ少シヅヽ替ル所アレバ申談具合ヨク勤ベシ　謡方長短ノ儀ハ本地ニ合様ニ初中後謡事也ト答フベシ　調子ハ至テ高キ物ト心得ベシ　是等口伝　此伝平岩流ノ笛ニアリ　右方ニテハ謡方モ笛方ノ者勤ル例モアル也　右勤ル時ハ笛方ト能申談ベシ　尤此勤メ方弟子トモヘハ伝ズ

笛と合わせるときは狂言の謡い方やフシが変わること、それゆえよく申し合わせをして謡と合うように演奏しろと注意している。

「海道下り」を重く扱うのは和泉流に限らなかった。龍谷大学図書館蔵の『大蔵流狂言式目』では習い物をあげた一番最後に、

一管　海道下り　右重キ習有之ニ付　独吟諷候事堅無用之事

と記している。笛と合奏するのでなければ独吟を禁じた内容である。

二　『糸竹初心集』と独吟一管譜に見る「海道下り」の音楽構造

こうした伝承を彷彿とさせる合奏譜、すなわち独吟一管譜[9]が早稲田大学演劇博物館と一噌流宗家に残されていた。独吟一管譜と『糸竹初心集』所収の「海道下り」のフシがほぼ一致することは前稿に記したので、ここでは音楽構造を再確認しておく。

資料1にあげたのは『糸竹初心集』所載の一節切譜である。詞章の右横にあるカタカナは笛の運指で、これをたどればおのずとフシが浮かび上がる。その結果、この譜は三つの旋律型で構成されていることが判明した。「おもおしいいろの」、「かもかあハあしらかハ」、「せきやあまあさんりを」をA、「かいとくたりやあ」と「うゝちハあたり」「おもふひとにはあゝ」「うゝちすうきてゐゝ」をB、「なにとかたあるとつうきいせし」、「しのみやあかハあらやあじうせゐんじ」、「ひとまつうもをとにつうくうとの」をCとすると、Aにはすべて「エエヤリヤエウウ」、Bには「ホウエウウホウホフ」、Cには「ヒ上リヒリ〜」と譜字が付いていた。『糸竹初心集』は途中まで

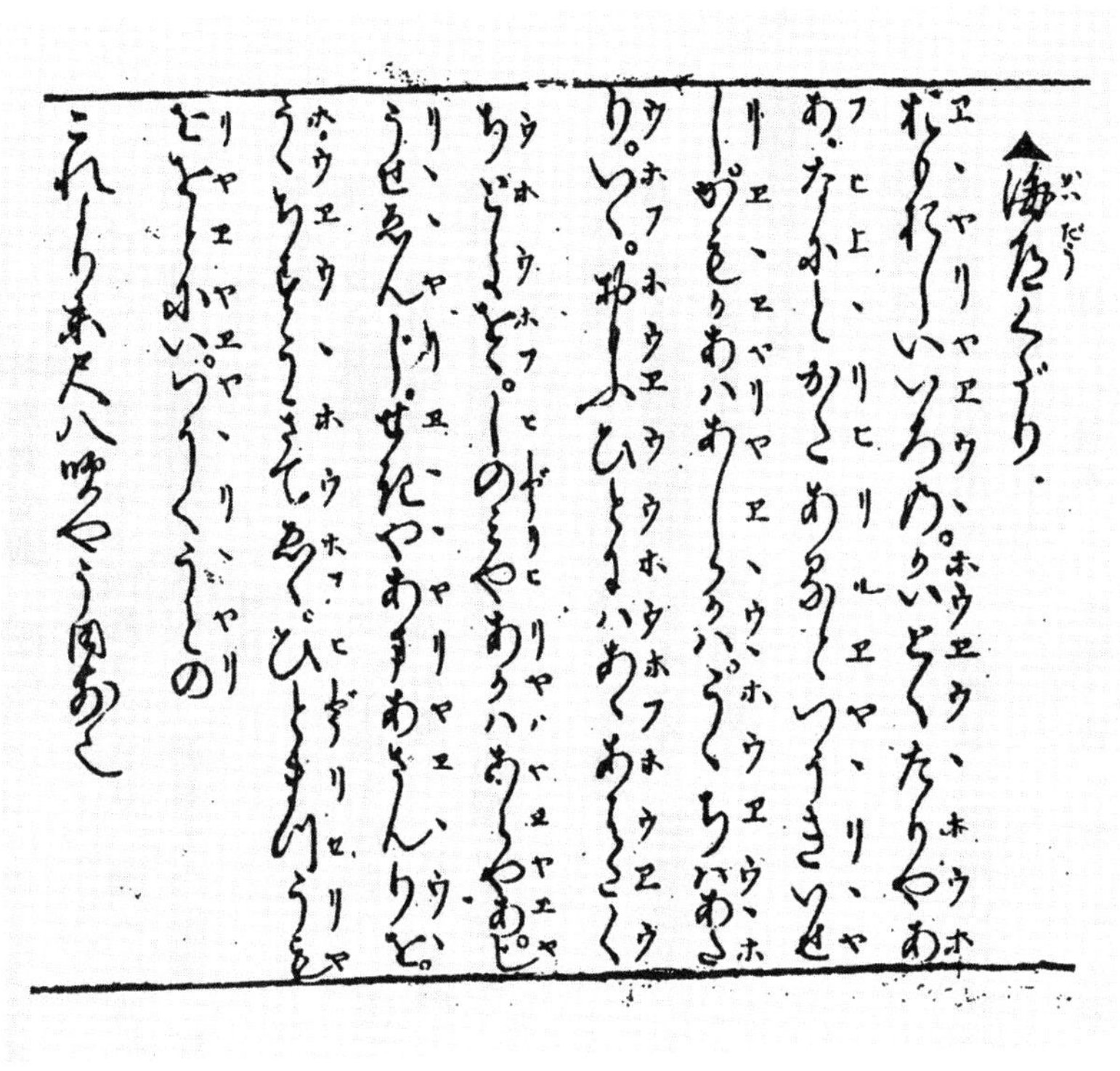

資料１　『糸竹初心集』上　一節切吹様　（勉誠社『日本歌謡研究資料集成』より転載）

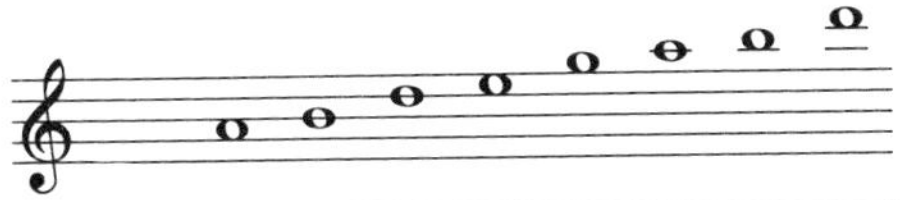

指孔	5(裏)	●	●	●	●	●	○	○	○
	4	●	●	●	●	○	●	○	●
	3	●	●	●	○	○	○	●	●
	2	●	●	○	○	○	○	●	○
	1	●	○	○	○	○	○	●	○
譜　字		フ	ホ	ウ	エ	ヤ	リ	ヒ	上
十二律		黄鐘	盤渉	壱越	平調	双調	黄鐘	盤渉	壱越

参考　一節切の音律・指法・譜字

しか記載がないが、「これより末尺八吹やう同前也」と記述があるからこの曲はＡＢＣ、三つの旋律型の組み合わせで終始していることが明らかである。

独吟一管譜（**資料2**）は、詞章の右横に謡のゴマ、左横に能管の譜字を記しているが、一噌流の伝書なので一噌流の座付であった宝生流の記譜法によっている。「瀬田の長橋」となっているので大蔵流の伝承であろうか。譜字はたいへん細かい。狂言謡に笛が入ることはまずない上、この曲では謡一音一音のピッチをあわせて吹くため通常と違う運指をしなければならず、各指孔の開閉については譜字に黒点を付して細かく記している。ゴマと譜字を検討した結果、冒頭の「面白の海道下りや」は狂言風の旋律に変化しているが、二行目以降では、「加茂川白川」と「関山三里を」、「打渡り」と「思ふ人には」「粟田口とよ」「打過て」、「四乃宮河原や中仙寺」と「人松本に着との」等々がそれぞれ同じ節付ケであると判明した。「加茂川白川」の旋律型をＸ、「打渡り」をＹ、「四乃宮河原や中仙寺」をＺとしたが、『糸竹初心集』の「海道下り」と同じように三つの旋律型が抽出できたのである。

各々旋律型が抽出できただけでなく、一節切譜のＡには独吟一管譜のＸが、ＢにはＹが、ＣにはＺがほぼ対応していた。その関係をまとめたのが**資料3**である。『糸竹初心集』は途中までしか記載がないが、東京芸術大学付属図書館が所蔵する『宗佐流尺八秘伝集』[10]には「海道下り」が最後まで記されていた。ＰＱＲとしたのはそこから抽出した旋律型だが、『宗佐流尺八秘伝集』のおかげで最後まで独吟一管譜と一節切譜の構造がほとんど一致することが確認できたことはありがたい（定型からはずれる旋律は「?」とした）。

つまり、独吟一管譜の「海道下り」は近世初頭に流行した歌謡の構造をすっかり伝えていたのである。

実際の旋律も、復元してみると近世歌謡に近いものがうかびあがってきた。ここでは前稿で指摘しなかった類似点について補足しておく。

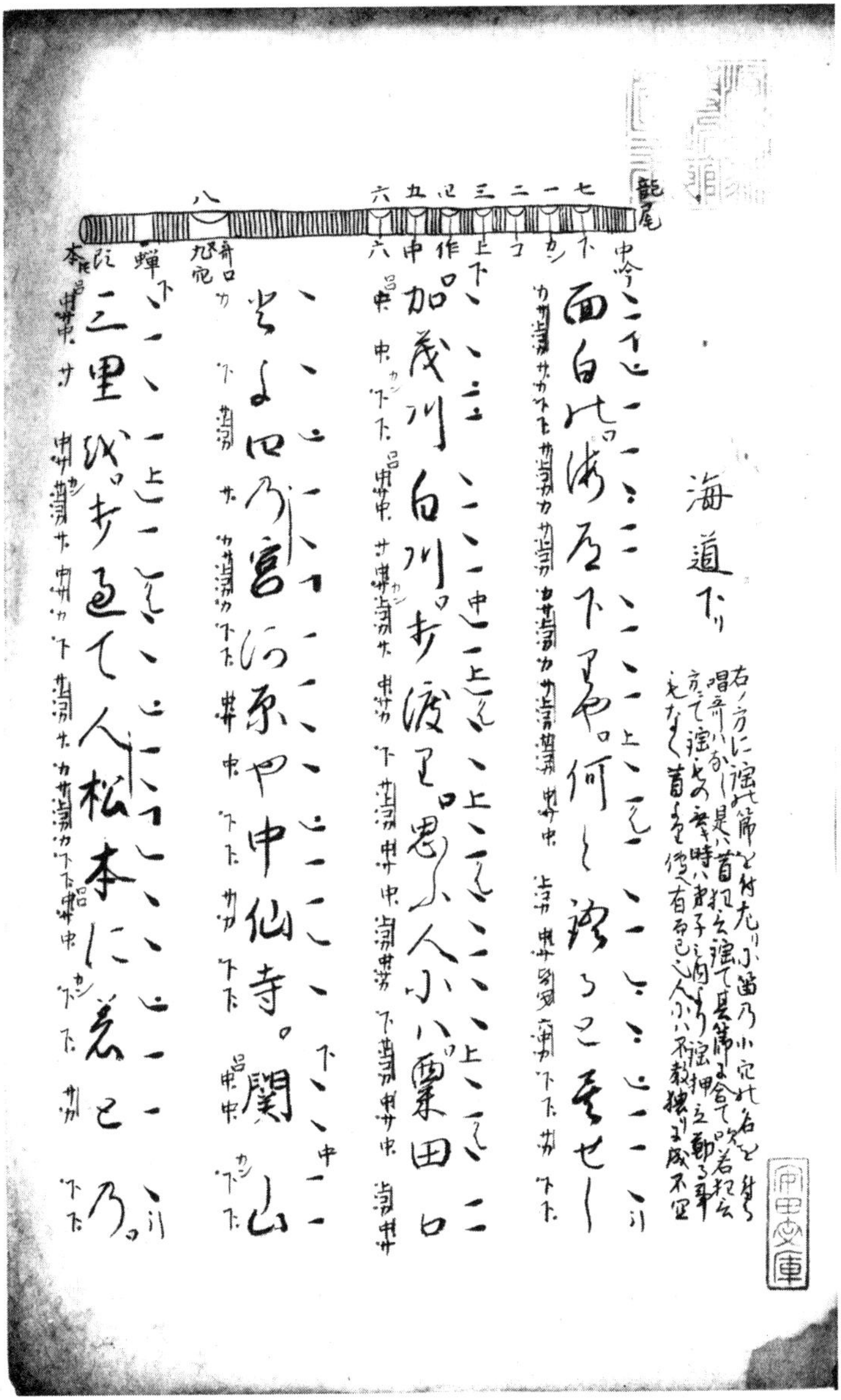

資料２『狂言海道下り笛唱歌秘書』（早稲田大学演劇博物館蔵）

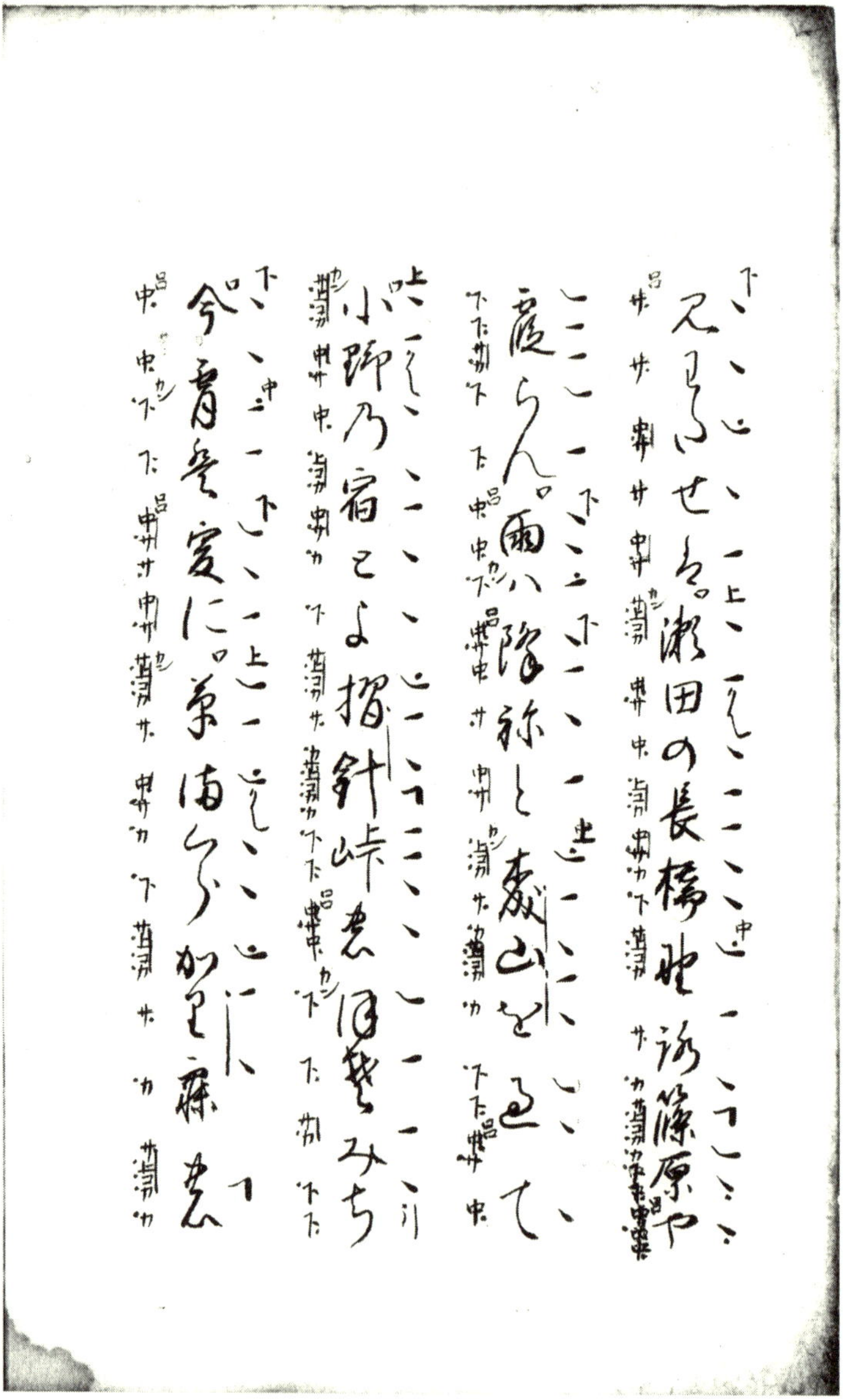

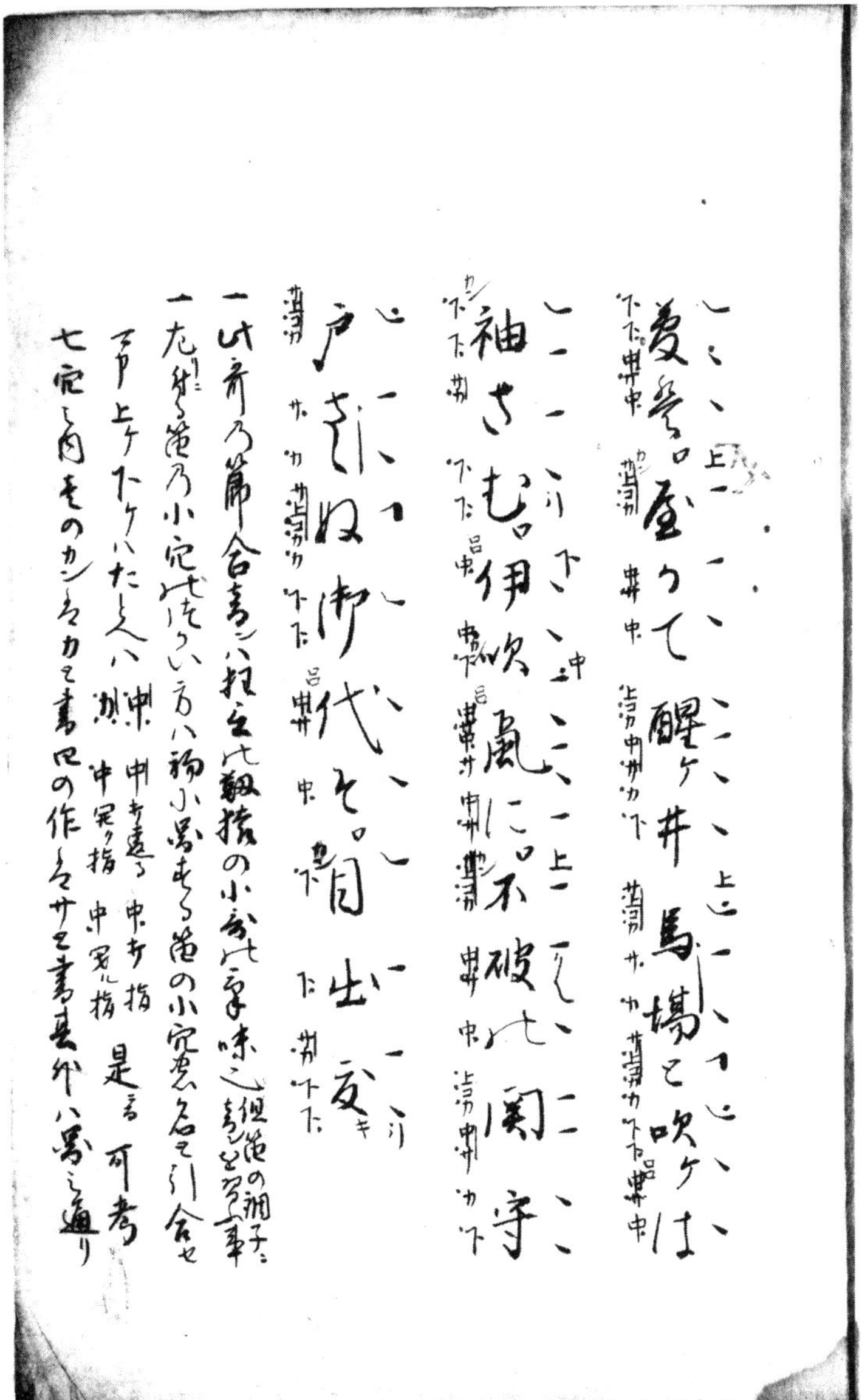

A	P	面白の	Zに近いが少異
B	?	海道下りや	
C	R	何と語ると	Y2
		尽せし	Z後半
A	P	加茂川白川	X
B	Q1	打渡り	Y1
B	R前半	思ふ人にハ	Y2
B	Q2	粟田口とよ	Y2
C	R	四の宮河原や中仙寺	Z
A	P	関山三里を	X
B	Q1	打過て	Y1
C	R	人松本に着との	Z
	P	見わたせば	?
	Q2	瀬田の長橋	Y2
	R	野路篠原や霞らん	Z
	P	雨ハ降ねと	X
	S	森山を	Z前半
	Q1	打ち過て	
		森山を過て	
	Q2	小野の宿とよ	Y2
	R	摺針峠のほそみち	Z
	P	今宵は爰に	X
	S	草まくら	Y1
	R前半	かりねの夢は	Z前半
	Q2	やがて醒ケ井	Y2
	R	馬場と吹ケは袖さむ	Z
	P	伊吹颪に	X
	Q2	不破の関守	Y2
	R	戸さヽぬ御代そ目出度キ	Z

右――『糸竹初心集』
中――『宗左流尺八秘伝集』
左――独吟一管譜

資料3　一節切譜と独吟一管譜の旋律型比較（詞章は独吟一管譜の文字遣いによる）

独吟一管譜には、廻シ（┓）やフリ（乚）など増シ節が頻出する。廻シは生ミ字で音を下げるフシ、フリは音高は変えないが生ミ字を謡うフシで、ともに通常のゴマ二つ分の音価になる。まず廻シだが、独吟一管譜では「おもしろの」「しのみや」「人まつもとに」の傍線部分に廻シがある。対応する『糸竹初心集』では「おもおしいいろの」「しのみやあ」「ひとまつう」と歌詞が書かれていて、「おもおしい《リャエ》いろの」「しのみやあ《ヒリ》」「ひとまつう《ヒリ》」と母音部分で音が下がるように一節切の譜字がついている。また、独吟一管譜では「かたるとつきせじ」「うちわたり」「じうせんじ」「うちすぎて」「ひとまつもとにつくとの」の傍線部分にフリがある。『糸竹初心集』では「つう《ヤヤ》きいせじ」「う、《ホウ》うちハあたり」「ううちすうきて」「ひとまつうもをとにいつうくうとの」と歌詞があり、「つうきいせじ」「う、ちハ《ウウ》あたり」「う、《ホウ》ちすう《ウウ》きて」「人まつうもを《ヤリャ》をとにいつう《ヤヤ》くうとの」と譜字がついている。近世流行歌の「海道下り」で音を伸ばしたり、生ミ字で音を下げた箇所では、独吟一管譜でもフリや廻シを用いてほぼ同様の節付ケになるよう腐心した様子がうかがえる。かなりの丁寧さで近世の節を残そうと試みたのであろう。

前稿でも指摘したが、異なるのは音域である。一節切譜のBは低音域だが、独吟一管譜のYにはクリ音（クレとカタカナで書かれたゴマ）が頻出している。能管と一節切では演奏できる音域が異なるので、狂言では能管に合わせて高く謡うよう変えたらしい。その結果、雲形本が記すように「調子ハ至テ高キ物ト心得ベシ」となったのである。一方、Cは高音域だがZは中音域に変更されている。Cをそのまま狂言謡に直すと当時の謡に含まれない高音域になってしまうため、変更せざるを得なかったのだろう。

一九八九年五月に野村耕介（当時）主催の「蝸牛の会」で七世野村万蔵（当時。現、萬）と一噌仙幸がこの解読に基づいて演奏を試みたが、近世歌謡の旋律はどうしても現行の狂言謡になじまず、謡は現行のまま、能管のみ近世風の旋律であしらう形の上演になった。その経験があったので、現在伝承されている狂言の「海道下り」は近世歌謡から大きく変わってしまったものと考えていたのだがそうではなかった。改めて各家の伝承を聞き直してみると、想像以上に近世歌謡の名残が認められた。以下、現行の狂言謡について検討したい。

三　現行狂言謡の「海道下り」――和泉流の場合――

狂言共同社では、現在雲形本に基づいて狂言を伝承している。そこで、まず狂言共同社佐藤友彦の謡[11]を分析することとした。狂言共同社では現在「海道下り」を小舞として伝承しているが、「人松本に着くとの」までは舞い手が座ったまま独吟し、「見渡せば」から地謡になって舞い始める。雲形本巻二十には「海道下独吟一管之伝」とは別に「海道下り」のフシと舞い方が載っているが、その冒頭に「初　セキ山三里を迄仕形ナク居ナガラ見事ニ謡也」とあり、「打過ぎて」の横に「爰ヨリ立　例ノ通り左ヨリ一足出、立留」と型を記している。佐藤は口頭で伝授されたそうだが、舞い方は雲形本にほぼ一致するといえよう。

譜例１は、筆者が聴取した佐藤の謡である。三線譜の上段が中音、中段が下音、下段が呂音で、中音と下音の間は完全四度、下音と呂音の間は完全五度で呂音と中音の間は一オクターブになっている。細かく譜を見ていくと、旋律型が抽出できる。さきほどの独吟一管譜に倣って旋律型をＫＸ・ＫＹ・ＫＺとしたが、Ｋをつけるまでもなく佐藤の謡は独吟一管譜と構造が一致する。細かいフシの違いからＫＹを１・２・３、ＫＺも１〜４に区別したが、ＫＸが低音域、ＫＺが中音域から低音域へというおおまかなフシの流れも独吟一管譜と同じである。ただし、Ｙは中音域でクリ音は出てこない。ＫＸからＫＹ、ＫＸからＫＺ、ＫＺからＫＹに続くとき、呂音から中音へ一オクターブ跳躍するので高音域に上がったような印象を持ってしまうが、実際の音位は中音である。「海

			KX	KY1	KY2
中	ーもし―――かいどうくだりやー	―――たるとつ―――	―――――	うーウちわたりー	おも―――
下	お――イろのー―――ア	なにと―――ウきせじ	――オがわしら――	―――イ	――うひとに―
呂	―――――	――オか―――	かも―――かわ	―――	―――わ
異同		(呂)　(下下)	(下)　(呂呂)		(下)

	KY3	KZ1	KX	KY1	KZ1
中	あわたぐちとーよ	――みやが―――	―――	うーウちすぎー――	――まつも―――
下	―――	しの――アわらーじーうぜんじ	ーきやまさん――	―――イて	ひと――オとにつーくとの
呂	―――	―――イ―――	せ―――りを	―――	―――ウ――
	(下)(下)　(下)		(呂)		

		KY3	KZ2	KX	KZ3
中	――た――	せたのからはーし	のじ―――	―――	もーオりやまを―――
下	みわーアせば	―――	――しのわー―――すむらん	ーめわふら――	―――ヲーちすぎ――
呂	―――	―――	―――らやーかー～―――	あ―――ねど	―――う――イて
異同		(下)	(下)	(呂呂)	(下)(下)

	KY3	KZ4	KX	KY1	KZ2前半
中	をののしゅくとーよ	すり―――のほ―――	―――	くーウさまくらー	かり―――
下	―――	――はりとうげ――オそみち	ーよいわこー――	―――ア	――ねのゆー――
呂	―――	―――	こ―――こに	―――	―――めわ
異同			(呂　下下)		

	KY3	KZ2	KX	KY3	KZ4
中	やがてさめがーゐ	ばん―――	―――	ふわのせきもーり	とざ―――よぞめ―――
下	―――	――ばとふー―――でさむ	ーぶきおろ――	―――	――さぬみー―――エでた――き
呂	―――	―――けばーそ～―――	い―――しに	―――	―――ア～―
異同	(下)	(下)	(呂呂)	(下)	

譜例１「海道下り」狂言共同社（佐藤友彦）

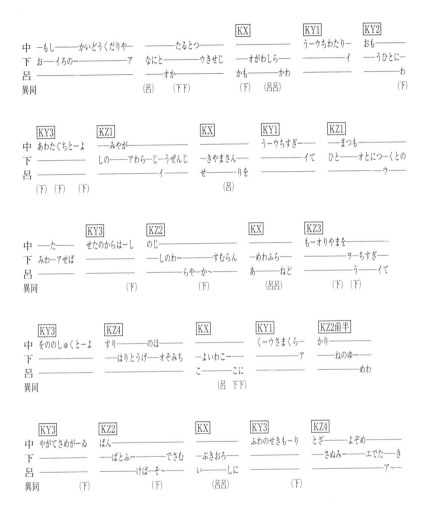

道下独吟一管之伝」では笛と合わせるときに謡が高音になると注記していたから、合わせないときは他の小舞謡と同じく中音域にとどまっていたのではなかろうか。「海道下独吟一管之伝」には、先に引用した文のあとに、

但常ノ物謡調子ハ随分ヒクキヲヨシトス　トカク狂言師ノ調子ハ持方至テ高キ物ナレバ、常ニ心掛ベシ

と記している。独吟一管譜で上音・クリ音と指定したところが佐藤の謡では中音、中音と指定したところが下音、下音と指定したところが呂音、というように、独吟一管譜から一段階音位が下がった関係になっている。独吟一管の伝承が途絶えた時点でクリ音まで上昇する謡い方が途絶え、通常の狂言小舞謡の音域に落ち着いたのだろう。

資料4は雲形本と野村又三郎家の「海道下り」を併記した譜で、右側に雲形本の巻二十に載る小舞謡の譜（以下、雲形譜と略称）を付している。雲形譜では下音から中音に上行する記号として「ウ」、ヲトシ（一音下げて次の字で元の音位に戻すこと）の記号として「ヲ」を用いているが、「ヲ」の次のゴマの下に黒点を付けた場合は「ヲ」を「下ゲ」として機能させている。佐藤の謡は雲形譜と基本的に同じだが、音位が異なる場合もある。**譜例1**の詞章の下に（下）などと付記したのが雲形譜の音位である。佐藤が音を伸ばして謡っている箇所は、雲形本では引キやフリなどの増シ節になっている。雲形譜にもクリ音の指示はない。先述したように、笛と合わせない場合には高く謡う必要がないので通常のフシを記したのだろう。

この雲形譜を**資料2**の独吟一管譜と比較すると、廻シやフリの位置がおおよそ一致する。大きく異なるのは、「四宮河原」で独吟一管譜は「や」に廻シがあるのに雲形譜では次の文字、「が」に廻シがある点である。こうした一字遅れの対応はZすべてに共通する。能では、平ノリの謡では原則として上ノ句の四字目には増シ節をつけないことになっている。後述するが、由良家の「海道下り」譜には「ヒットリ」や「本地」「カタチ」といった地拍子に関する表記があるので、平ノリを意識して謡う伝承があったのだろう。地拍子上の制約で変化したと推測できる。

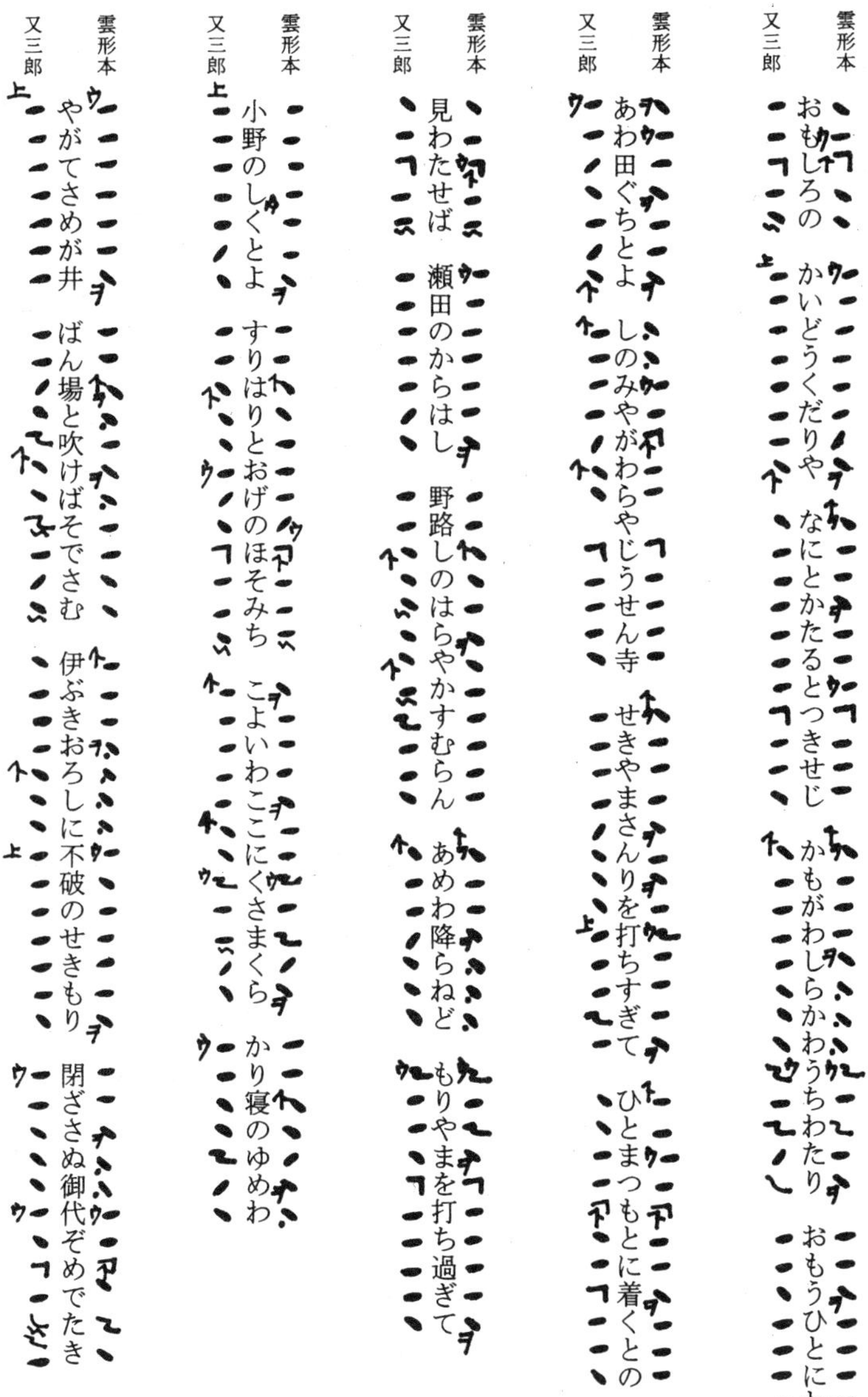
雲形本
又三郎
おもしろの　かいどうくだりや　なにとかたるとつきせじ　かもがわしらかわうちわたり　おもうひとにわ
雲形本
又三郎
あわ田ぐちとよ　しのみやがわらやじうせん寺　せきやまさんりを打ちすぎて　ひとまつもとに着くとの
雲形本
又三郎
見わたせば　瀬田のからはし　野路しのはらやかすむらん　あめわ降らねど　もりやまを打ち過ぎて
雲形本
又三郎
小野のしくとよ　すりはりとおげのほそみち　こよいわここにくさまくら　かり寝のゆめわ
雲形本
又三郎
やがてさめが井　ばん場と吹けばそでさむ　伊ぶきおろしに不破のせきもり　閉ざさぬ御代ぞめでたき

資料４　雲形本と野村又三郎家による「海道下り」譜

資料4では、十一世野村又三郎信英筆『和泉流小舞集』に従ってゴマを左横に付記したが、フシの上げ下げ、増シ節の位置、謡い出す音位の指示が雲形譜とほとんど一致する。又三郎家でも同じような謡い方をしていたのである。この譜本では、冒頭に「独吟ニテ　下ニ居テ謡ふナリ」と朱書きがあり、「跡に見て」のところで「扇ヲ開ケ持テ　静ニ立ナリ」とある。狂言共同社と同じく舞い方にも雲形本の伝承が残っているようだ。狂言共同社も又三郎家も、立ったあとは「見渡せば」で左手で見渡す型、「雨は降らねど」で雨をよけながら小さく廻る型、「今宵はここに」で下居して扇を左手に持ち枕ノ扇、「やがて醒が井」で扇を顔から離す等々、他の狂言小舞同様、詞章にあわせた型を連ねている。

先述した鴻山文庫蔵『小舞秘書　全』中の「海道下り」は、「四宮河原十禅寺」以降歌詞が抜けるところもあって流儀不明だが、下音から中音へ上行する記号として「ウ」を用いる点、クリ音もない点で名古屋の和泉流と共通している（**資料5**）。「海道下りや」「瀬田の唐橋」「森山を」「草枕」「やがてさめが井」の冒頭にある「ウ」、「今宵ハ爰に」「伊吹颪に」の冒頭にある「下」などの音高表示が雲形譜に一致する上、「下」から謡い出して下ノ句で中音へ上行するX「面白の海道下りや」「見わたせば」「雨は降ねど森山をうち過て」「今宵ハ爰に草枕」「伊吹颪に不破の関守」と、中音（ウ）から謡い出すY「粟田口とや」「瀬田の唐橋」「小野のしゅくとよ」「やがてさめが井」、二つの旋律型が確認できた。「加茂川白河」を低音域で謡わない点が異なるだけで、廻シやフリの位置も雲形譜に一致する。この『小舞秘書　全』が和泉流の譜本かどうかは慎重に調査する必要があるが、「海道下り」に関しては和泉流の可能性が高いことを指摘しておく。

さて、「蝸牛の会」での経験以来、金沢三宅派の「海道下り」は近世歌謡風の派手なフシからすっかり変化したと思いこんでいたのだが、名古屋のフシが独吟一管譜の構造を残す以上、金沢の狂言謡にも多少なりとも名残が

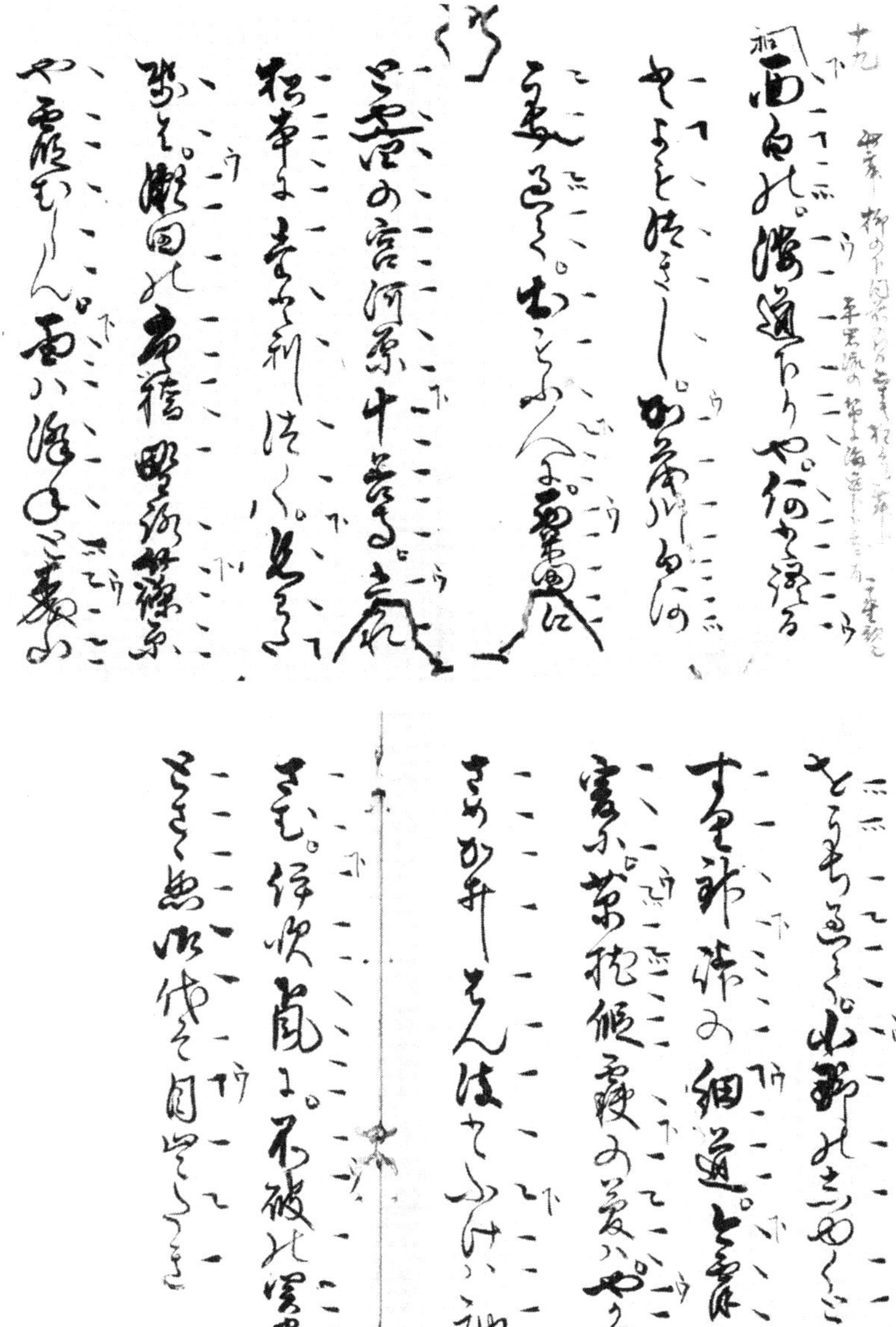

資料５『小舞秘書 全』（法政大学鴻山文庫蔵）

中 おもし――――――どうくだりや―　なに―かたるとつ―――　かもがわしらかわ―うちわたり
下 ―――イろの―かい―――――ア　――と―――ウきせじ　―――――――――――――

中 おもうひとにわ　あわたぐちと―　しのみやがわらじうせんじ　せきやまさんりを　うちすぎて
下 ―――――　―――――よ　―――――――――　――――――　―――――

Z
中 ひ―まつもと―――　みわたせば　せたのからは―　―――――らやか―――――
下 ―と―――につく―の　―――――　―――――し　のじしのわ――――アすむらん
呂 ――――――――と―　―――――　―――――　―――――――――――――

Z
中 あめわふらねど　も―りや―まをう―ちすぎ――　をののしゅくと―　―――――げのほ―――
下 ―――――　―オ――ン―――ウ―――イて　―――――――よ　すりはりとう―――オそみち

中 こよいわ―ここに　く―さ―まく―　――ねのゆめ――　やがてさめがゐ
下 ―――――　―――――ら　かり―――エわ　―――――

ば
上 ―ん―――――――――　―――――――　―――――――　―――――――――――
ば
中 ―――とふけ―そでさむ―　いぶきおろし―　ふわのせきもり　とざ―――よぞひ―――――
下 ――――――ば―――――　―――――に　―――――――　――さぬみ―――イさし―き

譜例２「海道下り」野村万蔵家（和泉保之『改訂小舞謡 全』より）

あるはずだ、と思い直して改めて譜本[12]を検討したところ、「人松本につくとの」の傍線部分で呂に下行する点、「今宵ハこゝに草枕」の傍線部にある引キを始めとして、廻シやフリの一部が独吟一管譜や雲形譜、佐藤の謡に一致することが認められた（**譜例2**）。さらに、「野路篠原や霞むらん」と「摺針峠の細道」は全く同じ節付ケになっている。Zが一部残っていたわけだ。ただし、「ばんバと吹けバ」で上音に上行するフシは和泉流の他の家にはない。安田信一蔵『不許他見　狂言奥儀　并小舞』の「海道下り」譜には「ばんばと」に「ハル」と指示があったから、遅くとも明治期の金沢では「ばんばと」で上音に上行するフシを謡っていた、と考えられる。金沢の伝承では冒頭から立って舞い出すが、『不許他見　狂言奥儀　并小舞』でもそれは同様であった。「見渡せば」以降の型はほとんど狂言共同社などと同じだが、それ以前は「巻サシ」「左回リ」「サシ・ヒラキ」など、詞章に即した型はない。もともと江戸時代には前半は舞わずに坐っていたわけだから、その名残であろう。

こうして各家の伝承を総括した結果、家によって伝承の濃度が異なるものの、和泉流現行の「海道下り」は構造の点で近世初頭の流行歌の面影をとどめている、という結論になった。ただし音域が独吟一管譜とは異なり、旋律そのものも中音・下音を中心とする小舞謡風に変化はしていた。

四　現行狂言謡の「海道下り」――大蔵流の場合――

大蔵流に移ろう。茂山千之丞の謡を**譜例3**に示したが[13]、同じように三つの旋律型OX、OY、OZが確認できた。譜本上[14]でも廻シやフリの位置が雲形譜や又三郎家本と一致し、OXが低音域、OY、OZが中音域となる点も和泉流に一致している。和泉流同様クリ音はない。興味深いのが、OX2とした冒頭の旋律である。『糸竹

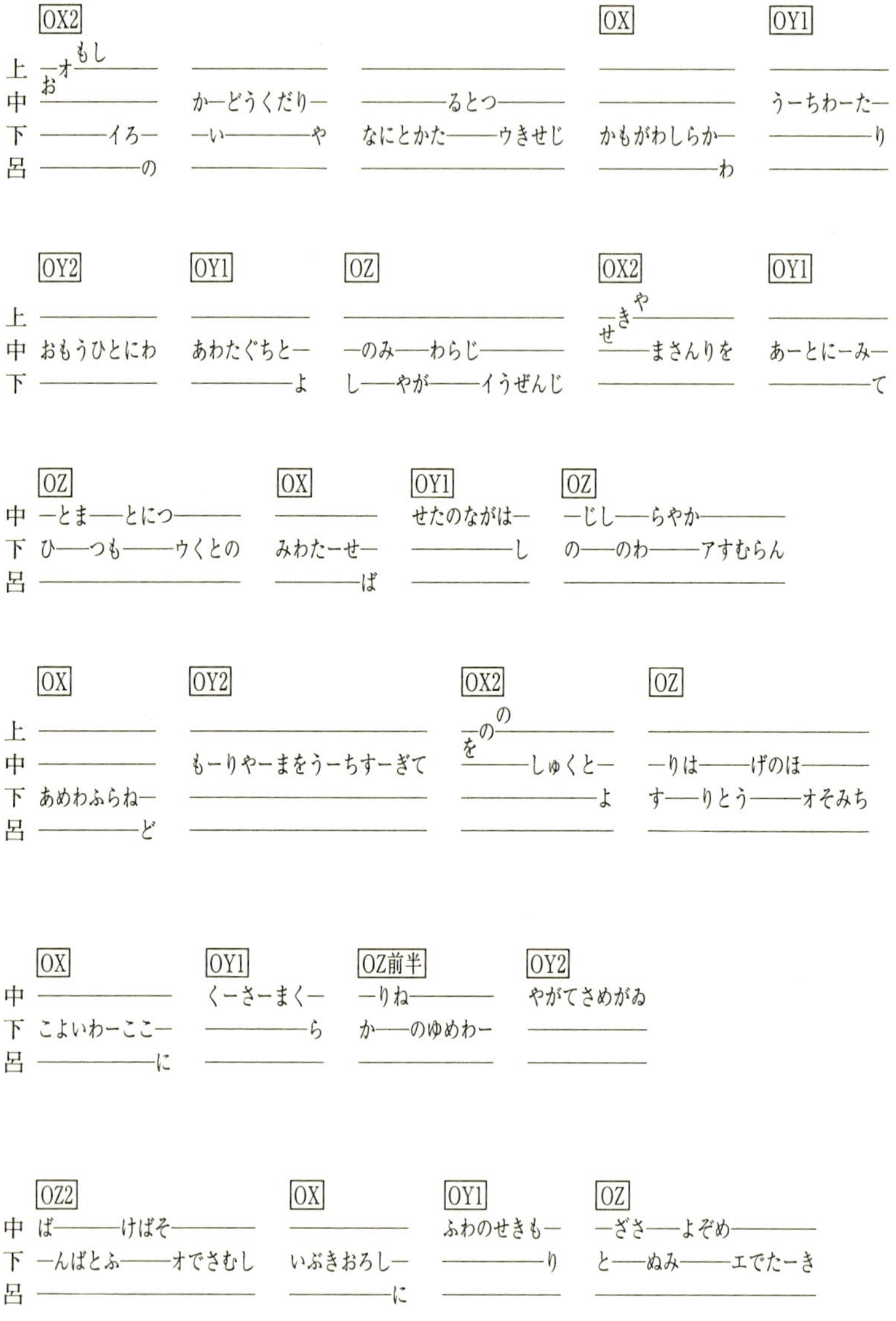
OX2 OX OY1
上 おーオもし
中 かーどうくだりー　るとつ　うーちわーたー
下 イろー　ーいーや　なにとかたーウきせじ　かもがわしらかー　ーり
呂 ーの　ーわ
OY2 OY1 OZ OX2 OY1
上 せーきや
中 おもうひとにわ　あわたぐちとー　ーのみーわらじー　ーまさんりを　あーとにーみー
下 ーよ　しーやがーイうぜんじ　ーて
OZ OX OY1 OZ
中 ーとまーとにつー　せたのながはー　ーじしーらやか
下 ひーつもーウくとの　みわたーせー　ーし　のーのわーアすむらん
呂 ーば
OX OY2 OX2 OZ
上 をーのの
中 もーりやーまをうーちすーぎて　ーしゅくとー　ーりはーげのほー
下 あめわふらねー　ーよ　すーりとうーオそみち
呂 ーど
OX OY1 OZ前半 OY2
中 くーさーまくー　ーりね　やがてさめがゐ
下 こよいわーここー　ーら　かーのゆめわー
呂 ーに
OZ2 OX OY1 OZ
中 ばーけばそー　ふわのせきもー　ーざさーよぞめー
下 ーんばとふーオでさむし　いぶきおろしー　ーり　とーぬみーエでたーき
呂 ーに

譜例３　「海道下り」茂山千五郎家（茂山千之丞）

	YX2		YY2	YY1
上	—オもし——	——	——	——
中	お———イろの—かいどうくだりや—	なにとかたるとつ———	かもがわしらかわ	うーちわーたり—
下	————ア	————ウきせじ	——	———イ

	YY2	YY1	YZ1	YX2	YY2
上	——	——	——	—きや——	——
中	おもうひとにわ	あわたぐちと—	—のみや———	せ———まさんりを	あーとにーみて
下	——	———よ	し——アがわらじイうぜんじ	——	——

	YZ2	YY1	YY2	YZ3
中	ひと——ウもとにつ———	みわたせ—	せたのながはし	——しの——らやか———
下	——まつ———ウくとの	———ば	——	のじ——オわ——アすむらん

	YY2	YY1	YY1	YX2	YZ3
上	——	——	——	—ののしゅ——	——
中	あめわふらねど	もーりやーま—	うーちすぎ——	を———ウくと—	—りはり—とうげのほ———
下	——	———を	———イて	———よ	す——イ———オそみち

	YY1	YY1	YZ1	YY2
中	こよいわーこ———	くーさーまくー	—りねの———	やがてさめがゐ—
下	———オこに	———ら	か——オゆめわー	——

	YX2	YY2	YY2	YZ3
上	ばんばと———	——	——	——
中	———オふけばそ———	いぶきおろしに	ふわのせきもり	——さぬ—みよぞめ———
下	———オでさむし	——	——	とざ——ウ———エでたーき

譜例4　「海道下り」山本東次郎家（山本則直）

初心集』の「海道下り」は「エエヤリヤエウウ」と譜字がついていた。階名に直すと「ミソララソミレレ」となるが、茂山家の「海道下り」も中ウキ音から謡い出して上音、上ウキ音、中音という旋律進行をとるので、仮に中ウキ音をミとすれば旋律は「ミソラレ」となって一節切譜と大筋で一致する。もっとも独吟一管譜のXは高音域ではないし、茂山家が冒頭以外でOX2を謡うのは「関山三里を」と「小野の宿とよ」だが、「関山三里を」は独吟一管譜ではX、「小野の宿とよ」はYである。Xに特有なフシという制約を離れて、『糸竹初心集』を彷彿とさせるフシを謡うよう伝承が変化した点が興味深い。

同じ大蔵流でも、山本則直の謡[15]は茂山家の「海道下り」に比べてフシの平坦化が進んでいる。クリ音もないが、**譜例4**に示したように茂山家でOXとした箇所がすべて中音域に移行してYとなっており、呂音まで下行するフシはなくなっている。中音域の句が多い点では万蔵家にきわめて近く、「番場と吹けば」で上音まで上行する点でも万蔵家と一致する。「番場と吹けば」は独吟一管譜ではZだが、独吟一管の伝承が途絶えたあと、耳立つ旋律をあちこちに配置したのだろうか。伝承が流儀ごとではなく家ごとに異なるのが興味深い。

五　狂言謡の「海道下り」――鷺流の場合――

鷺流の小舞謡本もいくつか伝存しているが、そのうち法政大学能楽研究所が所蔵する鷺定経相伝伝書のなかの『小舞　全』[16]（**資料6**）には、詳細なゴマと直シが付いている。雲形譜や茂山家本同様下音から中音へ上行する記号を「ウ」とし、ヲトシは下ゲゴマで対応させている。**譜例5**はその訳譜だが、大蔵流や和泉流と同じくSX・SY・SZの旋律型が抽出できた。大蔵流同様、上音から謡い出すパタンSX2がある。「面白ノ海道下リヤ」「関山三

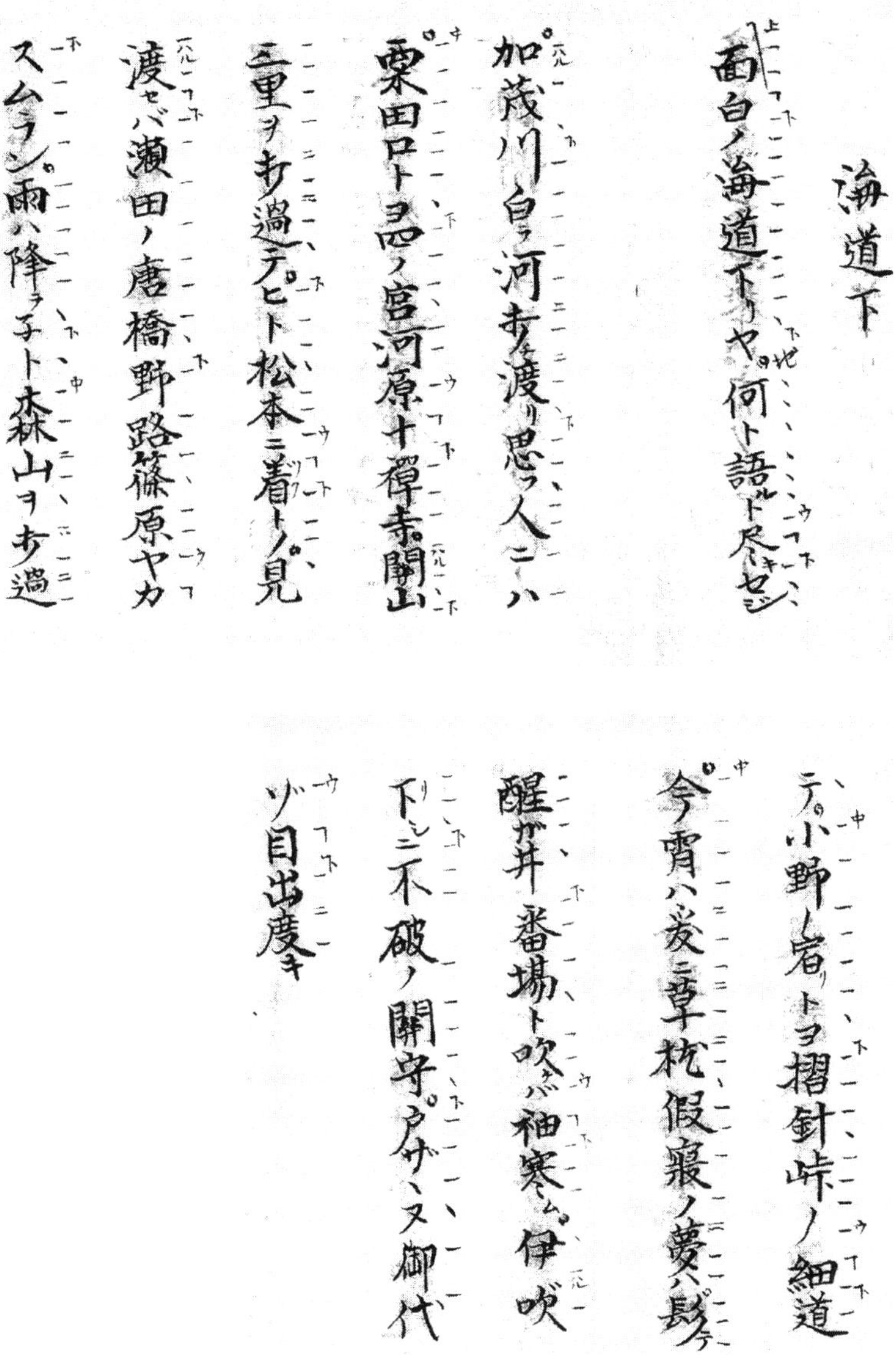
海道下
面白ノ海道下リヤ何ト語ルト尽キセジ
加茂川白河打渡リ思フ人ニハ
粟田口ト急ノ宮河原十禅寺関山
三重ヲ打過テヒト松本ニ着トノ見
渡セバ瀬田ノ唐橋野路篠原ヤカ
スムフンノ雨ハ降ラネト森山ヲ打過
テ小野ノ宿リトヨ摺針峠ノ細道
今宵ハ爰ニ草枕仮寝ノ夢ハ覚テ
醒ガ井番場ト吹ク袖寒ム伊吹
下シニ不破ノ関守アザヽヌ御代
ゾ目出度キ

資料６　鷺流『小舞　全』（法政大学能楽研究所蔵）

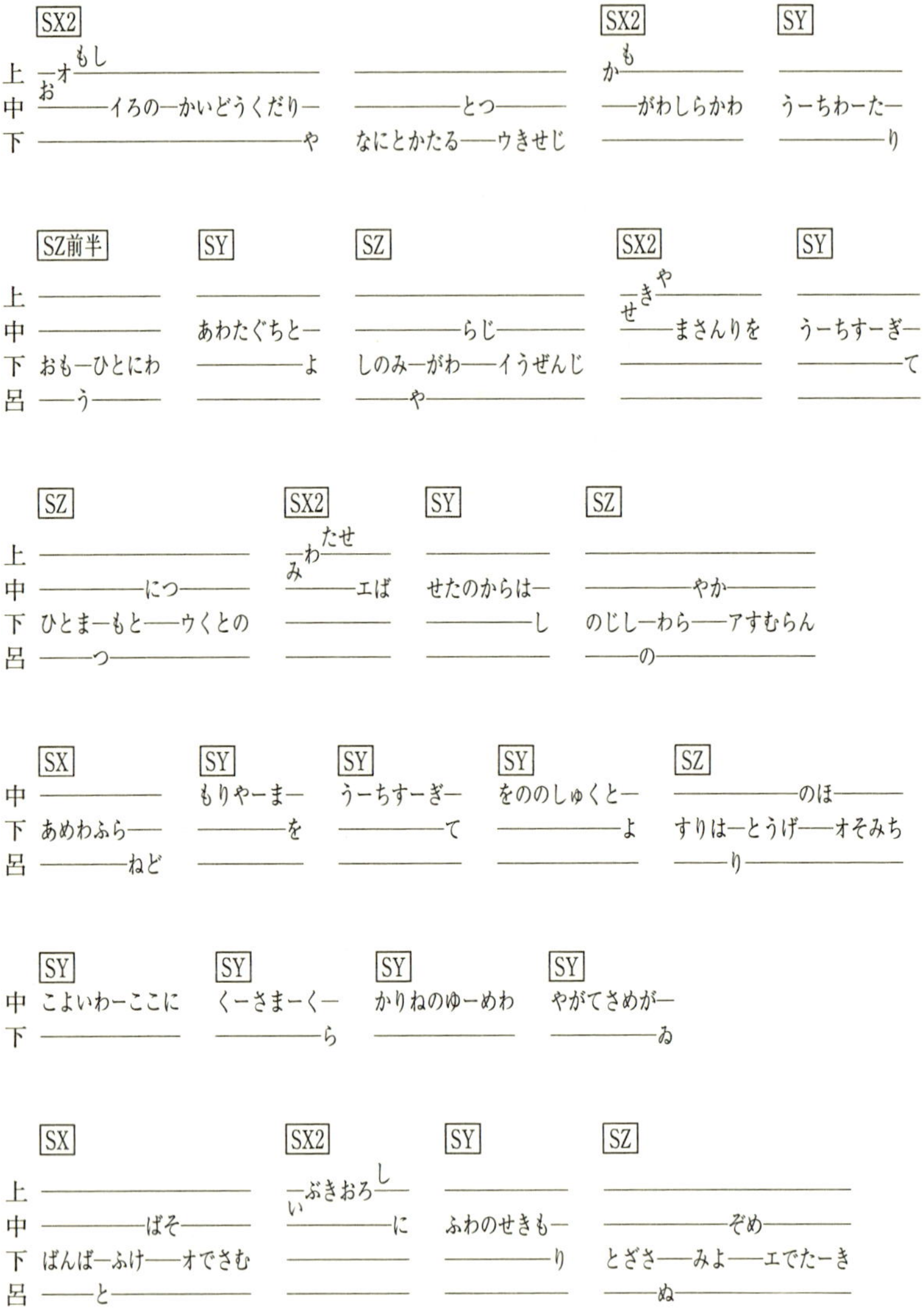

譜例５「海道下り」鷺流（法政大学能楽研究所蔵『小舞 全』より）

里ヲ」「伊吹下シニ」以外に「加茂川白ラ河」と「見渡セバ」もSX2で謡う点がおもしろい。
早稲田大学演劇博物館にも鷺流の譜本が残っているが、その一つ『小舞秘書』[17]はゴマのみで音高の指示がない。習い物だったためにフシは記さなかったのだろう。しかし、「何と語るとつきせじ」「うち渡り」「打過ぎて」「着との」「霞らん」「草枕」「袖寒」の傍線部分にフリ、「見渡せバ」「森山を」「めでたき」の傍線部分に廻シがあり、その多くが独吟一管譜と一致する。

山口県には現在でも鷺流が伝承されている。現在の伝承の直接の祖となったのは鷺伝右衛門の芸系を引く春日庄作[18]だが、庄作直筆の『小舞仕方附』[19]に「近江下り」譜が載っているので確認しておきたい。「おもしろの」は上音で謡い出していたが、「賀茂川白川」「関山三里」「雨ハふらねと」「こよひは爰に」の冒頭には「下」と音高表示があった。上音謡い出しのフシを持つ『小舞　全』とは全く芸系を異にするようだ。音高表示が少ないのできちんとした比較がむずかしいが、「面白の」以外は後述する由良家の譜本と多くの箇所で音高表示が一致した。ただしフリや廻シについては記譜を省略したのか伝承が異なるのか、一致しない箇所も認められた。

また長府藩の鷺流を伝える浜田家にも譜本[20]が残っており、そこでは「海道下り」と題しているが、音高表示の点で『小舞　全』『小舞仕方附』とさほど著しい共通点を見いだせなかった。

六　由良家の「海道下り」

先に、由良家の伝書に「海道下り」の記述があると記したが、同家には「海道下り」の謡譜が別個に伝承されていた[21]。虫損が著しくて一部ゴマが読み取れない箇所もあるが、詞章の横にゴマを付し、句によっては「ヒットリ」

「カタヂ」「本地」など地拍子の指示も付いている（**資料7**）。「チ」「タ」など記した箇所もあるので、竹本幹夫は「鼓の頭付」と推測したが、[22]「タ」は二カ所しかなく「チ」のついたゴマは必ず廻シである。鼓ではなくフシに関する直シの一種と判断したい。長州藩の狂言は大蔵流と鷺流であったが、「瀬田のから橋」という詞章は鷺流と和泉流に限られている。大蔵流と鷺流で詞章が変わるのはこの一カ所だけなので論拠として心許ないが、江戸初期には伝右衛門家に師事した山本甚五郎家などを中心に狂言を演じていた[23]ので、この譜本も鷺流の可能性が高いといえよう。

次ページ下段に**資料7**の一部を抽出したが、(イ)「賀茂川白河打渡り」と(ロ)「関山三里を打過て」が全く同じ節付ケで、下音から謡い出すXの旋律型。また(ハ)「四乃宮川原に十禅寺」、(ニ)「人まつ本に着との」、(ホ)「野路篠原や霞むらん」、「すりはり峠のほそ道」「ばむばと吹ば袖さむ」はZの旋律型で、四字目と上ノ句の末字、下ノ句三字目に廻シがあるなど、かなり濃厚にパタン化が認められる。独吟一管譜は宝生流のゴマで表記されているので、書写時期を寛政期より遡らせるのはむずかしいが、由良家の譜はゴマの書きぶりが観世流古写本のそれに近い、と竹本幹夫は指摘している。この謡譜には奥書がないので書写年代が不明だが、江戸初期の書写とすれば管見に入った中ではいちばん古く、また『糸竹初心集』の板行年代にも近い。『糸竹初心集』に近接した時期の譜本で構造の一致が確認できた意味は大きい。

由良家の譜本には上音やクリ音の指示はない。独吟一管譜で上音謡い出しと書かれたYのうち「おもふ人には」「粟田口とよ」「小野の宿とよ」「草枕」「不破の関守」、及びZの「番場と吹けば」には音高表示がなく、「打ち過ぎて」「瀬田の長橋」「臥枕」「頓てさめがひ」の冒頭では「上」の代わりに「中」と表記されているから、標準的な小舞謡のフシである。

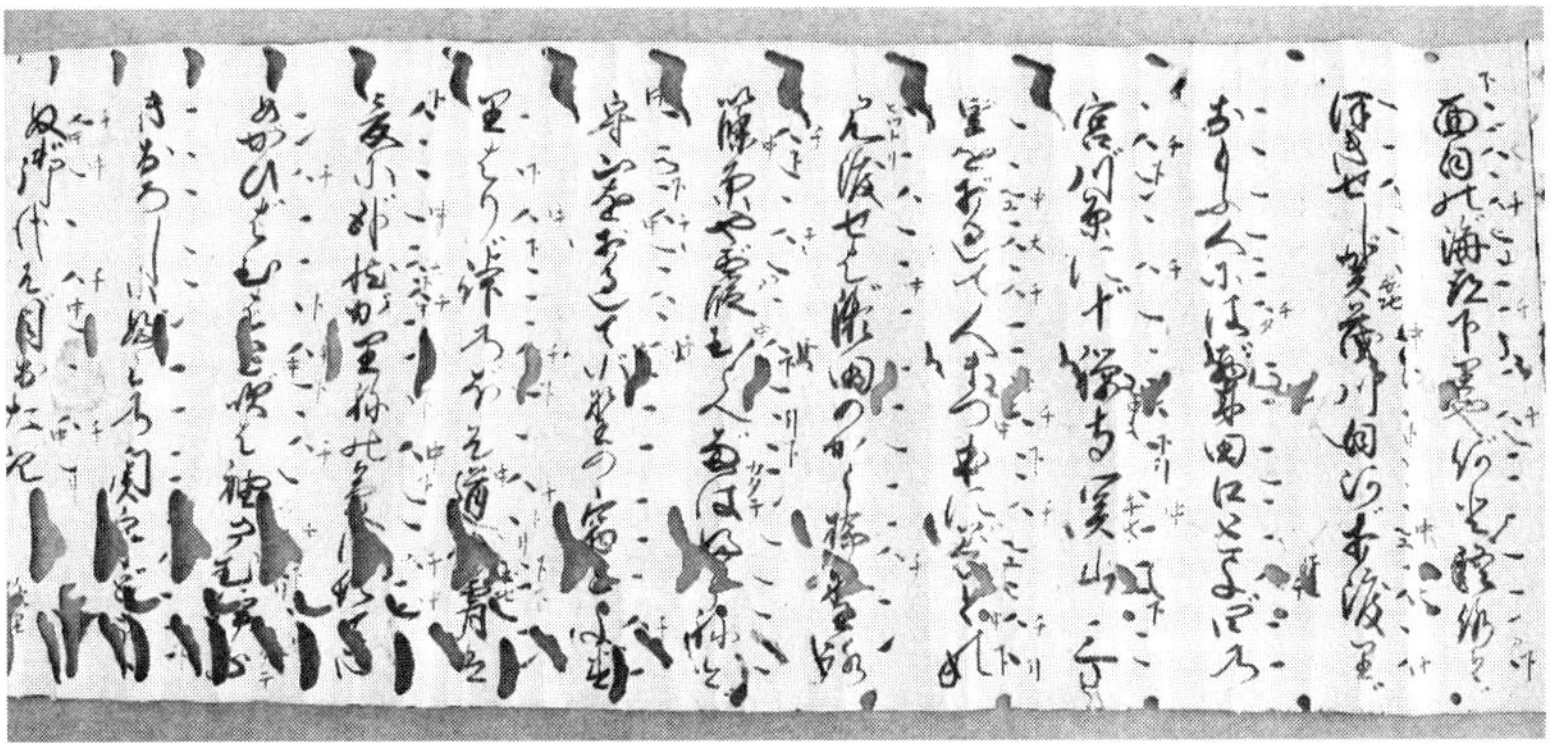

資料７『海道下り』譜（由良家蔵）

資料７ イ

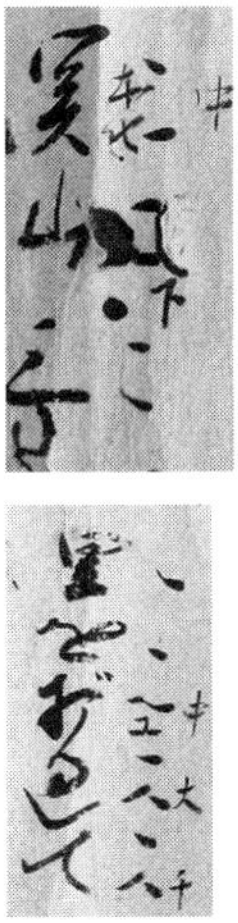

資料７ ロ

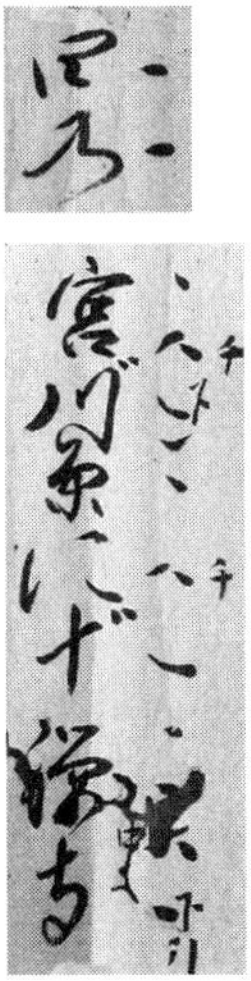

資料７ ハ

資料７ ニ

資料７ ホ

そもそも独吟一管専用の譜は存在するものなのだろうか。重い習い物で笛と申し合わせをしながら勤める曲である以上、譜に書き記す性質の伝承ではなかったはずである。笛の譜字と謡の音高を詳細に記す独吟一管譜の存在はむしろきわめて特殊であって、それと完全に一致する譜がないのは当然のことと考えるべきであろう。

七　「海道下り」と江戸初期の謡のフシ

由良家の譜本によって独吟一管譜の音楽構造が江戸初期まで遡れることが明らかになり、家によって程度は異なるもののその構造が現在の各家の伝承に残っていることが確認できた。構造は残すものの実際の旋律は少しずつ変化し、上音から謡い出すOXやSXのパタンなども織り交ぜるようになっているが、廻シやフリで生ミ字を出し、生ミ字部分で音位を変えたり音を伸ばすフシは江戸時代初期から引き継いでいる。狂言の「海道下り」は、近世初頭の歌謡の面影を伝えていたのである。

先述したように、「海道下り」は室町時代から近世初頭まで長く歌い継がれてきた歌謡である。室町時代と近世初頭ではフシや音楽構造に変化があってもおかしくはない。三つの旋律型で構成する作曲法は室町歌謡独自のものなのだろうか、それとも江戸初期にフシを整理した結果なのだろうか。また『糸竹初心集』のフシのなかにどこか近世風な香りを偲ばせてはいないのだろうか。室町時代に流行した「海道下り」と近世初頭に謡われた『糸竹初心集』のフシがどこまで一致するのか判断はむずかしいが、OX2やSX2を手がかりに、室町から近世初頭への音楽の流れを推察してむすびとしたい。

『糸竹初心集』の「海道下り」は「ミソララソミレレ」と謡い出す形であったが、OX2やSX2も「ミソラレ」という旋律進行をとっていた。「ミソララソミレレ」は、近世というより能狂言の謡を濃厚に感じさせるフシである。桃山時代の謡は、中音から上音へ上行するときも上音から中音へ下行するときも中ウキ音を経過し、中音と下音の間には下ノ中音を経過させていたことが『塵芥抄』などから判明している。[24] 仮に中音をレ、上音をソとすると「レミソ・ソミレ」と謡い、下音を一オクターブ下のラ、中音をレとすると「ラシレ・レシラ」と謡っていたのである。『糸竹初心集』の「海道下り」の各パタンに謡の音位を当てはめてみると、A「ミミ（中ウキ）ソ（上音）ラ（上ウキ）ソ（上音）ミ（中ウキ）レレ（中音）」、B「シ（下ノ中）レ（中音）ミ（中ウキ）レレ（中音）シ（下ノ中音）レ（中音）シ（下ノ中音）ラ（下音）」、C「シ（クリ）レレ（甲グリ）ラ（上ウキ）シ（クリ）ラ（上ウキ）ソ（上音）ミ（中ウキ）ソソ（上音）ララ（上ウキ）ソ（上音）ラ（上ウキ）」となる。Cにはこの時代の謡では使用しない「甲グリ」が出てきてしまうが、[25] まだ都節音階になる以前の近世初頭の歌謡の中に、「ソミレ」「レシラ」など桃山時代の謡の節に沿った旋律進行が出てくるのは興味深い。江戸初期の能役者は、『糸竹初心集』の「海道下り」を謡うのにほとんど違和感を感じなかっただろう。感じたとしたらCの音域だろうが、そこは一オクターブ音高を下げたり、部分的に音を変えるなどなんらかの処理を施せば抵抗は少ない。

さて、現在では上音から中音へ下行するときは上ウキ音を経て「ソラレ」と謡う。これと全く同じではないのだが、「海道下り」の中に「ミミ（中ウキ）ソ（上音）ラ（上ウキ）ソミレレ（中音）」と上ウキから中音へ下行するフシが出てくる点に注目したい。中音と上音、核となる音は同じでも、経過音が異なり「ソミレ」と謡うか「ソラレ」と謡うかでフシのイメージがかなり変わってくるのだが、これはイメージだけの問題に留まらない。上音を核として四度を基調とするフシから上ウキ音を核として五度を基調とするフシへ、音楽の大きな転換である。いつ頃から上ウキ音を経過するように変わったのか断定できないが、その契機のひとつとしてこうした近世初頭の歌謡との交流を考えたい。

三味線の導入によって中世から近世へ、音楽全体が大きく変化したわけだが、一気に変化したわけではなかろう。「海道下り」のように中世から近世へかけて長く愛好された歌謡が架け橋となって徐々に音の嗜好が変化していったのではなかろうか。流行歌謡と一口に言っても、中世の彩りの濃いもの、近世の香りの漂うものなどさまざまなフシが謡われたはずである。狂言と三味線音楽が摂取した流行歌のフシには、その片鱗が凍結保存されている可能性が考えられる。そのフシの解読を通して、歌謡の流れがさらに具体的に解明されていくのではなかろうか。その可能性を示唆して本論を終えることとする。

注

(1)『日本歌謡研究資料集成』第三巻（一九七八年　勉誠社）所収の影印による。
(2) 町田嘉章監修『日本古歌謡の復原』（一九六一年　キングレコード）。
(3)『東洋音楽研究』第五十五号（一九八九年　東洋音楽学会）。『能の囃子と演出』（二〇〇三年　音楽之友社）に再録。
(4) 早稲田大学図書館蔵の笛伝書。一噌流二代目の一噌似斎の甥新五郎が、先人たちの言動を筆録した内容で、室町末期の能の実態を伝える貴重な史料である。引用は竹本幹夫・三宅晶子による翻刻（伊地知鉄男編『中世文学資料と論考』〔一九七八年　笠間書院〕所収）による。
(5) 紙高一七六ミリの巻子本。笛に関する演出についてひとつ書きを列挙したもの。詳細は竹本幹夫「由良家蔵能楽関係文書目録」（上）（『能楽研究』第七号　一九八一年）を参照されたい。現在由良家資料は一括して萩博物館に寄託されている。
(6) 小林英一「「海道下」」小考（『東海能楽研究会年報』第二号　一九九八年）。
(7) 引用は、『狂言辞典』資料編（一九八五年　東京堂出版）の翻刻によった。『狂言辞典』の凡例によると、本書は狂言共同社の井上礼之助蔵（一九八五年当時）。山脇元業（一七八二〜一八五〇）の書写本である。二三八×一七一ミリの袋綴和本で墨付五十一丁。

（8）一四二×二一七ミリの袋綴写本で墨付二十丁。裏表紙中央に「梁喜曽治」と墨書があるのが筆者であろう。二十番の小舞謡のあとに追加として九番の曲名を挙げているが、実際に収録されているのは五番。そのあとさらに語り五番を収める。内容から鷺流か和泉流の伝書と考えられる。奥書などはなく書写年代不明だが、ゴマの表記から江戸時代後期以降の書写と認められる。

（9）早稲田大学演劇博物館蔵の独吟一管譜は、二八一×二五〇ミリの袋綴写本で表紙とも三丁。表紙の中央に「雑書」とあるが、記載されているのは「海道下り」のみ。識語はなく、書写年代や書写者は不明である。一噌流宗家本は『端録』の中に収められている。複写で内容を確認しただけなので、書誌情報は不明。

（10）一節切の伝書で、調子に関する口伝を列挙したあとに「歌之伝」として「地主の桜」「海道下」「津島」の譜を記す。編著者不明の袋綴和本で墨付十七丁。二六七×一九四ミリ。寛永元年（一六二四）の本奥書、正徳五年（一七一五）の筆写奥書があるが、実際にはそれ以降に筆写されたものと考えられる。

（11）二〇一〇年五月に東京文化財研究所無形文化遺産部で行った録音資料による。

（12）和泉保之『改訂　小舞謡　全』（一九七九年　わんや書店）による。

（13）一九九六年二月に東京文化財研究所芸能部で行った録音資料による。

（14）一九七八年、茂山狂言会が発行した私家版。筆者が閲覧したのはコピーなので、タイトル・書誌等不明。三十八番の小舞謡を収める。

（15）一九八九年春頃、東京文化財研究所でプライベートに録音した資料による。

（16）法政大学能楽研究所発行の『蔵書目録』では、「鷺定経相伝鷺流伝書」として四冊を一括しているが、『小舞　全』はそのなかの一冊。一四八×二〇一ミリの袋綴和本で、「餅酒」以下四十七番の小舞謡を収めている。天保三年（一八三二）に鷺健次郎定経が書写したと識語がある。

（17）一四一×二〇三ミリの袋綴和本で墨付五十三丁。「餅酒」以下四十九番の小舞謡のフシを記す。書写者、書写年代に関する識語はない。所収曲、観世流の記譜法によることなどから、『早稲田大学演劇博物館所蔵　特別資料目録5　貴重書　能・狂言篇』では鷺流の写本と判断している。

(18) 小林責「山口鷺流の歴史と芸系、現状、特質」(『山口鷺流狂言資料集成』第一分冊〔鷺流狂言記録作成委員会編集　二〇〇一年　山口市教育委員会〕所収)。

(19) 『山口鷺流狂言資料集成』第三分冊小舞編〔鷺流狂言記録作成委員会編集　二〇〇一年　山口市教育委員会〕の影印によった。伝右衛門派の曲名は「海道下り」ではなく「近江くだり」である。

(20) 山口県立民俗資料館蔵。『山口鷺流狂言資料集成』第三分冊小舞編〔鷺流狂言記録作成委員会編集　二〇〇一年山口市教育委員会〕の影印によった。同書の解題によると、浜田家は春日庄作とは少し芸系を異にするということである。

(21) 紙高一五五ミリの巻子本。外題・内題・奥書など一切ない。

(22) 竹本幹夫「由良家蔵能楽関係文書目録(上)」(『能楽研究』第七号　一九八一年)の解題による。

(23) 注(18)に同じ。

(24) 高桑いづみ「下間少進手沢車屋本節付考」(『能と狂言』創刊号　二〇〇三年　能楽学会)。本書第一章第三節に再録。

(25) 荏寺枚平「宝生流の謡本(四)」(『宝生』一九五九年十一月)に「カングリの節は英勝(十四世大夫　筆者注)の創案だと伝えられています」とある。

【補説】放下の歌

狂言歌謡の「海道下り」は三つの旋律型で構成されている、とくり返し述べてきたが、改めて考えると、これは日本の歌謡としてかなり珍しい構造である。日本の伝統歌謡にはくり返しがほとんどない。西洋の歌謡ならば同じ旋律で一番、二番、三番と歌詞を替えて謡うのに、そのような音楽形式を好まなかったのか、はたまた思いつかなかったのか。歌詞にあわせてその都度フシを作り、謡いあげてきた。そのなかにあって「海道下り」は特異な存在なのだが、じつはもう一曲、同じような構造をもつ中世歌謡がある。能《放下僧》で謡う小歌「面白の花の都や～」がそれである。その歌詞を、左にあげておく。

面白の花の都や　[D変形1]筆に書くとも及ばじ　[A]東にハ　[B]祇園清水落ち来る滝の　[C]音羽の嵐に
[D]地主の桜ハ散り散り　[A]西ハ法輪　[B]嵯峨の御寺廻らば廻れ　[C]水車の輪の　[D]臨川堰の川波
[A]川柳ハ　[B]水に揉まるる「枝垂柳ハ　[B]風に揉まるゝ」ふくら雀ハ　[B]竹に揉まるゝ（野辺の薄ハ　[B]風に揉まるゝ）
都の牛ハ　[C]車に揉まるゝ　[D変形2]茶臼ハ挽木に揉まるゝ　[A]げにまこと　[B前半]忘れたりとよ　[D変形2]筑子ハ放下に揉まるゝ
[A]筑子の　[C]二つの竹の　[B]代々を重ねてうち治まりた　[D後半]る御代かな

前半は京都の名所尽くし、後半は揉まれるもの尽くし。右にあげたのは観世流の歌詞だが、「枝垂柳ハ　風に揉まるゝ」は観世以外では謡わない。逆に（　）部分は観世・宝生にはなく、下掛リで謡う。物尽くしでストーリー性があるわけではないので歌詞に入れ替えがあってもかまわないのだが、それがいっそう可能になるのは、フシに定型があってそこに歌詞をあてはめるだけだから、といえるだろう。歌詞の異同は室町末期から江戸初期の謡本でも確認できる。冒頭以外は、部分的な変形を含むものの四つの旋律型をくり返すかたちで、開始は旋律型A、そのあとは旋律型BやCをくり返して旋律型Dで区切りとなる。なんとも単純な構成だが、単純なくり返しのおもしろさ、歌詞の楽しさで一世を風靡したのであろう。

興味深いのは、流儀によって旋律型Aのフシが違う点である。観世流では上音で謡い出すが、観世以外では下音から呂音へ下行し、最低音で謡う。それ以外の旋律型に大きな違いはない。旋律型を単位に歌謡が構成されているので、パタンごとにフシを変えても大勢に支障はないということだろう。もっとも観世流でも古くは旋律型Aを低音で謡うこともあったようで、観世文庫蔵の観世宗節筆紺表紙大本では、小歌の前に「下同」と直シが入っている。それを後代の十一世大夫重清（一六二三～一六八七）が「上シテ」と直しているのが興味深い。もっとも宗節の節付ケでも、「ヒカシニワ」や「ニシワホウリン」「カワヤナキハ」「ケニマコト」「コキリコノ」の冒頭にはハルや上と直シが入っているから、変わったのは冒頭だけらしい。ただし、法政大学能楽研究所蔵の伝観世小次郎信光筆謡本は下掛リの詞章で冒頭のみ上とし、後出の旋律型Aにはハルも上も書かれていない。元頼系と宗節系で相違が多いことはつとに知られているが、この相違は興味深い。

注目すべきは、「海道下り」も能《放下僧》の小歌も、『閑吟集』では放下の歌としている点である（ちなみに『閑吟集』の「放下僧」の詞章は下掛リの系統である）。

放下は室町時代に活動していた大道芸人で、多くは僧形をとり、軽業・曲芸のほかに、短く切った二つの竹片、コキリコを打ち鳴らしながら歌謡も歌っていた。『閑吟集』には放下の歌があわせて三曲収められている。三曲目「大舎人の孫三郎が～」は現在伝承されていないが、前半が織物尽くし、後半が恋歌である。

　おほとのへの孫三郎が　織り手をこめたる織衣　牡丹唐草　獅子や象の　雪降り竹の籬の桔梗と　移れば変

る白菊の　おほとのへの竹の下　裏吹く風もなつかし　鎖すやうで鎖さぬ折木戸　など待つ人の来ざるらむ

物尽くしの部分が同一旋律型のくり返しで構成されていた可能性は考えられるが、譜本が伝存していないので構造を確認できない。

放下ではないのだが、廃曲《小林》で謡われる小歌（ハヤフシ）が放下歌の構造に近い。本章第一節でも指摘したように盛親本番外謡では当該歌謡の冒頭に「放歌僧同事」と記しており、拍子当たりが共通していたが、今、再び『番外曲舞・語り七十一番』に従って旋律型を抽出すると、左記のようになる（**資料9** 129ページ）。

痛ハしの　奥《イ》州勢や　よ《ロ》しなき御謀反　たくミて。御運の究　あ《イ》んの内野に　腹《ロ》切討死
其《ロ》外名高き　侍。武士の　嵐《イ》松風　敵《ロ》の花を　散せは。只何事も目出度御代となる物を

「痛ハしの」や「武士の」には開始風の旋律、「たくミて」や「散せは」には終止風の旋律が付けられているが、それぞれ旋律型というほど固定度が強いわけではなく、イやロといった途中の旋律型が確認できるのみである。《小林》は明徳の乱に取材した古い作品で、この部分をハヤフシと呼ぶなど古態も感じられるが、室町時代に流行した放下歌の構成を応用して能風にアレンジしたような印象である。

旋律型の組み合わせという点で共通している三曲だが、「海道下り」のみ異なる点もある。《放下僧》の小歌、《小林》のハヤフシは一字を一拍に乗せて「おもしイろの、はなのみやこや」などとリズミカルに謡うが、「海道下り」は、能の平ノリと同じ拍子当たりで謡うのだ。先に紹介した由良家の譜には「本地」や「ヒツトリ（トリの古名）」といった用語が見られたので、江戸初期からこのように謡われていたのだろう。一定の旋律型をくり返す、という構成上の特徴は共有しながらリズムが異なるのがなんともおもしろい。

「海道下り」の前身は、早歌の「海道」上中下である。鎌倉時代に成立した早歌は東国の武士の間で流行したが、

京都から東海道を経て鎌倉・鶴ヶ岡までの道中を謡う長文の「海道」が後に謡の乱曲「東国下り」に影響を与え、放下の歌「海道下り」もそこから派生したと考えられている。七五調の句を主体とする早歌には、「しぐ*…れてい*…たく守山*の*。」と拍子点がついており、＊印で拍子を取りながら謡ったと推測されている。拍子点が等間隔になるよう打つと古い平ノリのリズムに近くなる。早歌自体は旋律型をくり返すかたちで作曲されていないが、遠い道行の記憶を平ノリの拍子に残しながら、放下は旋律型をくり返す自身の音楽形式に「海道下り」の歌詞を載せて謡ったのではなかろうか。

現在では《放下僧》の小歌も「海道下り」もリズムの異同に関係なく小歌、と一括して呼んでいる。小歌、といえば《花月》の小歌「来し方より」は、「こーオしかーアたーよりイ」一字一拍を基本としながら字足らずの場合は音を引いて謡うが、旋律型をくり返すかたちではない。名前の通り短い歌であるから、小歌は本来旋律型をくり返す形式ではなかったであろう。《放下僧》の歌を「小歌」に含めるようになるのは、放下の実態が不明になった後世のことなのかもしれない。

（二〇一四年十月）

第三節　狂言小舞の伝承を考える
――和泉流各家のフシの比較を中心に――

はじめに

狂言には、歌謡の場面が多い。酒宴の場では酒の肴にひとさし舞おうとなるわけだが、そのような場面で謡ったり舞ったりするのは室町時代の末から江戸時代の初めに流行した歌謡がほとんどであった。当初は演者が即興的に好みの歌を謡っていたようだが、江戸時代を通じて台本が固定すると、謡う曲、舞う曲も固定し、《棒縛》ならば和泉流は「七つ子」と「暁」、大蔵流では「暁」の代わりに「十七八」、という具合に流儀ごとに固定していった。

曲名は固定したが、フシや詞章はその後も変化した。狂言小舞はその多くが流行歌謡であったためか、流儀によって詞章やフシ、拍子に乗るか乗らぬか、といった点が異なる場合も少なくない。狂言には大蔵流、和泉流、鷺流という三つの流儀があったから、著しい場合は三種類のヴァリエーションが存在する。しかも狂言は、家単位で伝承をつないできた。和泉流でいえば、宗家である山脇家を中心に、野村又三郎家、三宅藤九郎家が集まって一流をなしていたので、そこでも歌詞やフシが異なる場合が生じる。しかも家による異同が流儀を越えて、異流間で一致する場合すらあるようだ。本論では和泉流を中心に、三宅の系統を引く野村万蔵家と山脇の系統である狂言共同社で伝承の異なる「石河藤五郎」「鐘の音」「七つ子」「柳の下」「よしの葉」を取り上げて、その異同について論じてみたい。

一　石河藤五郎

江戸後期の随筆家・百井塘雨は『笈埃《きゅうあい》随筆』の中で、太閤秀吉が大仏殿を再建したときに、造営の石を宇治・山科・音羽あたりから運搬した石引きの棟梁の名を藤五郎、と記している。石に飾りを付けて華々しく引いていく姿を見て女性が心ときめかせる様子を謡ったのが和泉流の「石河藤五郎」、鷺流では「石引」と呼ぶ歌謡である。各流各家の異同を列記したのが**資料1**である。

まず、和泉流から見ていこう。狂言共同社（1）では冒頭、「石河藤五郎殿は石をひきあるの・いしにかざりのきぬをきせて引きあるの」と謡う。佐藤友彦蔵の『小舞・小謡抜書（仮題）』は十四世山脇元業の書写によるが、そこでも、また明治三十四年（一九〇二）に十六世山脇元清が著した『和泉流小舞謡』でも同じである。

東京文化財研究所蔵の又三郎家本（2）では「石にかざりの絹を着て引きやるの」を謡った後に「おれが殿子は先から二番目の大紋の袴に太刀をはいたが殿子じゃ」と謡う。この付加された詞章を狂言共同社では謡わないから、又三郎家と狂言共同社では伝承が異なる、と言いたいところだが、狂言共同社が別に所蔵する『和泉流狂言六儀抜書 乙』[1]（3）は、両方の詞章を載せている。明治以降、又三郎家は名古屋に移住したため狂言共同社とつながりが深く、即断はできない。

資料1　石河藤五郎（石引）

1　狂言共同社現行謡（山脇元業筆『小舞・小謡抜書（仮題）』佐藤友彦蔵）
2　野村又三郎信英筆『和泉流小舞集』（東京文化財研究所蔵）
3　井上礼之助旧蔵『和泉流狂言六儀抜書乙』（狂言共同社蔵）
4　和泉保之『改訂小舞謡　全』（わんや書店）
5　南大路維顕筆『和泉流　小舞』（法政大学能楽研究所蔵）
6　鷺保教本『小舞』（天理図書館善本叢書）
7　鷺定経相伝書中『小舞　全』（法政大学能楽研究所蔵）『小舞　全』（早稲田大学演劇博物館蔵）も、表記は一部異なるが内容は同じ

※[　]は上音

1　石河藤五郎殿は　石をひきあるの　いしにかざりのきぬをきせて引きあるの
2　石子藤五郎殿ハ　石を引きやるの　石にかざりの絹を着て引きやるの
3　石河藤五郎殿　石を引きやるの　石にかざりの衣をきせて引るの
4　石河藤五郎殿ハ　石を引きやるの　（ナシ）
5　石河藤[五]郎とのハ　いしを引やるのふ　（ナシ）
6　石河藤五良殿ハ　石を引キヤルノ　石ニ飾リノ布ヲ着セテ引キヤルノ
7　石子藤五郎殿ハ　石ヲ引キヤルノ　石ニ飾リノ絹ヲ着セテ引キヤルノ

1　（ナシ）
2　おれが[殿]子は先から二番目の　大紋の[袴]に太刀をはいたが殿子じゃ
3　おれが殿御ハ先から二番目の　大紋の袴に太刀をはいたが殿子じゃ
4　うらが殿御ハ先から二番目の　素袍袴に太刀を佩いたが殿御じゃ
5　うらが[殿]こハ先から二番目　素袍[袴]に大刀をはいたがとのこじゃ
6　我ガ殿子ハ先カラ二番目ノ　大紋ノ袴ニ太刀ヲ帯タガ殿子ジャ
7　我ガ男子ハ先から二番目ノ　大紋ノ袴キテ太刀ヲ帯タガ殿子ヨ

1　まづはひいたひきぶり　扨もひいたひきぶり　人目だに[おも]はずは
2　先は引た引ぶり　扨もひいた引きぶり　人目だに[思]はずバ
3　扨も引た引ぶり　先は引た引ぶり　人目だに[おも]わずは
4　さても引いた引きぶり　実にも引いた引きぶり　人目だに[思]はずハ
5　扨もひいた引ぶり　実も引た引きぶり　人目だに[おも]わずハ
6　先ハ引タ引振　扨モ引タヒキフリ　人目タニ思ハズハ
7　先ハ引イタリ引キ振リ　扨モ引イタリ引振　人目タに[思]ハスハ

1　する〱とはしりよって　いとし[こし]をしめうよ
2　[す]る〱とはしり寄て　いとし[腰]をしめうよ
3　する〱とはしりよって　いとし腰をしめふよ
4　する〱と走り寄りて　いとし腰をしめうよ
5　つる〱とはしり寄りて　いとしこしをしめふやう
6　スル〱ト走リ寄ツテ　最愛腰ヲシメフヨ
7　ツル〱トハシリ寄ッテ　イトシ腰ヲシメウニ

一方、万蔵家（4）では「石に飾りの〜」を謡わず、「うらが殿御ハ先から二番目の素袍袴に太刀を佩いたが殿御じゃ」だけを謡う。しかも又三郎家で「大紋の袴」と謡うところを「素袍袴」としている。

万蔵家の師匠は三宅藤九郎家であるが、三宅家は京都在住のまま加賀藩に仕えていた。三宅の系統で明治時代に京都で活躍した南大路維顕が残した小舞謡本[2]（5）をみると、「うらが殿こハ先から二番目素袍袴に大刀をはいた」となっている。「大紋の袴」ではなく「素袍袴」となっている点、他家で「まずは引いた引きぶり・さても引いた引きぶり」と謡う傍線部分が「扨もひいた引きぶり・実も引た引ぶり」と変わっている点で、万蔵家と一致する。万蔵家が三宅派の伝承を継ぐ、と確認できる材料である。

次に、鷺流を見てみたい。天理図書館蔵の鷺保教本（6）は伝右衛門保教が享保九年（一七二四）以前に書写したものだが、そこでは「石ニ飾リノ布ヲ着セテ引キヤルノ・我ガ殿子ハ先カラ二番目ノ大紋の袴ニ太刀ヲ帯タガ殿子ジャ」と両方の詞章を謡い、しかも「大紋の袴」となっている。前節で紹介した法政大学能楽研究所所蔵・鷺定経伝書中の『小舞　全』（7）や早稲田大学演劇博物館所蔵の『小舞　全』も同様だが、最後の詞章が少し異なり、「ツル〳〵〜イトシ腰ヲシメウニ」となっている。

東京堂刊『狂言辞典　資料編』によると、茂山家の名寄一覧には伝承曲としてあがっている。しかし、茂山千五郎家が通常用いる『大蔵流狂言小舞集』には載っていないので、常用しない特殊な小舞なのであろう。寛政七年（一七九五）の奥書を持つ大蔵虎寛筆『小舞謡　廿二番』に載っていないところをみると、茂山家が摂取したのは虎寛以降と考えられる。

各流の江戸時代の譜本を精査していないので結論は差し控えたいが、鷺流のようにすべて謡うかたちが本来ではないだろうか。流行歌謡であるから適宜省略して謡うこともあり、それが家によってさまざまな形で定着していった、と推測しておきたい。

後半の詞章はほぼ一致しているので、フシの違いを検討しておく。

小舞謡は中音・下音間を行き来するフシが多く、上音に上行するフシがどこに出てくるかがポイントになる。謡本に「ハル」、と記譜されたところを見ていこう（**資料1**の□部分）。鷺流は現在伝承が途絶えているが、先述した二種の『小舞 全』にはゴマが付してあり、一カ所「ハル」と直シが入っていた。和泉流・鷺流の各譜本すべてに共通しているのは「人目だに思わずは」で上音に上行する点である。多くの小舞謡が曲の最後に上行する、お定まりのパタンである。

山脇元業筆の『小舞・小謡抜書』では「いとし腰を」にも「ハル」と書かれていたが、その通りここを上音で謡うのは狂言共同社と又三郎家である。南大路家本には「ハル」と書かれておらず、それは万蔵家も踏襲している。南大路家本では「うらが殿こ」「素袍袴」を「ハル」としているが、そこが共通するのは万蔵家ではなく又三郎家である。又三郎家では「するすると」も「ハル」としているが、これはどこの家とも異なっている。また南大路家本では「石河藤五郎」にも「ハル」とあるが、これもどの家とも共通していない。細かいフシの異同が家ごとに系統だっておらず、家を超えて微妙に錯綜している。

譜例1に、和泉流各家が実際に謡っているフシを並記したが[3]、「石子藤五郎殿は、石を引きやるの」は狂言共同社と万蔵家、「石に飾りの衣を着せて引きやるの」は狂言共同社と又三郎家が共通している。「まずは（万蔵家では「さても」）引いた」が中下旋律で「引きぶり」で中音に上がり、返シの句「さても（万蔵家では「げにも」）引いた・ひきぶり」もそれと同じ節付ケになっている点では狂言共同社と万蔵家が一致し、「いとし腰をしめうよ」は狂言共同社と又三郎家が一致し、「人目だに思わずは」のみ三家で一致する。家によって異同の大きい歌謡である。

共同社

中 ――――――――ひ―きぶ―り　――――――――ひ―きぶ―り
下 ま―づわ―ひ――――――――　さても―ひ――――――――
呂 ――――――いた――――――　――――――いた――――――

又三郎家

中 ま―づわ―ひ――ひ―きぶ―り　さ――てもひ――ひ―きぶ―り
下 ――――――いた――――――　――――――いた――――――

万蔵家

中 ――――――――ひ―きぶ―り　――――――――ひ―きぶ―り
下 さ―ても―ひ―い――――――　げ―にも―ひ―い――――――
呂 ――――――――た――――――　――――――――た――――――

共同社

　　　　　　もわ　　　　　　　　　　　　　　　　　　こ
上 ――――――――――――　――――――――――――　――――――――――――
　　　　　に お　　　　　　　　　　　　　　　　　　し
中 ひ―とめ―だ――――――ず―わ　する―す―る――はしりよっ―て　い―と――し―を――し―みょ――よ
下 ――――――――――――　――――――と――――――　――――――――――――

又三郎家

　　　　　お もわ　　　　する　　　　　　　　　　　　こ
上 ――――――――――――　――――――――――――　――――――――――――
　　　　　に　　　　　　　　　　　　　　　　　　　　し
中 ひ―とめ―だ――――――ず―わ　――する――は―しりよ―り―　い―と――し―を―し―めう―よ
下 ――――――――――――　――――――と――――――て　――――――――――――

万蔵家

　　　　　　もわ
上 ――――――――――――　――――――――――――　――――――――――――
　　　　　に お
中 ひ―とめ―だ――――――ず―わ　する―す―る――は――しりよ――　い―と―し―こ―し―を―し―みょ――よ
下 ――――――――――――　――――――と――――――りて　――――――（呂）――――――

譜例1　石河藤五郎（2）

共同社

中 ―し―と―ごろど―の――　い――ひ―きゃるの―　い――か――ざり―の―ぬ―を―き――――――――

下 い―こ――――――オわ―　―し―を――――――オ　―し―に――――――き――――せ―て―ひ―きゃるの―

呂 ―――――――――――――　――――――――――　――――――――――――――――――――――――――――オ

又三郎家

中 い――こ―と―――の――　い――――――――――　い――――――ざり―の――ぬ―を―き――――――――

下 ――し―――――ごろど――わ―　―し―を―ひ―きゃるの―　―し　に　か――――――き――――せ―て―ひ―きゃるの―

呂 ―――――――――――――　―――――――――オ　―――――――――――――――――――――――――――――オ

万蔵家

中 ――――と―ごろど――――　い―――ひ―きゃるの―

下 い―し―こ――――の―わ―　―し―を――――――オ　（ナシ）

共同社　（ナシ）

又三郎家

上 ――と　の――――　―――――――――――　―――――――か―――――――――――

が　の　は

中 お―れ―――――ご―わ　さき―か―ら―に―ばん―め―の　だいもん―――――ま―に―た―ちをはいた―と―のご―じゃ

下 ――――――――――　―――――――――――　――――――――――――――――――が――――――

万蔵家

中 う―ら―が―と―の―ご―　――か―ら―に―ばん―め―の　す―お―う―は―か―ま―――――――――と―のご―じゃ

下 ―――――――――――わ　さき―――――――――　―――――――――――に―た―ちをはいた――――――

呂 ――――――――――――　―――――――――――　――――――――――――――――――――が――――――

譜例１　石河藤五郎（1）

二　鐘の音

和泉流内部のみならず、三流で詞章が異なるのが「鐘の音」である。同名の狂言の最後に、太郎冠者が鐘の音を描写しながら舞う部分の謡だが、小舞として単独に舞うこともある。詞章の異同については稲田秀雄がまとめているので、その論考[4]を参照しながら、フシについてふれておく。

資料2に示したが、後半で「是までなりとて帰りしが、また立ち帰り小町にて、子供が母の土産にせんとて」と謡うのが和泉流の伝統的な詞章である。天理本『抜書』（1）、それに次いで古いとされる和泉家古本『抜書』（2）にこの詞章があり、現在でも狂言共同社、又三郎家ではそう謡っている。

ところが、万蔵家（5）にはこの詞章がない。三宅家が中絶したあと、三宅派の『六義』は三宅庄市の弟子であった南大路家に伝えられていたが、それがまとまって法政大学能楽研究所に所蔵されている。その中の「鐘の音」を見ると、万蔵家同様「是までなりとて～子供が母の土産にせんとて」が抜けている。[5]万蔵家は三宅派の伝承通り謡っているのだが、なぜ三宅派は抜けているのだろうか。

大蔵流を見てみよう。茂山家にも山本家にも、また「于時文化三（一八〇六）仲秋南呂写之」と奥書のある虎寛筆の『謡抜書本』[6]（6）にも、「是までなりとて～子供が母の土産にせんとて」がない。虎明本（7）は、細部が少しこととなるものの「いそひでのほるが又立かへり　こもちがかたへのミやげにせんとてべにざら一つかひもちて」という詞章を載せているから、虎明以降に退転したのだろうか。

鷺流では江戸中期以降仁右衛門派で現行曲とし、伝右衛門派は珍敷狂言の中に入れていたという。稲田論文に

資料2　鐘の音

1 天理本『抜書』
2 和泉家古本『抜書』
3 井上礼之助旧蔵『和泉流狂言六義抜書　乙』（狂言共同社蔵）
4 野村又三郎『和泉流狂言秘事　鐘の音　六儀』（東京文化財研究所蔵）
5 和泉保之『改訂小舞謡　全』（わんや書店）
6 大蔵虎寛筆『謡抜書本』（山本東次郎家蔵。現行大蔵流も同じ）
7 大蔵虎明本

※点線は上音（入で上音にあがる場合も含む）
※□はシオリ（クリ）

1 東門にあたりてハ　寿福寺のかね　諸行無常とひゞくなり
2 東門にあたりてハ　寿福寺のかね　諸行無常とひゞくなり
3 東門にわたりては　寿福寺の鐘　諸行無常と響なり
4 東門に当たりてハ　寿福寺の鐘　諸行無常とひびくなり
5 東門に当たりてハ　寿福寺の鐘　諸行無常と響くなり
6 東門に当りてハ　五大堂の鐘これなり　諸行無常とひゞくなり
7 東門にあたりてハ　五だいだうのかね是なり　諸行無常とひゞくなり

1 南門にあたりてハ　ゑんかくしのかね　せしやうめつほうとひゞくなり
2 南門にあたりてハ　円覚寺のかね　せしやうめつほうとひゞくなり
3 南門にわたりては　円覚寺の鐘　是生滅法と響なり
4 南門に当たりてハ　円覚寺の鐘　是生滅法とひびく成り
5 南門に当たりてハ　円覚寺の鐘　是生滅法と響くなり
6 南門に当りては　寿福寺のかね是なり　是生滅法とひゞくなり
7 南門にあたりてハ　寿福寺のかね是也　是生滅法と響なり

1 扨西門は極楽寺　是又せうめつめつり（い）のことわり
2 扨西門は極楽寺　是又せうめつめつりのことわり
3 扨西門は極楽寺　是又生滅滅已の理り
4 扨西門ハ極楽寺　是又生滅めつ已の現り
5 さて西門ハ極楽寺　これ又生滅々已の理り
6 さて西門は極楽寺　これまた生滅めつ已の心
7 扨西門は極楽寺　これ又生滅々已の心

1 北門はけんちやうし　しやくめついらくとひゞきわたれハ
2 北門は建長寺　しやくめついらくとひゞき渡れハ
3 北門は建長寺　寂滅為楽と響渡れハ
4 北門は建長寺　寂滅為楽とひびき渡れば
5 北門ハ建長寺　寂滅為楽と響き渡れバ
6 北門は建長寺　寂滅為楽とひゞき渡れハ
7 北門な建長寺　寂滅為楽とひびきわたれハ

1 かまくらにつっと　入あひのかね是なり
2 かまくらにつっと　入あひの鐘是なり
3 鎌倉につっと　入逢の鐘是なり
4 鎌倉につうと　入相の鐘是成り
5 鎌倉につうと　入相の鐘これなり
6 まづ鎌倉につっと　入相のかね是なり
7 先かまくらへつっと　いりあひのかね是なり

1 いつれもかねの音聞すまし　是までなりとて帰りしが　又立かへりこ町にて
2 何れも鐘の音聞すまし　是迄成とて帰りしが　又立帰りこ町にて
3 何れも鐘の音聞すまし　是迄なりとて帰りしが　又立帰りこまちにて
4 いづれも鐘の音聞済し　是迄成りとて帰りしが　又立帰り小町にて
5 何れも鐘の音聞きすまし　（ナシ）
6 何れもかねの音聞済し　（ナシ）
7 いつれもかねのねきゝすまし　いそひでのほるが又立かへり

1 子共が母のミやけにせんとて　さうり一足へに皿ひとつ　かいとって
2 子共が母の見やけにせんとて　さうり一足へに皿ひとつ　かいとって
3 子供が母の土産にせむとて　草履一足紅皿一つ　買取って
4 子供が母の土産にせむとて　草理一足紅皿一つ　買取って
5 （ナシ）
6 （ナシ）
7 こもちがかたへのミやげにせんとて　べにざら一つ　かひもちて

1 いそひてのほるかいもなく　さもあらけなきしゆ殿のそくひをとってつきかねの
2 いそひてのほるかひもなく　さもあらけなきしゆ殿のそくひをとってつきかねの
3 急で登るかひもなく　さもあらけなき主殿の　そくびを取ってつき鐘の
4 急で登る甲斐もなく　さもあら気なき主殿の　機嫌を取って撞鐘の
5 急いで帰るかひもなく　さもあらけなき主殿の　素首を取ってつき鐘の
6 急て登る心もなく　さもあらけなき主とのにそくひを取てつき鐘の
7 急で上る心もなく　さもあらけなきしゆ殿にそくびをとってつきがねの

1 そ首を取ってつき鐘の　ひゞきにはなをやなおるらん
2 そ首を取ってつき鐘の　ひゞきにはなをやなをるらん
3 そ首を取ってつき鐘の　ひゞきにはなをやなほるらむ
4 機嫌を取って撞き鐘の　ひびきに花をや直るらん
5 素首を取って撞鐘の　響に花をやなほすらん
6 そ首をとってつきかねの　ひゞきにはなをそなおりける
7 そ首を取ってつき鐘の　ひゞきにはなをぞなをりける

よると、当該箇所は宝暦名女川本では「夜はほのぼのと明けければ、いわれのほるか立帰り、小町にて子持ちか母のみやけにへにさらひとつかいもちて」となっており、寛政有江本、賢茂五番綴本でも細部の異同はあるがおおよそ同じ形であるという。

三流を比べると、細部の異同はあるものの「是までなりとて〜」を謡うのが本来の形だったように思われる。三宅派が謡わないのはもともと大蔵流だったからであろうか。三宅派は元来大蔵流だったが、山脇家の客分となって和泉流に転流した、という伝えがあるそうだ。文字資料が残っているわけではないのだが、三宅の弟子家である万蔵家だけがこの詞章を持たないのは、この伝承の真偽を証明する資料となりうるかもしれない。ただし流儀によって寺の名前が異なるので、その点を比較すると単純に三宅派が大蔵流だと断言もできない。和泉流・鷺流では「寿福寺・円覚寺・極楽寺・建長寺」の順に謡われるが、大蔵流では「五大堂・寿福寺・極楽寺・建長寺」となっていて、最初の二寺が和泉流とは異なる。万蔵家や南大路家旧蔵の『六義』でも最初の二寺は「寿福寺・円覚寺」であって、その点は大蔵流とは異なっている。小舞の伝承は一筋縄ではいかないようだ。

フシを見てみよう。大蔵流と和泉流で少し異なるが、これも江戸初期からの伝承に則っている。大蔵流では虎明本に簡単なゴマ譜と直シがあり、「是生滅法」「寂滅為楽」「そ首を取って（二回目）」の傍線部分に「シオリ」と書かれている。これは虎寛の『謡抜書本』でも同じで（ただし、虎寛本では「クリ」と書かれている）この三カ所でクリを謡う節付ケは現在まで引き継がれている。虎寛本ではかなり詳細に節付ケが書かれており、冒頭は上音謡い出し、「東門」「南門」に「ハル」、「五大堂」「寿福寺」に「入」、「東門にあたりては」「南もんにあたりては」「さて西もんは」「これまたしょうめつめっちのこころ」「ほくもんな」「ひびきわたれば、いずれも」「いそいで」「そくびを（二回目）」「つきかねの（二回目）」の傍線部分が上ゲゴマになっている（**資料3**）。茂山千之丞と山本則俊の謡[7]を

譜例2にあげておいたが、虎寛本の上ゲゴマ部分を上音（上ウキ音）で謡っていることが確認できよう。

和泉流では、天理本『抜書』、元禄期に書かれた和泉家古本『抜書』（**資料4**）でともに「北門は」に「上」、「そ首を取って（二回目）」が「シオリ」となっている。現在のフシを**譜例3**に示しておいたが、[8]「寿福寺」で上音に一音上行するところを、天理本も古本も上ゲゴマで対応している。古本では「円覚寺」にも同じように上ゲゴマがあり、万蔵家では上音へ上行しているが、狂言共同社では逆に下音に下行している。「寿福寺」「円覚寺」の当該部分は元業の『小舞・小謡抜書』や井上礼之助旧蔵の『和泉流狂言六義抜書　乙』、又三郎家の譜本では上ゲゴマ、ないし一音上行記号の「入」、南大路家旧蔵本でも「円覚寺」は「入」となっているので、ここで上行するのが本来

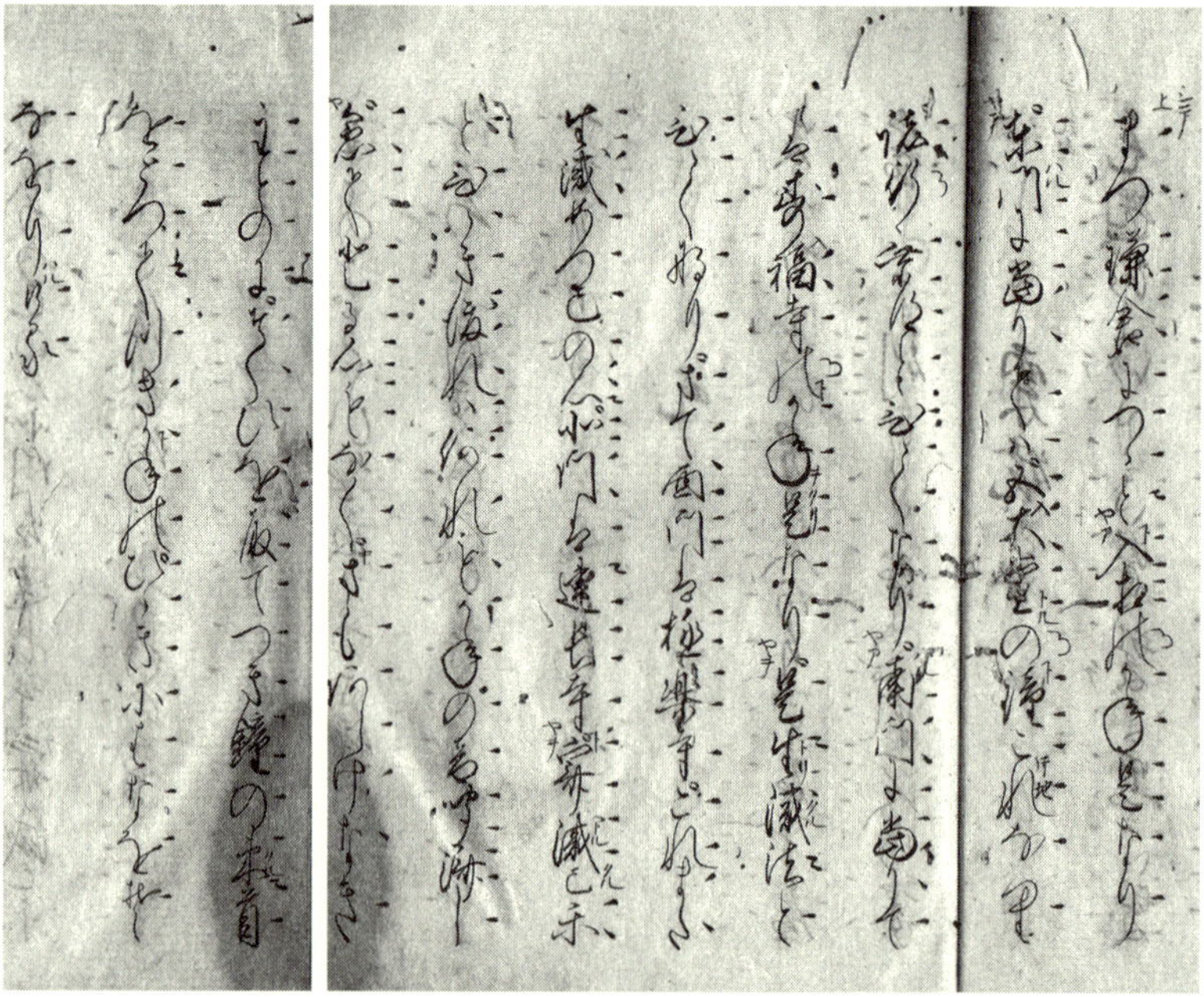

資料3　大蔵虎寛筆『謡抜書本』「鐘の音」（山本東次郎家蔵）

のフシであろう。「北門は」で上音に上行するのも、「そ音を取って（二回目）」でクリ音へ上行する点も現行の三家で踏襲している。天理本や古本と異なるのは、現行では「寂滅為楽」の傍線部分でクリを謡う点である。天理本や古本にこの指示はないが、元業の『小舞・小謡抜書』や南大路家旧蔵本では「クル」となっている。大蔵流では虎明本からクリを謡っているので、江戸後期にはその影響を受けて変化したのかもしれない。

結論を言うと、「是生滅法」をクリで謡うか中音のまま低く謡うか、が大蔵流と和泉流の節付ケの大きな違いで、それ以外はほとんど差異がない。万蔵家や南大路家旧蔵本でも「是生滅法」は低く謡い、その点は和泉流グループに属している。寺の名が違っていても節付ケが変わるわけではなく、詞章の出入りがあるのにその周辺のフシが変化していないのは興味深い。「是までなりとて〜子供が母の土産にせんとて」は上音の周辺をぐるぐるするフシで特徴がないところなので、省略しても大過なかったのだろう。

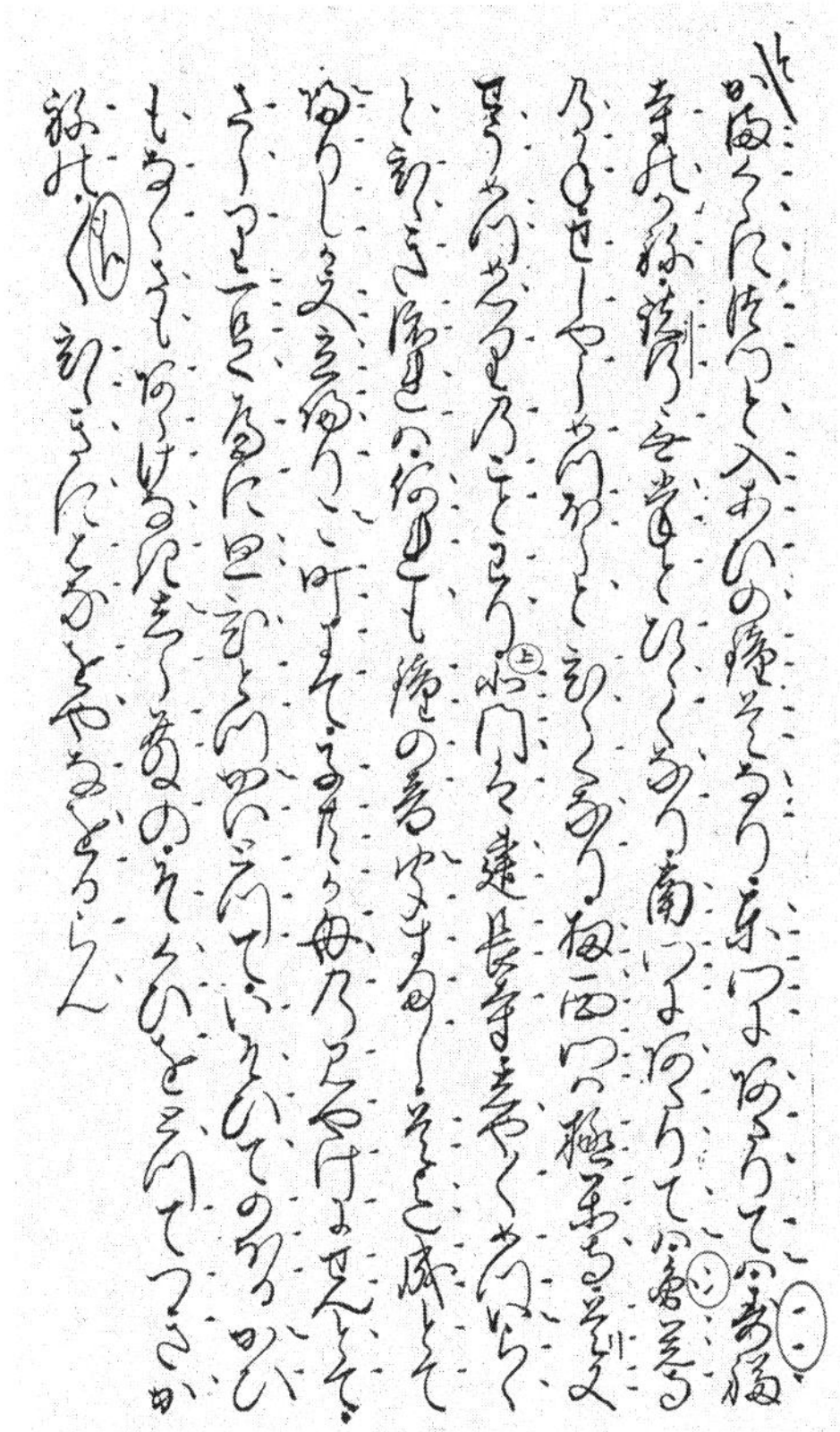

資料４　和泉家古本『抜書』「鐘の音」
（池田廣司『古狂言台本の発達に関しての書誌的研究』より転載）

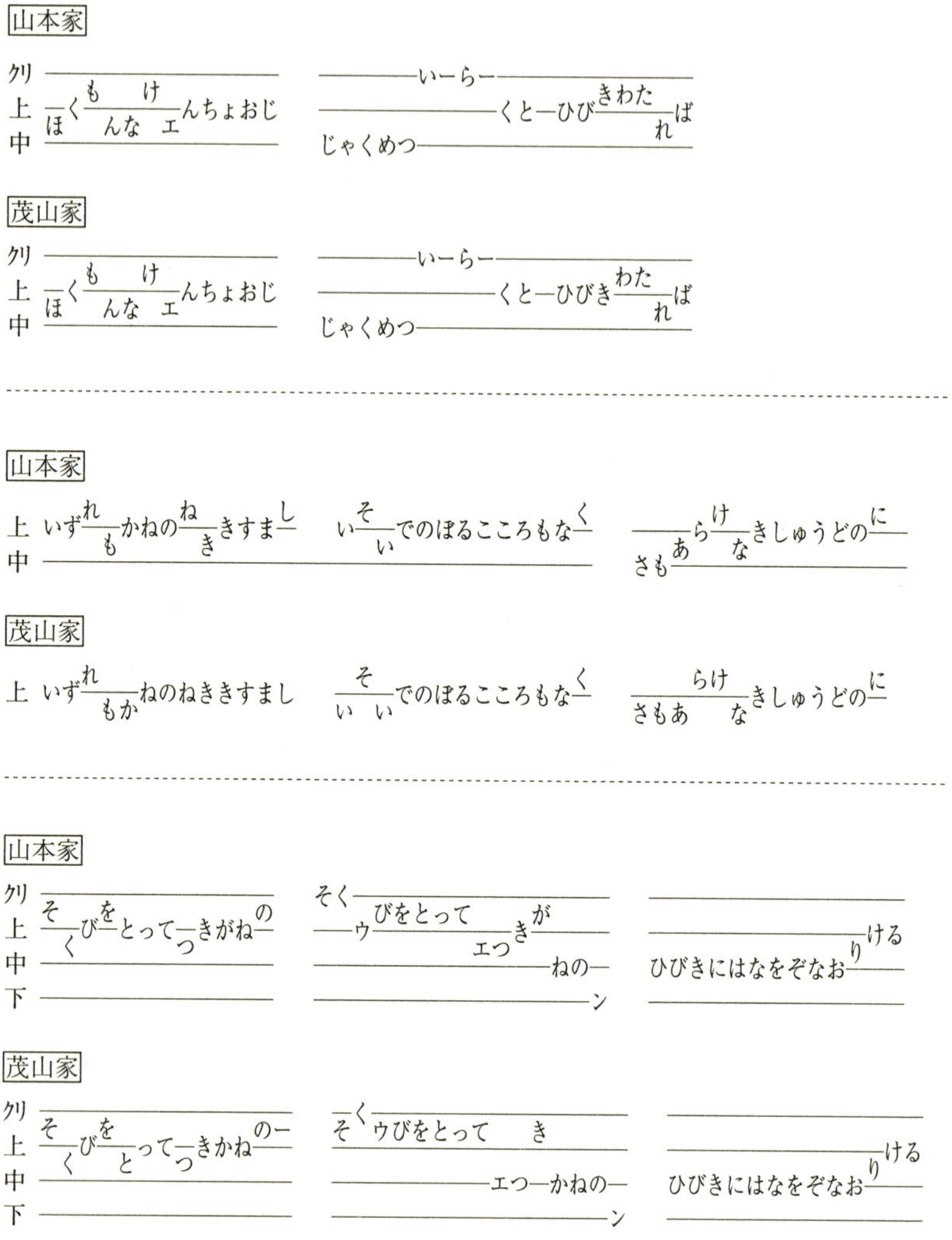

山本家
クリ　いーらー
上　くもけんちょおじ　くとーひびきわたればー
中　ほんなエ　じゃくめつ
茂山家
クリ　いーらー
上　くもけんちょおじ　くとーひびきわたれば
中　ほんなエ　じゃくめつ
山本家
上　いずれもかねのねききすまし　いそいでのぼるこころもなく　あらけなきしゅうどのに
中　さも
茂山家
上　いずれもかねのねききすまし　そいいでのぼるこころもなく　さもあらけなきしゅうどのに
山本家
クリ　そく
上　そくびをとってつきがねの　ウびをとってエつきが　ける
中　ねの　ひびきにはなをぞなおり
下　ン
茂山家
クリ　く
上　そくびをとってつきかねのー　そウびをとって　き　ける
中　エつーかねの　ひびきにはなをぞなおり
下　ン

譜例 2　大蔵流「鐘の音」比較譜（2）

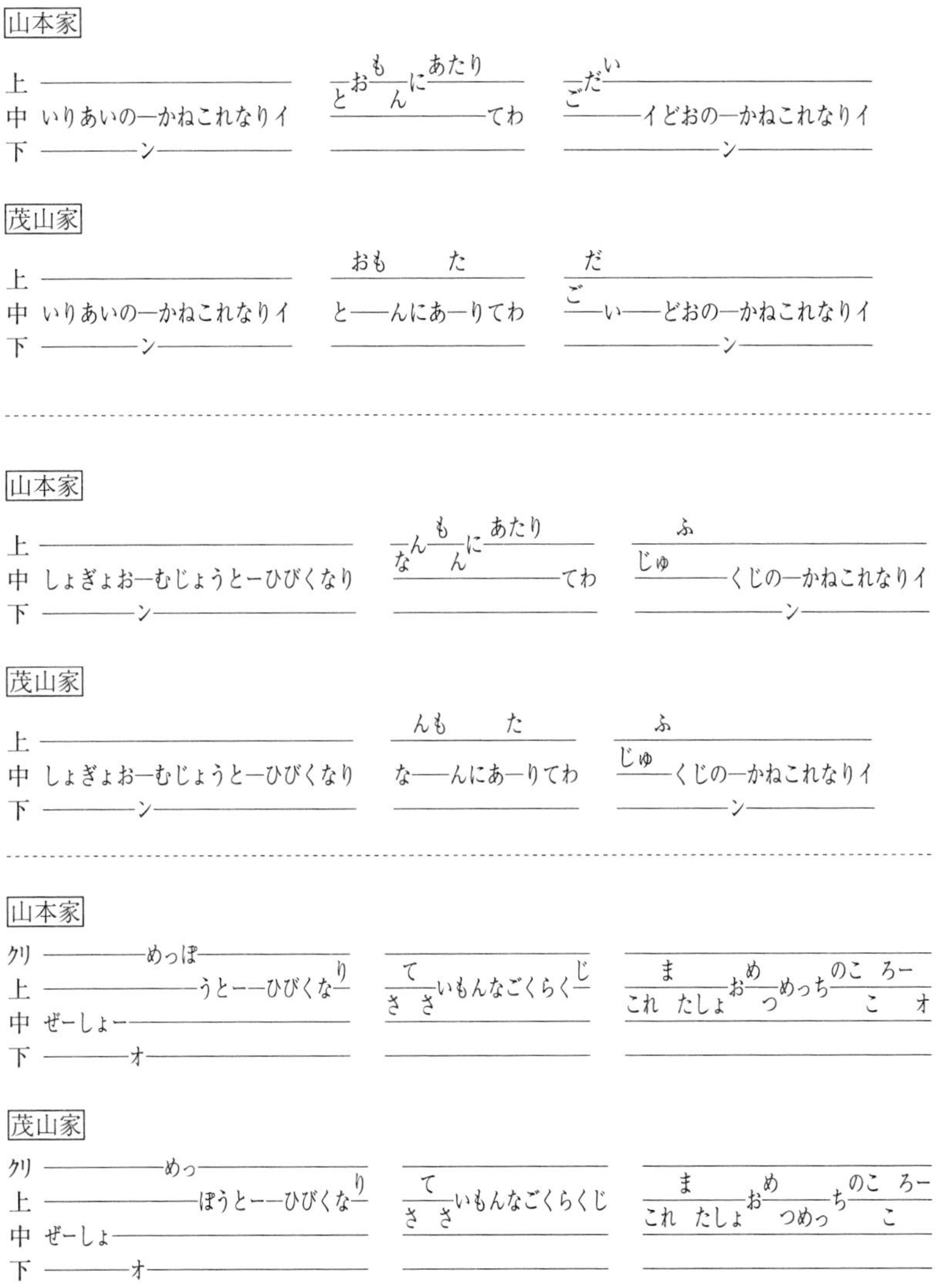
山本家
上
中 いりあいの―かねこれなりイ
下 ―ン―
とおもんにあたりてわ
ごだい―イどおの―かねこれなりイ
―ン―
茂山家
上
中 いりあいの―かねこれなりイ
下 ―ン―
おも　た
と――んにあ―りてわ
だ
ご―い――どおの―かねこれなりイ
―ン―
山本家
上
中 しょぎょお―むじょうと―ひびくなり
下 ―ン―
なんもんにあたりてわ
ふ
じゅ―くじの―かねこれなりイ
―ン―
茂山家
上
中 しょぎょお―むじょうと―ひびくなり
下 ―ン―
んも　た
な――んにあ―りてわ
ふ
じゅ―くじの―かねこれなりイ
―ン―
山本家
クリ ―めっぽ―
上 ―うと――ひびくなり
中 ぜーしょー
下 ―オ―
てささいもんなごくらくじ
これまたしょおめつめっちのこころー
こ　オ
茂山家
クリ ―めっ―
上 ―ぽうと――ひびくなり
中 ぜーしょ
下 ―オ―
てささいもんなごくらくじ
これまたしょおめつめっちのこころー
こ

譜例２　大蔵流「鐘の音」比較譜（1）

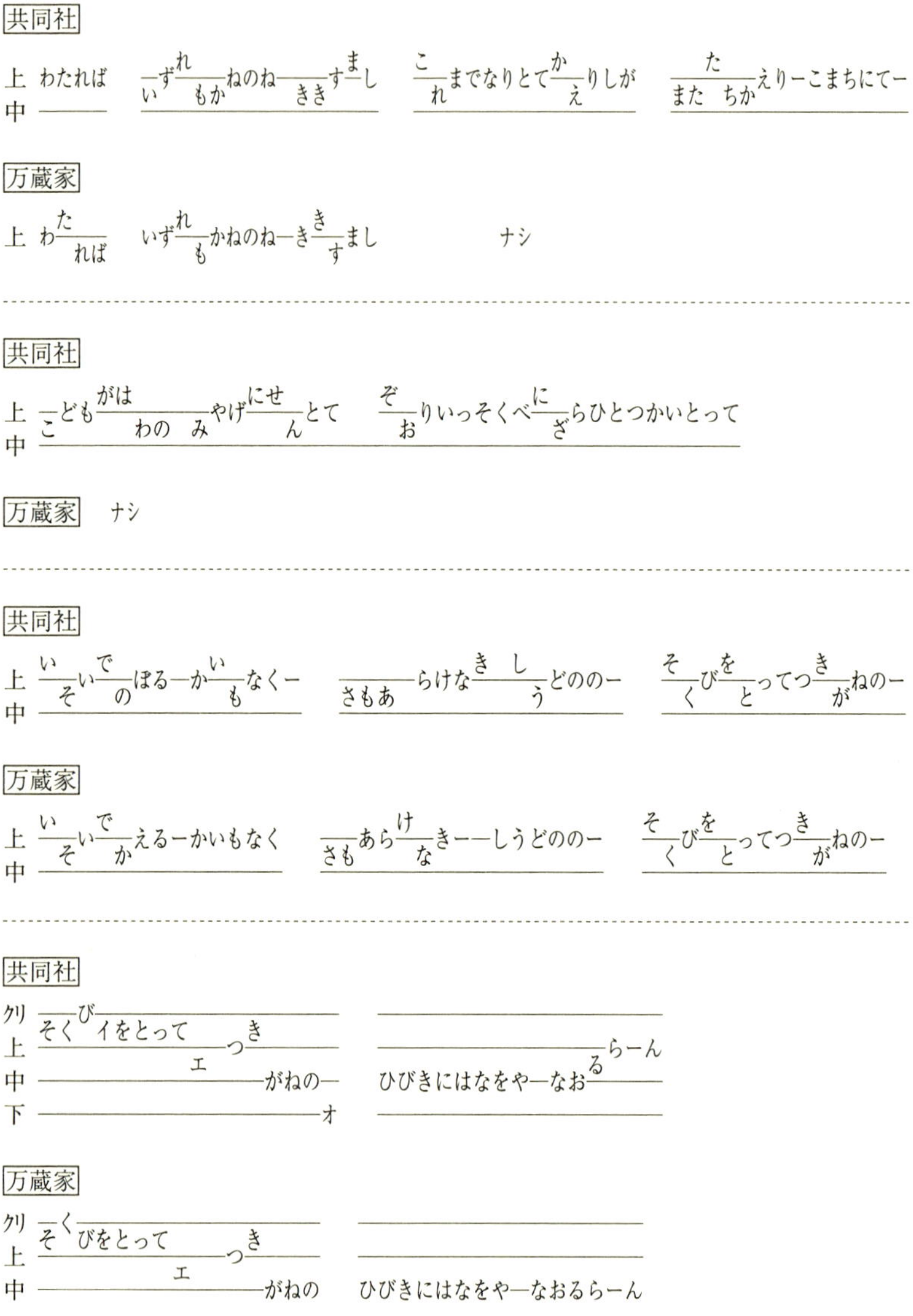
共同社
上 わたれば　ずれ　ねのね　すまし　こ　までなりとてか　りしが　た　えりーこまちにてー
中 い　もか　きき　れ　え　また　ちか
万蔵家
上 わた　いずれ　かねのねーきき　まし　ナシ
れば　も　す
共同社
上 どもがは　やげにせ　とて　ぞ　りいっそくべに　らひとつかいとって
中 こ　わの　み　ん　お　ざ
万蔵家　ナシ
共同社
上 い　いで　ぼるーかい　なくー　らけなき　し　どののー　そ　びを　ってつき　ねのー
中 そ　の　も　さもあ　う　く　と　が
万蔵家
上 い　いで　えるーかいもなく　さも　あらけ　きーーしうどののー　そ　びを　ってつき　ねのー
中 そ　か　な　く　と　が
共同社
クリ　び
上 そく　イをとって　つき　らーん
中 エ　がねのー　ひびきにはなをやーなおる
下 オ
万蔵家
クリ　く
上 そ　びをとって　つき
中 エ　がねの　ひびきにはなをやーなおるらーん

譜例３　和泉流「鐘の音」比較譜（2）

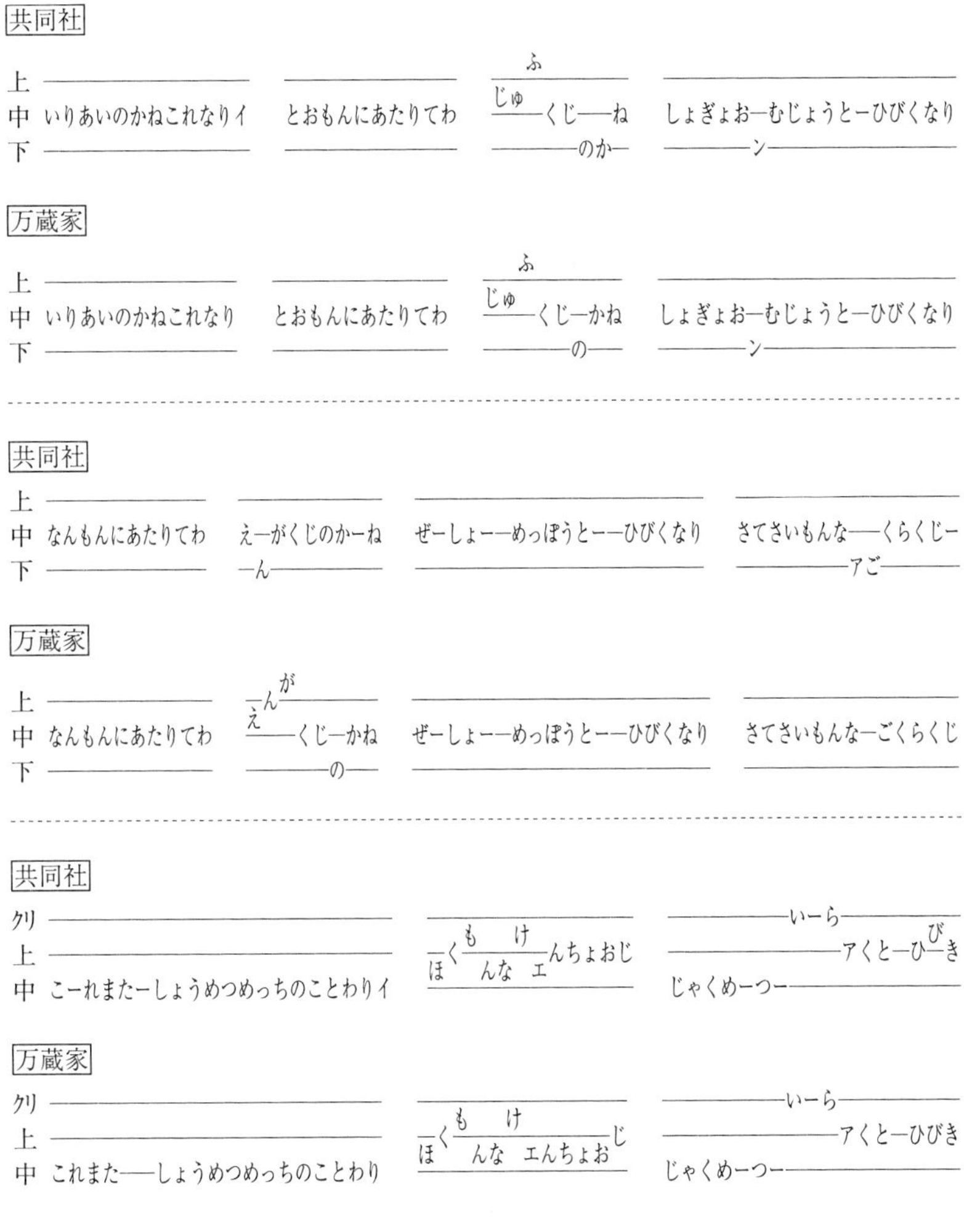
共同社
上
中 いりあいのかねこれなりイ　とおもんにあたりてわ　じゅ くじ―ね　しょぎょお―むじょうと―ひびくなり
下 のか― ン
ふ
万蔵家
上
中 いりあいのかねこれなり　とおもんにあたりてわ　じゅ くじ―かね　しょぎょお―むじょうと―ひびくなり
下 の― ン
ふ
共同社
上
中 なんもんにあたりてわ　え―がくじのか―ね　ぜ―しょ――めっぽうと――ひびくなり　さてさいもんな―くらくじ―
下 ―ん　アご
万蔵家
上 んが
中 なんもんにあたりてわ　え くじ―かね　ぜ―しょ――めっぽうと――ひびくなり　さてさいもんな―ごくらくじ
下 の―
共同社
クリ いーら
上 く も け んちょおじ　アくと―ひ び き
中 こ―れまた―しょうめつめっちのことわりイ　ほ んな エ　じゃくめ―つ―
万蔵家
クリ いーら
上 く も け じ　アくと―ひびき
中 これまた―しょうめつめっちのことわり　ほ んな エんちょお　じゃくめ―つ―

譜例３　和泉流「鐘の音」比較譜（1）

三　七つ子（七つになる子）

「七つ子」は、各流で歌詞は同じだが、家によってフシが少しずつ異なる曲である。譜例4に異同をまとめたので、大蔵流と和泉流の比較をしてみたい。[9]

「七つ子」は、複数の流行歌謡をつなぎあわせた組歌だと言われている。フシを検討すると、各流、各家が歌詞のまとまりをどのようにとらえているか、主張がうかがえておもしろい。北川忠彦の論[10]に従って詞章を分けると、

①七つになる子が　いたいけな事言うた　殿が欲しと歌うた
②扨も〳〵我御寮は　誰人の子なれば　定家かづらか　離れ難やの　〳〵
③川舟にのせて　連れておじゃろにゃ　神崎へ　神崎へ
④そも扨も我御寮は　踊り堂が見たいか　踊り堂が見たくば　北嵯峨へおじゃれの　北嵯峨の踊りは　つづら帽子をしゃんと着て　踊る振りが面白い
⑤吉野初瀬の花よりも　紅葉よりも　恋しき人は見たいものじゃ　所々お参りやつて　疾う下向召され　科をばいちゃが負ひませう

となる。まず冒頭の「七つに」「いたいけな」を上音から謡い出して中音へ下行させるのが狂言共同社と又三郎家、中音から謡い出して上音へ上行させたあと中音へ下行させるのが万蔵家と大蔵流である。大蔵流では、虎寛筆の『小舞謡　廿二番』で「七ツに成る子が」「いたい気な事いふた」の冒頭に「ハル」と記している。いきなり上音から

歌い出すか押さえて低めの音から謡い出すか、謡い方のちょっとした差異がフシとして定着しただけで、基本の節付ケは同じと言ってよい。むしろ音楽構成上問題になるのは、三句目の「殿が欲しと」を和泉流諸家のように前の二句と同じフシで謡うか、大蔵流のように中下旋律に下行して謡い収めるか、といった違いであろう。大蔵流の方が段落感が強く、和泉流では次の句へ続く感じになる。②の冒頭「扨も〳〵わごりょは」は全家共通で低く謡い出し、次の「たれびとの子なれば」を上音で謡う点でも各家共通している。三句目の「定家葛か」は、茂山家のみ中音から上行するが、あとの家は上音謡い出し。「離れがたやのう」は、二度とも同じ中下旋律で謡うのが大蔵流だが、②の最後であるからこれが本来のかたちであろうか。和泉流三家は最初の「離れがたやの」の傍線部分を上音に上行させてアクセントにしている。③の「川舟にのせて」は、中音で謡い通すのが大蔵流と万蔵家で、「の」を一音上音にあげるのが狂言共同社と又三郎家。「神崎へ」の一回目に上音を多用するのが和泉流、上音から中音へ素直に下行するのが大蔵流である。④はほぼ全流・全家でフシが同じ。⑤はこの曲のクライマックスで、「吉野初瀬の花よりも」の傍線部分をクリまで上げるのが大蔵流諸家と万蔵家、上ウキ音までしか上行しないのが狂言共同社と又三郎家である。ただし雲形本、及び先に紹介した安田信一蔵の『不許他見　狂言奥儀并小舞』では当該箇所はクリと書かれており、虎寛筆『小舞謡　廿二番』にはクリと書かれていない。野村万蔵家がクリで謡うのは安田本と同じだが、それ以外の家では江戸後期以降、伝承が少し変化したようだ。

以上をまとめると、おおよそ和泉流と大蔵流でフシが分かれるが、万蔵家が大蔵流に近い場合も多い、という結論になる。万蔵家と大蔵流の近似は、「鐘の音」とあわせてさらに追求すべき点であろう。

共・又・万

上 ――――――ひ――
中 こいしき―――とわ

共・万

中 み―たいものじゃ

又・山・善

中 と―ころど―ころお―まいりゃって

茂

上 ――――――ひと――
中 こいしき――――わ

又

中 ――――ものじゃ
下 み―たい――――

共・万・茂

中 と―ころど――――お―まいりゃって
下 ――――――ころ――――――――

山・善

上 ――――――――――
中 こいしき―ひとわ―

山・茂・善

上 ―たい――――
中 み――――ものじゃ

全

上 ―おげ――――― 　 ―――――い―――――
中 と―――こめさ―― 　 とがをば――ちゃが―いましょ
下 ――――――アレ 　 ―――――――――お――――

譜例４「七つ子」比較譜⑤

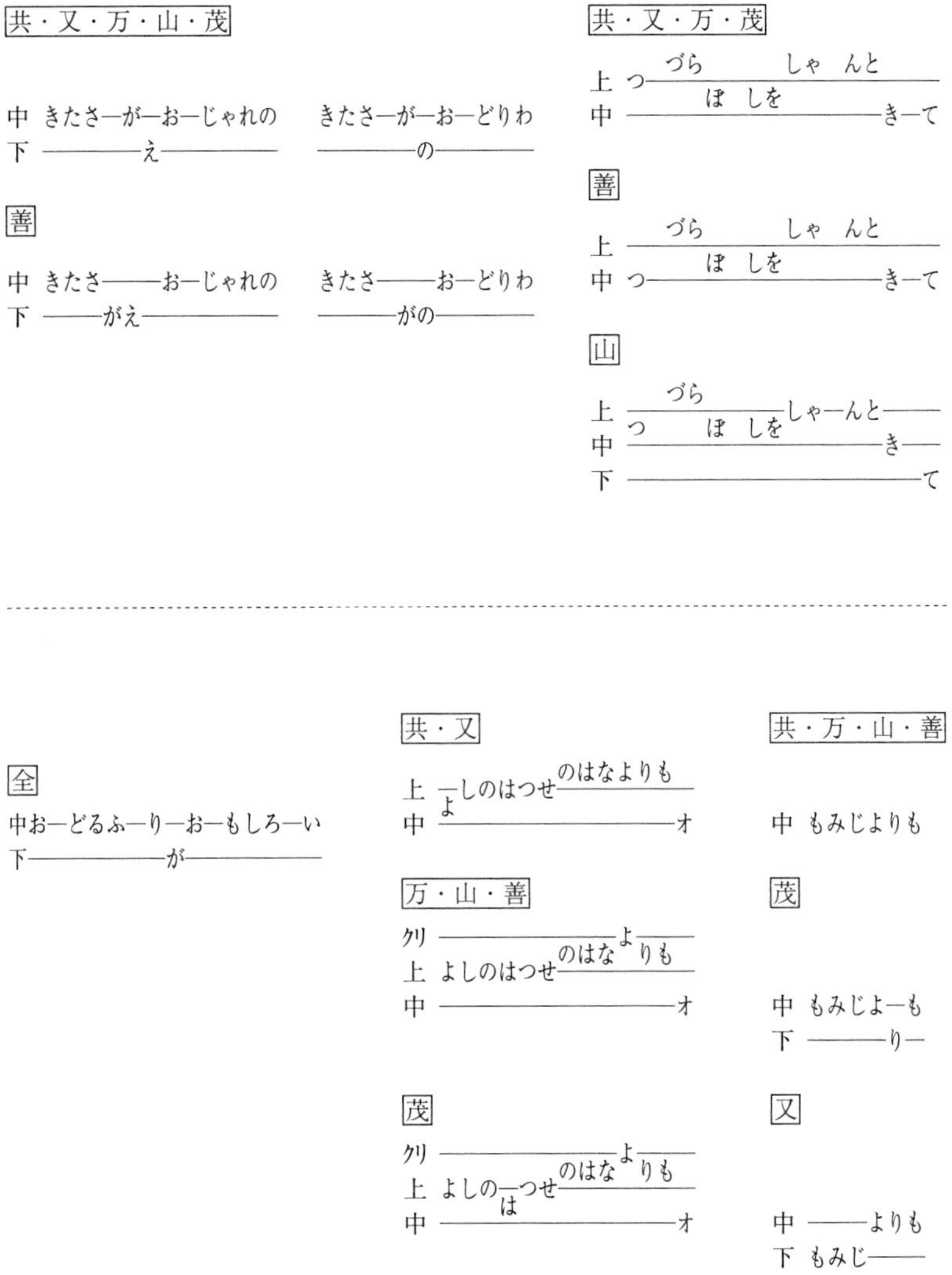
共・又・万・山・茂
中 きたさーがーおーじゃれの　きたさーがーおーどりわ
下 ————え————　————の————
善
中 きたさ———おーじゃれの　きたさ———おーどりわ
下 ———がえ————　————がの————
共・又・万・茂
上 つーづら しゃ んと
中 ぼ しを きーて
善
上 づら しゃ んと
中 つーぼ しを きーて
山
上 づら しゃーんと
中 つ ぼ しを き
下 て
全
中おーどるふーりーおーもしろーい
下————が————
共・又
上 ーしのはつせのはなよりも
中 よ オ
万・山・善
クリ よ
上 よしのはつせのはな りも
中 オ
茂
クリ よ
上 よしのーつせのはな りも
中 は オ
共・万・山・善
中 もみじよりも
茂
中 もみじよーも
下 ———りー
又
中 ———よりも
下 もみじ———

譜例４「七つ子」比較譜④～⑤

共・又・万

上 ――――――――――の――
中 は―なれが―たや―オ―

共・又

上 ――――――――の――――
中 かわふ―ね―に―せ―て

山・茂・善

中 は―なれが―た―のオ―
下 ―――――――や―――

全

中 は―なれが―た―のオ―
下 ―――――――や―――

茂

中 かわふ―ねに―の―せ―て―

万・山・善

中 かわふ―ねに―の―せ―て

共・万

上 ――――――――にゃ
中 つれておじゃ―ろ―――

共・又・万

上 か――ざ―きえ――
中 ――ん――――エ―

共・又・万・茂

中 か――ざ―きえエ―
下 ――ん――――――

又

上 ―つれておじゃろ―にゃ

山・茂・善

上 か―ん―――――
中 ―――ざ―きえエ―

山・善

中 か―――――きえエ―
下 ――んざ――――

山

上 ―つれ―ておりゃ―ろ―にゃ

善

上 つ―れて―おりゃ―ろ―にゃ

茂

上 つれて―おりゃ―ろ―にゃ

全

中 そもさ―て―わ―ごりょわ　お―どりど―がみ―たいか　お―どりど―が見―たくば
下 ――――――も―――――　―――――――――――　―――――――――――

譜例４　「七つ子」比較譜②～④

共　狂言共同社
又　野村又三郎家
万　野村万蔵家

山　山本東次郎家
茂　茂山千五郎家
善　善竹弥五郎

共・又

上 な な――――――― い たい―――――――
中 ――つになーるこが ―――けーなーこーとゆた

万・山・茂・善

上 ――なつ――――――― ――たいけ―――――――
中 な―――になーるこが い―――――なーこーとゆた

共

上 と のが――――――――
中 ―――ほーしと――とおた
下 ―――――――う―――――

又

上 と のが――――――――
中 ―――ほーしーうーとおた
下 ――――――と――――――

万

上 ――のがほ し――――――
中 と――――――とうーとおた

山・茂・善

中 とーのがほーしーうーとおた
下 ――――――と――――――

共・又・万

中 さてもさーてーわーごりょわ
下 ――――――も―――――――

山・茂・善

中 そもさーてーわーごりょわ
下 ―――――も――――――

共

上 た れび　　こ な――――
中 ―――と の　　れ ば――

又・万・山

上 た――れび――こ――な――
中 ――――と の――――れ ば

茂

上 た――れび――こ――な――
中 ――――と の――――れ ば

善

上 ――れび――――こ――な――
中 た――――と の――――れーば

共・又・万・善

上 て――かず――――
中 いか――――――らか

山

上 て――――ずら――
中 ――いかか――――か

茂

上 ――――かずら――
中 てい――か――――か

譜例4　「七つ子」比較譜①～②

四　柳の下

若い男性との逢い引きを謡った「柳の下」も、万蔵家のみフシが異なる曲である（**譜例5**）(11)。大蔵流では茂山家が伝承しており、虎寛本には記載がない。鷺流では伝右衛門派が伝承していた。各家で前半のフシはそう変わらないが、ポイントは「笠も笠」で呂音に下がったあとである。「いっきょ尖り笠（茂山家は「ひきゃとんがり笠」）」で、又三郎家と茂山家はいきなり上ウキ音まで上行する。呂音から上ウキ音まで、実に一オクターブ半の跳躍である。又三郎家ではこの小舞を重習にしているが、それはこの跳躍がむずかしいからではなかろうか。ちなみに雲形本でもここは上ウキ音になっている。「いっきょ」という歌詞に合わせるように、いっきょに上行するフシはおもしろいが、万蔵家では中音までしか上行しない。呂音から中音の間はちょうど一オクターブで謡いやすい音程である。安田信一蔵の『不許他見　狂言奥儀　并小舞』では当該箇所に特に直シがない。秘伝なので秘したのか、あるいは謡わなくなっていたのか。判断は保留にしておく。

五　よしの葉

「よしの葉」は、和泉流以外では茂山家のみが伝承している。歌詞はほぼ同じだが、「殿に隠して」を上音で謡うのが狂言共同社と又三郎家。低いままで謡うのが万蔵家と茂山家である。『不許他見　狂言奥儀　并小舞』は万蔵家と一致している。

又三郎家

中 ――ぎのした――おち―――　――ひにむこう―おいろ―――　――ろがくろく―かさ―――
下 やな―――の―――ごさま―　あさ――――て―――がくろ―　おい――――ば――をめ―
呂 ―――――――――――わ　――――――――――――い　――――――――――せ

上 ―――― 　い　とがり――――――――　――――――――――――　――――――
中 ―――― 　―きょ―――がさおそりがさ　―――ふくふえがふもと―きこゆ―　――――――
下 か―もか― 　――――――――――――　じょに――――――に―――る　さてわすい――
呂 ―さ――さ 　――――――――――――　――――――――――――　――――――した

上 ―――――――――　―らみ――――――――
中 うらにこいとのふえのね　う―――ちこいと―ふえのね
下 ―――――――――　――――――の―――

茂山家

中 やなぎのしたの―――ごさーま　―さひにむこうて――ろがくろー―　――ろがくろくばかさをめ――
下 ――――――――おち―――　あ―――――――おい――――い　おい――――――――――エせ

上 ――――　ひ　　がりが――――――　――――――――――――――　――――――
中 ――――　―きゃと―――さおそい―さ　―――ふくふえがふもと――――　――――――
下 かさもか――　――――――――――が―　じょに―――――――にきこゆる　これもすいした
呂 ―――アさ　――――――――――――　――――――――――――――　――――――

上 ―――――――――　―らみ――――――――
中 うらにこいとのふえのね　う―――ちこいとの―えのね
下 ―――――――――　――――――ふ―――

譜例５　「柳の下」比較譜

おわりに

和泉流の中で、家によってフシの異なる曲を紹介してきた。もちろん、「府中（掛川）」のように和泉流三家でフシが共通し、大蔵流と異なる場合もないわけではない。ほかにも大蔵流と和泉流でフシの異なる曲、和泉流内でフシの異なる曲など、曲によって異同の状況はさまざまで、そこから統一した見解を引き出すのはむずかしい。異同が多いのはどの曲か、詞章の異同とフシの異同に関連性があるのか、一曲ずつ丹念に追っていく必要があるだろう。冒頭に述べたように、狂言小舞謡は室町末期から江戸初期にかけて摂取した流行歌謡が元になっている。摂取された時期と異同に関連があるのか、という問題もあるだろう。

これまでの狂言研究では、《棒縛》や《柿山伏》のように本狂言の演出の異同のみが問題になってきた。さらに細かく小舞謡のフシも視野に入れることで、家単位の伝承のありようがよりくっきりと浮かんでくるだろう。和泉流内の諸系統、また大蔵流と和泉流の音楽上の差異は、こうした地道な比較を経ることで次第に明らかになっていくと考えられる。

本稿を記すに当たって、佐藤友彦氏には多くをご教示いただいた。末筆ながら記して深謝申し上げる。

注

（1）本章第一節の注記（15）を参照

（2）法政大学能楽研究所蔵。「南大路　和泉流　小舞」と表紙に墨書がある。載っているのは「石河藤五郎」のほかは「住吉」「番匠や」「いとし若衆」「梅」のみ。南大路維顕（一八三〇～一九一三）は上賀茂神社の社家の出身で京都在住の狂言師。三宅庄市に師事し、三宅が上京したあとの京都和泉流の中心的な役者であった。

（3）狂言共同社は佐藤友彦（二〇一〇年五月に東京文化財研究所で収録）、又三郎家は十一世又三郎信英筆『和泉流小舞集』、万蔵家は『改訂　小舞謡全』による。

（4）稲田秀雄「山口鷺流の位置（上）―江山本所収曲をめぐって―」（『山口県立大学学術情報』第四号　二〇一一年三月）。

（5）法政大学能楽研究所の『蔵書目録』（一九五四年）の解題によると、これらの南大路家旧蔵本は『狂言集成』（一九七四年　能楽書林）の底本に採用されたもので、『狂言集成』の「鐘の音」にも、当該詞章は抜けた形で記されている。

（6）山本東次郎家蔵。

（7）山本則俊の謡は一九八九年七月の国立能楽堂定例公演の録音、茂山千之丞の謡は一九九六年二月に東京国立文化財研究所での収録による。

（8）狂言共同社は佐藤友彦（二〇一〇年五月に東京文化財研究所で収録）、万蔵家は『改訂 小舞謡全』による。

（9）狂言共同社は佐藤友彦（二〇一〇年五月に東京文化財研究所で収録）、又三郎家は十二世又三郎信広（一九六四年四月に東京国立文化財研究所で収録）、万蔵家は六世野村万蔵のレコード（『桜間弓川謡曲集　野村万蔵狂言謡集』ビクター）、千五郎家は茂山千之丞（一九九六年二月に東京国立文化財研究所で収録）、善竹弥五郎は文化財保護委員会作成のＳＰレコード、東次郎家は三世山本東次郎のレコード（『狂言』一九六四年　ビクター）による。

（10）北川忠彦「狂言歌謡と貞門俳諧」（『狂言歌謡考』一九九六年　和泉書房）による。

（11）又三郎家は十二世又三郎信広（一九六四年四月に東京国立文化財研究所で収録）、茂山家は茂山千之丞（一九九六年二月に東京国立文化財研究所で収録）による。

第三章

能の周辺・音楽の周辺

第一節　ちと年寄しくある女面——《井筒》と《砧》——

はじめに

世阿弥はどのような能面を念頭に置きながら作品を書いたのだろうか。『申楽談儀』に残る面の記事や、室町時代の演出をひもときながら、世阿弥が意図した夢幻能について、面という視点から考察する。

昔々あるところに、男の子と女の子が隣同士で住んでいました。このように始まるのが《井筒》の［クセ］である。初瀬を訪れた旅僧の前で、里の女が語って聞かせる昔話。小面や若女をかけたシテが語る［クセ］を聞いていると、幼な子たちが井戸の傍で背を比べあったのはほんの少し前のできごとのような気がしてくる。

だが、室町後期から江戸初期にかけて、鬘能の前シテには深井をかける演出が一般的であった。『宗随本古型付』(1)では「前の面、ふかき女…中略…後の面、十寸髪なくば増にても」、と《井筒》について記している。現在、《隅田川》や《三井寺》の母に用いる中年女性の面が深井である。その面をかけていたとすると鬘能のイメージはかなり変わってくる。こうした面の使用は、室町後期の一演出と片づけられてきたが、世阿弥たち能作者は手近にある面を見ながら曲想を練ったはずである。ときには現実の面ではかなわぬ発想が浮かんだかもしれないが、それでも手近な面に触発されることは大きかっただろう。そう考えると、面の問題は作者の意図や能の作品性とからめて考え直す必要があるのではなかろうか。

まず、『中楽談儀』第二十二条に書かれた能面の記事を引いておこう。

近比、愛智《えち》打とて、座禅院の内の者也。女の面上手也。…中略…　此座の、ちと年寄しく有女面、愛智打也。

世子、女能には是を着られし也。

愛智（越智）といえば著名な面打ちだが、彼の打った中年女性の面を世阿弥は愛用していたようだ。現在、観世宗家に伝わる深井面がそれかと比定されているのだが、晩年になってから入手したこの面を、世阿弥はどの曲のどの場面に用いたのだろうか。幽玄な芸をめざし、『三道』で「女体の能姿。…中略…是、ことに舞歌の本風たり」と標榜した世阿弥だが、確実に世阿弥作とされる鬘能は、《井筒》や《江口》をのぞくと《檜垣》《関寺小町》などいわゆる老女をシテにした曲や、父観阿弥作を改作した《松風》、《班女》《花筐》といった狂女物に限られる。《班女》《花筐》《井筒》といった女性の心のひだを緻密に描いた作品は中年から晩年にかけての創作、と言われている。《百万》や《吉野静》など世阿弥以前の女能とは比較にならないこまやかな心情表現と「ちと年寄しく有女面」の入手は、無関係ではなかったのではなかろうか。本稿では、世阿弥晩年の作である《井筒》と《砧》が「ちと年寄しく有女面」と深く関わりながら誕生した可能性を考えてみたい。

一　昔語りをする女

「年寄」たる女を登場させる能は、《井筒》以前にもあった。世阿弥時代の作品で、前場に中（老）年女性が登場してもおかしくないのは《通盛》と《通小町》である。

《通盛》は平通盛をシテとする井阿弥作の修羅能だが、世阿弥が言葉多きを切り除けて現在の形に整えた、と『申楽談儀』は伝えている。前場ではシテ老漁夫とツレの女性が登場して小宰相局の入水場面を再現し、ツレはそのまま後場まで残って中将をかけた後シテと戦場での別れの場面を見せる。若い武将と老女が夫婦を演じるのは似つかわしくない、という理由で現在では前場から若い女性の出立で登場しているが、前場でワキ僧の読経に対し、「げにありがたやこの経の、面ぞ暗き浦風も、蘆火の影を吹き立てて、聴聞するぞありがたき。竜女変成と聞く時ハ、〳〵、姥も頼もしや、祖父は言ふに及ばず。願ひも三つの車の、蘆火は清く明すべし、なほ〳〵お経遊ばせ、〳〵」と謡う以上、老女で登場するのが世阿弥の改作した形と考えられる。

また《通小町》のツレは小町の霊だが、僧の元へ木の実を届け、名を問われて「市原野べに住む姥」、と答えるのだからこれも老女である。江戸初期に書かれた『節章句秘伝之抄』の《通小町》の項では「仕手出ぬ先キにハ関寺の位也。太夫出てよりはやむ（速む）べし」と記しているから、この時期は老女で登場していたようだ。後場まで残って四位の少将の百夜通いの相手をするので、若い女性に変えたのだろう。

こうした作品に限らず、夢幻能の前シテはもともと中年女性の面をかけていたのではないか、と筆者は考えている。下掛リ最古の装束付『舞芸六輪次第』[2]の《もとめつか》の項に、前シテに深井を用いた、という記述がある。

長文だが、引用しておこう。

もとめつか　まへハ女二人。つねの女の出立。小袖、又小袖のうへに水衣を用。うなひ乙女のいふれい也。しからす。…中略…　後ハ小袖計。右ノかたをぬきたるも吉。これハわかき女のめんなるへし。又龍のめんにてもくるうつさするめんナリ。是を、あさきめん・ふかきめんとて、観世大夫家の面也。金春かたの小面、これも是も同さく也。ふかいめんとハ、江州えちと申所に仏しあり。このさとに、ふかいと申武士、此女の面をうたせてもちたるゆへに、ふかいめんとハいふ也。面、四十はかりなる女のかほをうつしたる面也。此もとめつかのまへにきて、後ハとくわか作たるわかきめんをきたるを、よきとハ申へきか。さりなから、仕手のこうあんゆくならし。…中略…　めんハ、越福来太夫座に、とく若と申申楽に、うないおとめ、十六七才の女のかほ、、

記述に混乱が見られるが、徳若作の「うないおとめ（若い女の面）」と江州えちに住む仏師に打たせた「ふかい」面があり、《求塚》の前シテに深井、後に若い女面をかけるとよい、と言っている。現在では前シテに小面をかけ、地獄での苦患を見せる後シテに痩女をかけるからずいぶん舞台上の印象が異なっていたわけだ。『舞芸六輪次第』では、ほとんどすべての鬘能の前シテについて「前はつねの女ノ出立ち」程度の記述しかない。《求塚》の項は異例といってよいほど長いのだが、この面の記述が《求塚》だけに当てはまるとは考えにくい。なぜ、彼女たちは老女の姿で登場したのだろうか。

昔語りをするのは老人、という発想は能以前からおなじみで、『大鏡』でも百九十歳の大宅世継と百八十歳の夏山繁樹が語り部として登場する。脇能や修羅能の前シテが二、三の例外を除くとほとんど老翁（尉）で登場するのも、過去の物語をするからにはそれなりの年齢を重ねているはず、という了解があったからであろう。とする

ならば、小宰相局の物語をする《通盛》のツレは姥でなくてはならないし、ウナイオトメの過去を語る《求塚》のシテも中年女性こそがふさわしい。いくら土地の者であっても、うら若い娘に昔のことは尋ねまい。旅僧が昔話を所望する里の女は、昔を知っていそうな中年女性だったのだろう。

老女、というと老いを嘆き、懐旧の思いにひたる人物というイメージを抱いてしまうが、そのような個を持った人物ではなく、昔をよく知る語り部として世阿弥は夢幻能の前シテを設定し、『舞芸六輪次第』の時代にも老女や中年女性が登場していたのだろう。これは《通盛》や《求塚》に限ったことではなく、詞章で特に姥と断っていなくても夢幻能の前場の常套だったと考えられる。現在、鬘能の前場と後場でシテの印象が大きく変わることはない。どちらも若くて美しい女性が登場して過去を物語り、再現して去っていく。だが、老翁が凛々しい武者や颯爽とした神に変身するように、昔語りをしていた中（老）年女性が後場で若く美しい姿に変身するのが、夢幻能の発想だったのではなかろうか。

少し時代は下がるが、『八帖花伝書』巻五でも《釆女》の前シテ（後は小面）・《江口》の前シテ（後は増）・《三輪》の前シテ（後は小面）・《夕顔》《浮船》《野宮》の後シテ（いずれも前は近江女）・《定家》の後シテ（前については言及なし）・《松風》・《千手》を深井面に指定している。近江女は目尻が下がり目で眼球が丸く、深井ほどではないが小面よりは年齢が高い。前シテが小面なのは《源氏供養》のみだが、前後とも同じ面で通すのは子細あり、と但し書きがあるから夢幻能の前場で若い女性が登場することはほとんどなかった、と考えてよかろう。それは、夢幻能の設定が要求した本質的な選択でもあったのだ。

しかし、《井筒》のシテはただ昔語りをするから中年女性だったわけでもなさそうだ。

二《井筒》——待つ女——

有常娘は、人待つ女だと言われてきた。心が離れかけた業平をひたすら待ち、「風吹けば」と詠んだ歌によっていったんはその心を取り戻した女。だが、その後も彼女は男を待ち続ける。

待つ、というのは時間の経過を伴う行為である。待っている間、彼女の中で時間は停止し、世界は閉じている。しかしその間、外の世界では情け容赦もなく時は過ぎ、彼女は年を重ねていく。待つ相手が現れたときはじめて彼女の世界は外に向かって開かれ、時間も流れだすのだろうが、そのとき彼女は、知らぬ間に年老いてしまった自分の姿に気づくのだ。待つ女をとりまく時間は、二重に流れていたのである。「ちと年寄しく有女面」、その「ちと」がどの程度なのか想像するしかないのだが、待つ間にもはや若くなくなった女性をあらわすのに、これほどふさわしい面はなかったのではなかろうか。《井筒》の詞章を読むと、そこここから「ちと年寄」てしまった女の感慨がうかびあがってくる。

暁毎の閼伽の水、〳〵、月も心や澄ますらん。（登場の［次第］）

忘れて過ぎし古を、忍ぶ顔にて何時までか、待つ事なくて存へん、げに何事も思ひ出の、人にハ残る世の中かな。（登場後の［サシ］）

草茫々として、露深々と古塚の、まことなるかないにしへの、跡なつかしき気色かな、〳〵。（初同）

描かれているのは、暁ごとにくりかえし訪れ、古を偲んで待つことの重さをつぶやき、昔をなつかしむ女の姿である。板井に近寄り水鏡に姿を映す後場で、彼女はさらに明らかな像を結ぶ。

見ればなつかしや、…亡婦魄霊の姿ハ、凋める花の色なうて匂ひ、

「色があせ、匂いのみが残ったしぼめる花」とは『古今和歌集』の序に書かれた業平の歌の評だが、それはこの作品のクライマックスで水鏡に映した業平の姿、すなわち業平の形見の直衣を身にまとったシテの姿の形容でもあったのだ。

《井筒》の核となるのは業平がプロポーズに詠んだ歌、「筒井筒、井筒にかけしまろがたけ、おいにけらしな妹見ざるまに」である。前場では〔クセ〕のアゲハ、後場では〔序ノ舞〕の後に謡われるが、その下ノ句、「おい」に「生ひ」をあてるか「老い」と記すかで《井筒》のイメージは大きく変わる。現在、観世流では後場で「生ひにけらしな、老いにけるぞや」と記して老いの感慨をもらすが、他流は「生いにけらしな、生いにけるぞや」と表記している。ところが、室町後期以降に書写された謡本を見ると、上掛リ・下掛リを問わず、また後場に限らず〔クセ〕の中も「老いにけらしな」と記したものが少なくない。前場で「老い」と記した根拠は、言わずもがなであろう。舞台上で「ちと年寄しく有女面」あるいは深井をかけたシテがつぶやくのだから。

《井筒》には、物着という小書きがある。形見を身につけたことで業平が乗り移って舞を舞う《井筒》の女は、中入りして装束を替えるのではなく、後見座で形見を身につける物着が本来の演出ではないか、と言われてきた。古い時代の伝書に物着が言及されることはないのだが、江戸初期の伝書では後シテの登場楽〔一声〕は特別視され、本三番目物ならば必ず打つ越ノ手を《井筒》では打たない、〔一声〕の冒頭でヒシギを吹かない（森田流・藤田流）、〔一声〕の途中で吹くアシライも特別（森田流）、など常とは異なる演出がなされてきた。山口県の由良家に残る『番笛集』は、江戸時代以前の古態を残すと言われているが[3]、そこには、

一セイニテハなく候由候。ヒシギハ無用ニ候。音取ヲそと色ヘル也

と書かれている。登場楽が特別視されるのは、登場楽のない物着が本来の演出だったから、と推測することもできよう。物着の場合、前場と面は変わらない。脇能や修羅能で述べたように、老翁が颯爽とした神や若武者に変わるようなことは《井筒》ではおきず、前後を通して「ちと年寄しく有女面」をかけた女が昔の恋を静かに回顧するかたちが、世阿弥の発想の根底にあったのではなかろうか。

観世流には、十世大夫重成が江戸初期の面打ち河内に若女面を打たせるまで若い女性の面がなかった、と言われている。(4) だが、若女面ができたからといって、即刻深井をはずしたわけではなさそうだ。実際に深井をかけた《井筒》を見たことはないが、大成版の前付には「面―若女又ハ深井、小面」と書かれている。若々しい女性が歌いあげる恋ではなく、さまざまな思いを重ねた女性が吐露する恋の深さや人生の重み。それがいちばんふさわしいのは《井筒》ではなかろうか。世阿弥は《井筒》を「直成能《すぐ》」「上花也」と自賛した。「待つ女」の錯綜した心の内面を「ちと年寄しく有女面」に託して、巧まずに創りあげた自信作だったのであろう。

三　《砧》――待てぬ女――

《井筒》の女には待ちつづける心のゆとりがあった。彼女は待ちながら、幼いころから続く長い長いふたりの物語をなんども思い返していたのである。[クリ・サシ・クセ]として旅の僧に聞かせる物語は、「昔在原の中将、年経て此処に石の上」と始まり、「その頃ハ紀の有常が娘と契り」と夫婦の思い出を語りながら「昔この国に、住む人のありけるが」、とプロポーズの歌に至る。まさに思い出をつむぎだす心の動きそのままに幼い頃へ時間を遡らせる構成である。ひところ《井筒》の典拠とされた『伊勢物語』二十四段の物語を加味すると《井筒》の女は「待てぬ女」になってしまうのだが、別の男と新枕を交わそうとした三年めの夜、業平を忘れられずに泉のほとりで亡くなってしまう二十四段の女の姿は《井筒》の構想とは異なりそうだし、これもひところはやったが、嫉妬した女の話を聞かせる間狂言はさらに世阿弥の意図とは無関係である。《井筒》の女は、思い出に浸りながら「待つ」行為そのものと化していたのである。

ところが晩年、世阿弥は待ちくたびれて亡くなった「待てぬ」女の能も書いた。《砧》である。

それ鴛鴦の衾の下にハ、立ち去る思ひを悲しみ、比目の枕の上には波を隔つる愁ひあり…

と嘆く《砧》の女には、夫と過ごした日々を懐かしく思い返す心のゆとりはない。久しぶりに対面した侍女に向けた第一声は「珍しながら怨めしや」。夫への猜疑心で固まった心のまま、シテは侍女にも向かっている。初同で謡われる「思ひ出は身に残り昔は変り跡もなし」でも「今」に執着し、思い詰めて周りがみえなくなった女性の姿が描かれるだけ。砧ノ段の前に謡われる[サシ]、

牡鹿の声も心凄く、見ぬ山風を送り来て、梢ハいづれ一葉散る、空すさまし き月影の、軒の忍に映ろひて…

では、思いの強さに押しつぶされてぽっかり穴のあいた彼女の心を梢のみが黒々と残る樹木に重ね、そこに煌々と月が照らすシュールな心象風景を描き出している。

夢幻能と現在能、伊勢物語と市井の話と設定を変えて、「待つ女」の心理を正反対の方向から描いた点は興味を引く。二曲とも『申楽談儀』になって初めて名前があがるのでどちらが先行するか断定はできないのだが、「応永三十四年能番組」に「業平」と書かれた作品が《井筒》だとしたら、《砧》よりほんの少し早く構想された可能性もあるだろう。

《砧》には典拠がない。砧ノ段では中国前漢の武将蘇武の故事に基づいて砧・音・風・衣・契りと自由連想の

ように音とコトバを連ねているが、《井筒》のような核となる物語があるわけではない。典拠があるとしたら、それは「ちと年寄しく有女面」だったのではないだろうか。この女面を眺めながら、巷でときおり耳にしたであろう女の悲劇をふくらませたのが《砧》だったとしたら…。「静成し夜、砧の能の節を聞しに、かやうの能の味はひは、末の世に知人有まじければ、書き置くも物くさき」（『申楽談儀』）とつぶやいた心の内に、発想のオリジナリティ、女の心の闇を現在能として描く新たな境地への自負と不安が垣間見える。と同時に、面に触発された特殊な事情もよぎった、そう考えてみるのもおもしろそうだ。

面の使用は演出上の問題、と片付けられがちである。たしかに、『宗随本古型付』では《井筒》の後場に十寸髪をかけるよう書かれていたが、それは室町時代後期の演出であって世阿弥の意図ではない。しかし、《井筒》と《砧》、細やかな女性の心理を描く作品が晩年に誕生したことと、「ちと年寄しく有女面」の入手は同時期のことであり、切り離して考えにくい。現在の演出ではまったく異なるイメージを抱いてしまう二曲だが、世阿弥の中では「ちと年寄しく有女面」を介在して両者はつながっていたのかもしれない。世阿弥の頃は女面の種類はそう多くはなかったろうから、前後とも同じ「ちと年寄りしくある」女面で通した可能性も十分考えられる。とすると、「ちと年寄しく有女面」は待つ女にも待てぬ女にも転用しえただけでなく、凄惨な地獄の責め苦の描写にも耐えうる確かな表情を備えていたのだろう。面が「待つ」ことを能のテーマに要求したのかもしれない。

注

（1）観世文庫蔵。引用は中村格「宗随本古型付の研究」（『学芸　国語国文学』第九号〔一九六九年〕、同十号〔一九六九年〕、『東京学芸大学紀要第二部門』第二十八集〔一九七六年〕等）に掲載された翻刻による。

（2）引用は増補国語国文学研究資料大成八巻『謡曲狂言』（一九八七年　三省堂）所収の翻刻による。
（3）引用は竹本幹夫「由良家蔵能笛手付『番笛集』解題と翻刻（一）」（『実践女子大学文学部紀要』第二十八集　一九八六年）による。
（4）観世文庫蔵『諸家面目録』による。

第二節　室町時代の「読ミ物」覚書

能では、《安宅》の「勧進帳」、《正尊》の「起請文」、《木曽》の「願書」をあわせて三読ミ物と呼んでいる。三曲とも漢文調の詞章に特殊なフシ、凝った地拍子で謡うもので、習イ物として重視されている。能の中では異色の謡、ということができるのだが、「謡う」でも「語る」でもなく「読む」、と位置付けた意味を、平家語りや太平記読みを視野に入れながら考察することとしたい。

一　能

三曲の上演については天野文雄の研究があるので[1]詳細はそちらに譲り、読ミ物の上演形態について概略を記しておく。三曲とも室町時代後期に成立した作品である。

人気曲として現在でも上演頻度の高い《安宅》は、寛正六年（一四六五）三月、将軍院参の折に観世が演じたのが史料上の初見である（『親元日記』）。シテ弁慶の謡う一句をうけてシテとツレ山伏が同吟するかたちが古い演出だが、現在ではほとんどの場合小書付きでシテの独吟にしている。

《正尊》は、観世長俊〔長享二年～天文十年（一四八八～一五四一）〕の作。現在では五流の所演曲だが、寛文・享保の書上では喜多流だけが所演曲にあげている。土佐坊正尊が書いた起請文を弁慶が読みあげたり、弁慶の謡う一句をうけて地謡が同吟するのが古い演出で、金春・金剛流では弁慶をシテで正尊をツレ、観世・宝生・喜多流では正尊をシテで弁慶をワキにしている。観世流ではワキの弁慶が読みあげる演出を常としていたが、観世元章がレパートリーに取り込む際、小書をつけてシテの正尊が独吟するかたちに整えたようで、今日ではほとんど小書付で上演されている。

《木曽》は文明十年（一四七八）、宇都宮二荒山神社式年造営での上演が史料上の初見である。室町時代を通じて演能記録が少なく、江戸時代に入っても、願書部分を乱曲として上演するかたちが主流であったらしい。現在、現行曲としているのは観世流だけだが、これも明治以降のことである。小書を付けて覚明が願書を独吟するかたちは元章の創案らしく、ツレの義経が一句を謡い、そのあとは地謡が担当するのが古い形のようだ。

「勧進帳」「起請文」「願書」は読ミ物の名であると同時に小書名にもなっている。現実にはこの三曲を小書なしで上演することはほとんどないが、いずれも小書が付いたときにシテが独吟するのであって、本来は地謡が斉唱する形であった。ただし、読ミ物部分は乱曲集にも収められており、実際には能として上演するより独吟専用曲だったと考えられる。室町後期から江戸初期に書かれた伝書ではすでに三曲を読ミ物として一括し、特別視する姿勢が見られる。

＊正尊の起請文、木曽の願書、此等鼓の大事と云り。書あらハす事ふ相叶。稽古、口伝有へき事（『塵芥抄』）

＊あたか・願書・請趣《ママ》文、此三色の打やうさだまり候。二番《ママ》の打やうを同じごとくに作りたるを、きどくに申伝へ候也。（『幸正能口伝書』）

＊跡の哥ひいだしやう、世の中の哥ひやうにてハなし。白こゑにて哥ふ物也。金春太七郎殿・観世宗節などの御をしへハ、しら声にて候。さやうに哥い候へバ、大・小鼓、そのしらこゑのごとくに打て、鼓をも声も、しらこゑにかけて、句所にて、うちきり〳〵打物也。…中略…若、哥ひを節に哥候へバ、打て行時に、おくり、打申候。若、哥いあしく候へバ、ひつとりになり申候。是ハ、哥いあしきゆへにて、ふしなれば、おくりが本にて候。（『幸正能口伝書』）

鼓の打ちようが口伝になっていただけではなく、『幸正能口伝書』[2]によると部分的に「白こゑ」[3]で謡い、謡い方によって臨機応変に地拍子を変更していたことまでうかがえる。

「白こゑ」とはどのような発声だったのだろうか。『申楽談儀』第十三条に次のような記述がある。

又、たゞこと、白声共云。言ふ者なし。上の位也。習ふべきことにあらず。喜阿も「難波の芦を御賞翫こそ返々も優しけれ」など、大かたに申ける也。真実に成かへり、一塵も心なく、実盛などに、「名も有らばこそ名乗りもせめ」などやう成、昔もなかりける也。

フシのつかないコトバの特殊な謡い方を指す用語として「白声」を用いている。これは平家のシラコエに通じる用法である。白こゑで謡えば鼓もカケ声をシラコエでかける、としているが、現在では《翁》でシテが退場するときの小鼓のカケ声や、《道成寺》の乱拍子で小鼓がかけるごく低いカケ声をシラコエと呼んでいる。低くて声量を抑えたカケ声と謡の声に、発声上の関連があるのだろうか。具体的なことは不明だが、『節章句秘伝之抄』でも「声、詞、指声、差詞、しらこと、しらこゑ、一字こしの論儀、干要也。口伝有之」とあげているから、特殊な発声だったことはうかがえる。

前述したように読ミ物は地拍子が複雑で平ノリとも中ノリともつかぬ特殊な拍子当たりをし、基本となる句も一句八拍の本地のほかに六拍の片地、四拍のトリ（ひっとり）、二拍のオクリが複雑に入り交じっている。『幸正能口伝書』が「願書」の中でオクリにもトリにもなると言及している「曾祖父前の陸奥の守、名を宗廟の、氏族に帰附す」は、現在でも謡い方が何通りもある箇所である。七五調に乗らぬ複雑な詞章ゆえに地拍子の差異が発しやすく、それが秘伝ともなっていたのである。

このほか、吉備真備が蜘蛛の糸の助けを借りて乱行不同の詩「野馬台」を読む《吉備》、篠村新八幡に対して師直が「願書」を読む《篠村》など、番外曲まで視野に入れると読ミ物を取り込んだ能は他にもあるが、読ミ物といえば専ら三曲をさすところをみると番外曲の上演頻度が高かったとは考えにくい。

二　平家

《安宅》《正尊》《木曽》は『平家物語』や『義経記』に取材した能であるが、その元となった平家の演奏は、古来より「語る」と言われてきた。琵琶を合いの手に弾奏しながら、ある部分は朗々と、ある部分はサラサラと語っていくのだが、そのなかに漢文調の「読ミ物」と呼ばれる一群があり、安永五年（一七七六）に成立した『平家正節』では康頼祝詞・山門牒状・南都牒状・南都返牒・勧進帳・伊豆院宣・木曽願書・木曽山門牒状・山門返牒・平家山門連署・八島院宣・請文・腰越の十三句をあげている。『平家正節』では平物を五十句習得したあとに秘事として相伝されることになっていたが、室町時代には扱いが異なっていたようだ。

抑相一検校・専一検校・退蔵庵ニ来云々。当世名人也。…則於客殿両人語。高倉院御賞翫紅葉事、康頼入道油黄嶋祝事、後鳥羽院御位、文徳天皇相撲節事、三句語之。（『看聞日記』応永二十七年六月九日）

今日室町殿にて田楽新座、猿楽等有之、…珍一検校召具弟子児盲千代若云々…検校両人午前被召之…平家三句語也、祝言一句也、次一句高倉上皇厳島御参詣也、一句者文覚上人初度之荒行勧進帳等事也。（『康富記』文安五年一月二十九日）

傍線部が読ミ物に相当するが、他の句と区別することなく一緒に語っている。江戸初期までに成立した『当道要集』には「くとき、拾ひ、三重、初重、中音、中ゆり、さし声、折声、甲の声、むねの声、一の声、二の声、歌、祝詞、読物」、と当時のフシの名を一覧した箇所があって、「読物」はその中の一項にあがっている。秘事、という意識はなかったようだが、独特の語り口やフシを持っていたようだ。別の箇所では「初たる所にて平家を語るへき様ハ祝言つねのもし三句かたらハ修羅一句、読物一句、五句かたらハ愁嘆一句修羅一句、愁嘆にもしゅらにもあらぬよみ物一句語るへき也」と述べており、愁嘆（後世の用語を使うならば節物）・修羅（拾物）の中に読ミ物を混ぜ

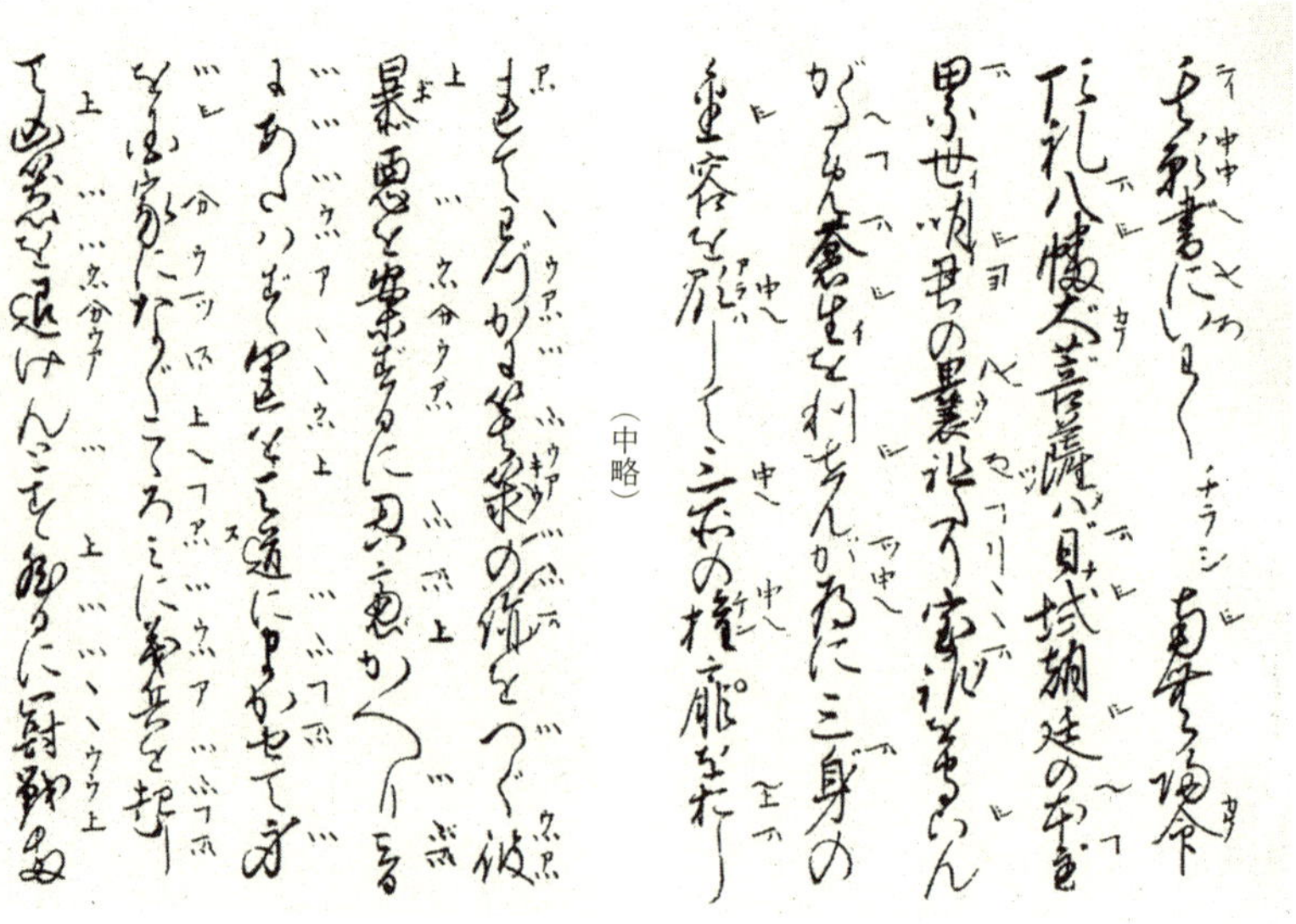

資料1　「木曽願書」読物部分『平家正節』より（平家正節刊行会 1974 年より転載）

て語るのが慣わしだったことがうかがえる。先にあげた『看聞日記』などの記事もそれに則った構成になっているので、室町時代初期から読ミ物には独特の調子があったと推測される。『平家正節』を見ると、「読物」の眼目部分はモチ（謡の引キに相当）を多用したチラシという曲節で構成されている（**資料1**）。

現在では伝承が途絶えているが、藤村性禅の演奏を聴取した兼常清佐は、

読物は平曲一部のうちで最も毛色のちがったものである。それのみを聞けば恐らく平語とは思はれまい。…中略…『ちらし』というのは僧が御経をよむ様に一種の律動がある。又は謡曲の切りの乗拍子の様な律動ともいへる。そのふしは最も手近い例をひけば狂言の謡である。例へば『でんでんむしむし』の処を一寸思ひ出される。

と書き残している。(4)『でんでんむしむし』とは狂言の《蝸牛》で山伏が謡う狂言ノリの一節で、「あ[1]…め[2]もか[3]…ぜ[4]もふ[5]ーか[6]ーぬ[7]ーに[8]ーで[1]ーざ[2]ーか[3]ーま[4]ーう[5]ーち[6]わろ[7]ーー[8]ーで[1]ーん[2]ーで[3]ーん[4]ーむ[5]ーし[6]ーむ[7]ーし[8]ーで[1]ーん[2]ーで[3]ーん[4]ーむ[5]ーし[6]むし[7]ー[8]ー」とリズミカルに謡う部分を指すのであろう。藤村性禅のチラシが室町時代とまったく同じリズムであったとは想像しがたいが、なんらかの形で明治時代まで特殊性を引き継いでいたとするならば、有拍である点に注目したい。平家の曲節のほとんどが無拍であることを考慮すると、これは大きな特徴である。

三　太平記

『平家物語』と並んで室町時代に享受されていたのが、『太平記』である。『太平記』は四十巻で構成されているが、このうち巻第二十二を欠く形が古態を伝えるとされ、永和三年（一三七七）の識語をもつ「永和本」、神田孝平旧蔵「神

田本」や竜安寺塔頭西源院所蔵の「西源院本」は室町中期の書写と伝えられている。戦国時代には「太平記読み」と呼ばれる専門家が現れたが、そうでなくとも『太平記』は一般に「読む」ものであった。『蔭涼軒日録』には眼疾をわずらっている江見河原入道が「客ノ寂ヲ慰メンガ為メニ太平記ヲ読」んだ、という記事があるから暗唱する場合もあったようだが、基本的にはテキストを開き、聴衆の前で読み聞かせていた、と考えられる。『親長卿記』文明六年（一四七四）二月の条を見ると、何日か続けて読む場合もあったようだ。

十日　夜ニ入リ宮ノ御方ニ於テ太平記第一ヲ読マル、主上（後土御門天皇）同ジク出御有リ、一巻読了。

十八日　灯日ニ於テ太平記二、三ヲ読マル。

廿一日　御前ニ於テ太平記四初ヲ読ム。

どの程度抑揚や節をつけていたのか不明だが、古態本と言われる「神田本」には、ところどころに本文と同筆で「二重・三重・四重」といった書き込みが見られる。文字の横にポツポツ現れる程度なので平家のように曲節を指すものではなかったかもしれないが、言葉のアクセントや抑揚を示していた可能性がうかがわれて興味深い。

『太平記』全体は「読む」ものであったが、そのなかでさらに特殊な部分を「読ミ物」と呼ぶ意識もあったらしい。同じく古態本の「西源院本」巻第十二「綱目・兵部卿親王ノ事」には、「建武二五五道誉路次ヲ警固シ、鎌倉ニ下シ奉リ土獄ニ入レ奉ル　読物アリ」と書かれている。尊氏に捕らえられ、鎌倉の土牢に入れられた護良親王が天皇に無実の罪を訴える部分で、漢文による消息文を「読物」と呼んでいるのだ。『太平記』は『平家物語』を強く意識して創作されたところがあり、この消息も『平家物語』の「腰越状」に倣った、といわれている。「読物」と称したのも、同じような意識が働いてのことだろう。前述した「神田本」では「二重・三重」のほかに「乱」という注記がみえる（**資料2**）のだが、この注記は巻九　敬白祈願事・巻十四　足利殿予新田殿霍執事付両家奏状事・巻十七

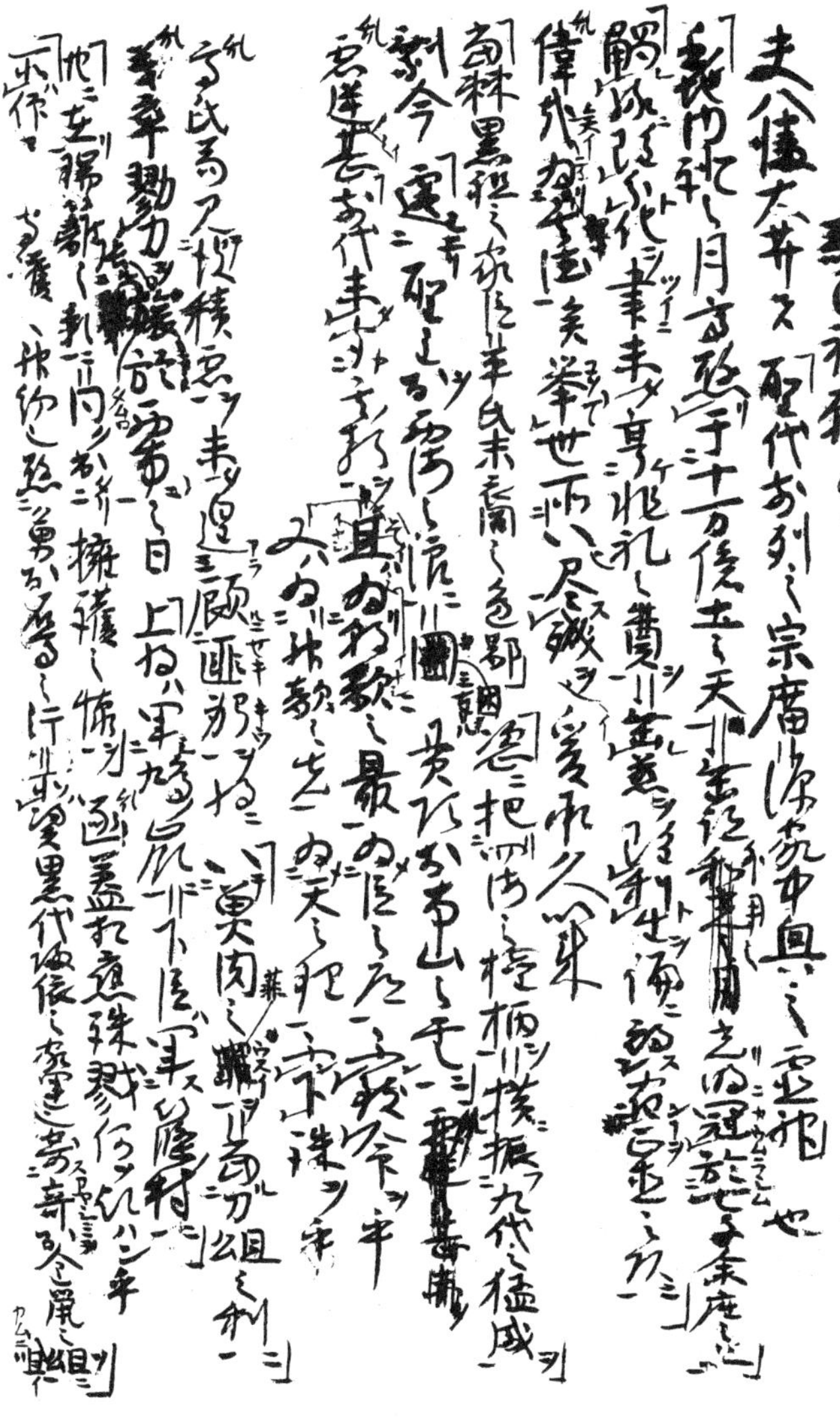

資料２　巻九敬白祈願事『太平記』神田本（古典研究会叢書第二期 1972 年より転載）

山門牒南都方々軍相図并賜衰笠符事・巻二十 義貞朝臣山門贈牒状事・巻二十三 敬白祈願事・巻二十五 山門嗷訴并牒状之事に限られている。いずれも漢文調で、祝詞・牒状・嗷、すなわち平家が「読物」とした句に限られる点に注目したい。「西源院本」に「読物アリ」と書かれた巻第十二が「神田本」には欠けているので「兵部卿親王ノ事」に「乱」字の書き込みがあったかどうか確認できないのだが、平家に倣ってこうした一群を読ミ物、と呼ぶならば、他の文とは異なる特殊な読み方をした可能性が考えられる。

「乱」に関して、兵藤裕己は「乱は、謡曲の「乱序」にもつうじる拍節的な旋律である」と述べているが、[5]「乱序」には謡が入らないし、拍節的でもない。また永積安明は「乱の符牒は、たとえば能の舞事の一つとして笛を中心に鼓や太鼓をあしらった、緩急の変化に富んだ「猩々の乱」のような曲が有名ですし、歌舞伎の音曲や箏にも用いられていますので、それらの曲節から類推すれば、平曲などにならって、緩急に変化のある、ある種の曲節を伴って朗唱あるいは朗詠されたものであろうかと考えられるのです」と記しているが、[6]ともに正鵠を得ているとはいいがたい。と言って現時点で実態が解明できるわけでもないのだが、「乱」字に象徴される特殊な読み方があった点は指摘しておく。

四　幸若舞

最後に、幸若舞にふれておく。能と幸若の交流関係は広く研究されているが、幸若大夫が歴史に登場するのは『管見記』嘉吉二年（一四四二）五月二十四日の条以降である。幸若舞にも読ミ物を含んだ曲があり、笹野堅旧蔵の『大頭左兵衛本　舞の本』[7]では「硫黄之島」に「ノット」、「敦盛」に「上状」、『毛利家本　舞の本』では「十番斬」「敦盛」

「腰越」「文覚」「勧進帳（富樫とも）」に「ヨミ物」、といった曲節名の書き込みがある。基本曲節とされる「フシ」「サシ」「イロ」「クドキ」「カカル」「ツメ」などとは別個に「ヨミ物」「ノット」などと記し、写本によっては細かくゴマを付す所を見ると、独特のフシがあったと考えられる。上演の初出は「木曽願書」が天文二十三年（一五五四）、「富樫」が天正七年（一五七九）で能や平家より遅れるが、「読ミ物」として同時代の芸能と共通理解があった、と考えたい。[8]

五　読み上げる行為

こうした文書はただ「ヨム」のではなく、能の《安宅》で「帰命稽首、敬つて白すと、天もひゞけと読み上げたり」と「勧進帳」を結んでいるように、「読み上げる」と表現されている。能では弁慶が富樫に向かって偽の東大寺勧進帳を読み上げ（安宅）、木曽義仲の命で覚明が埴生八幡宮に奉納する願書を書き（木曽）、土佐坊正尊が義経の前で異心なき旨の起請文を読みあげる（正尊）。番外曲まで含めても、《木曽》と同工異曲の《篠村》、「野馬台」を武帝の前で無事読み上げなくては帰国のかなわぬ《吉備》など、いずれも神仏に向かって誓いを立てたり、他人に向かって意志を宣言する趣旨の文章に限られる。読む（詠む）、という行為は本来声を伴うものだが、なかでも祝詞・牒状・奏状・願書、といった文書は独特の抑揚をつけて読みあげていたのではなかろうか。現在でも、神主が祝詞をよみあげるときに特有の抑揚をつける。想像の域を出ないのだが、神仏に向かって発するために特殊な発声やリズムで読み上げていたものが音楽的なおもしろさゆえに芸能に摂取され、より一層音楽的な工夫が施されるようになった、という経緯を考えてみたい。先に引用した『幸正能口伝書』では特殊な「白こゑ」で謡う由が書かれていたが、『節章句秘伝之抄』には「よミ物ハ謡のごとくの内に、おとがいに精を入謡物也」と書いた箇所もある。「謡のごとく」という記述から、ふつうの謡い方とは意識が異なっていたことがうかがえよう。

こうした読ミ物には法会で唱える神名帳や祭文の読み上げに通ずる一種の呪術性が感じられるのだが、「語リ」が人間に向かって働きかける、いわゆる騙りであるとするならば、それとは対照的な位相に「読む」行為があったのではなかろうか。

平家の「読物」が他とは異なりリズミカルであったのも、「語リ」との相違を意識した結果ではないか、と思われる。能の「読ミ物」の地拍子が複雑であるのも同様であろう。能の「語リ」は、フシもリズムもつけず、一種の抑揚のみでコトバをたたみかけていく。「語リ」との違いをあらわすために、「読ミ物」は拍子に乗せて謡う手段を選んだのではなかろうか。能では、リズムの差違に表現の多くを託している。フシを付けるか付けないか、拍子に合わせて謡うか合わせずに謡いながすか。拍子に合わせる場合でも地の文章は平ノリで、戦闘場面や執心の表現は中ノリで、という具合に場面にあわせてノリを謡い分けるのが能である。「読ミ物」が平ノリとも中ノリとも異なる特殊な当たりを採用したのは、神仏に向かって発する特殊性をリズムによって表現したかったから、と考えたいし、そのようなリズム感覚が平家では別のリズムとなって現れたらしい点に注目したい。

近世になると、「読む」行為にこめられた呪術性が希薄になる。その転換点に位置するのが『太平記』であり、「太平記読み」の出現なのであろう。

注
（1）天野文雄「明和の改正と「三読物」関係曲の演出」（『演劇学論叢』第五号　二〇〇二年）。
（2）慶長十六年（一六一一）の奥書を持つ小鼓伝書。国会図書館蔵。引用は能楽資料集成『幸正能口伝書』（一九八四

年　わんや書店）による。
（3）現在喜多流でヨワ吟のクズシを「シラコエ」と称しているが、これとは関係がなかろう。
（4）兼常清佐『日本の音楽』（一九一三年　六合館。『兼常清佐著作集』第一巻（二〇〇八年　大空社）に再録）。
（5）兵藤裕己『太平記〈よみ〉の可能性』（講談社選書メチエ六十一　一九九五年）。
（6）永積安明『太平記の世界』（一九八四年　日本放送出版協会）。
（7）笹野堅『幸若舞曲集』（一九四三年　臨川書店。天理図書館善本叢書『舞の本　大頭本』（一九八五年　八木書店）に影印されている）。
『毛利家本　舞の本』（一九八〇年　角川書店）。
（8）幸若の上演初出は、小林健二『中世劇文学の研究』（二〇〇一年　三弥井書店）による。

第三節　風流能と大ノリ謡

謡のリズムには、平ノリ・中ノリ・大ノリの三種類があり、場面や詞章の内容に応じてどのノリで謡うか定められている、というのがこれまでの定説であった。室町末期以降大ノリ謡は多用されるが、それは作品の描き方が変化したためばかりでなく、謡の担い手の問題もあるのではないだろうか。

演出研究が盛んになり、今日では自明とされている演出が実は江戸時代の考案だった、と判明した例は少なくない。地謡もそのひとつで、一定のメンバーが舞台脇にすわって同吟する現在の形は桃山時代以降定着したようだ。それ以前は地謡の存在自体があいまいで、シテやワキ、ツレも地謡に参加していたらしい。地謡部分を古くは「同」「同音」と称したのも登場人物みなで同吟する、という意味あいである。「同」と「地」の区別など詳細は表章や藤田隆則(1)の論考にゆずるが、地謡がそのような存在だったとすると、舞台の様子や人の出入りが現在とはかなり異なっていたことは容易に想像がつく。

《邯鄲》や《西行桜》では、役目を終えたワキツレが最後まで舞台に残っているよう指示した江戸初期のワキ伝書(2)がある。残ったのはそのあとの地を謡うため、と藤田は指摘したが、夢が展開するように目まぐるしく人物が出入りする《邯鄲》の舞台効果や、大勢のワキツレが退場して静まりかえる閑雅な《西行桜》のイメージは、ワキツレが舞台に残っていてはとうていのぞめない。ワキやツレが地謡に参加していたことで、音楽の構成にも影響があったと考えられる。

同音のそろふこと。脇はしてののどをまもるべし。惣のうたひてはわきのしてをまもるべし。脇は又そうのうたひを心にかけて、みゝにて聞て目にて見て、心と声にてうたふ也。

これは『毛端私珍抄』に載る禅鳳のことばだが、シテやワキは単に地謡に参加するだけでなく、地頭としての役割も果たしていた。中心的な役割を担ったのはワキだが、そのワキが脇座に座っているのは舞台後方に並ぶメンバーにワキの口元や喉がよく見えるため、と言われている。当時は地謡座などなく、地謡専門の役者が登場する場合は囃子方の後方にすわるのがならわしであった。だが、ワキがおとなしく脇座に座っているのは夢幻能に限られる。《羅生門》のようにワキが舞台中央でシテと同じように舞い、ハタラキを見せる風流能では誰が地謡を統率していたのだろうか。

誰かが統率しなくても、地を謡わなければ能は進行しない。そこで風流能時代、後場に多くなったのが大ノリ謡ではないか、と筆者は考えている。上ノ句四字、下ノ句四字を八拍に収めるのが大ノリの基本である。「そ《2》の《3》と《4》き《5》・よ《6》し《7》つ《8》ね《1》／す《2》こ《3》し《4》も《5》・さ《6》わ《7》が《8》ず《1》」という詞章が端的に示すように、一拍に一字ずつ当てるリズムはわかりやすく、字余りの句では句末を寄せて謡う程度の技巧しかないので、よほどリズム感の悪い役者でない限り謡うのは容易である。

もちろん、世阿弥の作品にも大ノリ謡はある。だが、舞後や後シテ登場後のほんの一部を彩り、脇能の終曲部分に祝言を内容とする謡を置くだけである。

筒井筒、つゝゐづつ、井筒にかけし、まろがたけ、生ひにけらしな、老いにけるぞや、さながら見みえし、昔男の、冠直衣ハ、女とも見えず、男なりけり、業平の面影（井筒）

齢を授くる、この君の、行く末守れと、我が神託の、告を知らする、松風も梅も、久しき春こそ、めでたけれ。（老松）

右にあげたのは《井筒》と《老松》の舞後の大ノリ謡だが、句数はそれほど多くない。平ノリや拍子不合の謡の間にほんの少し、リズミカルで遊興性の強い大ノリを挿入すると場面が華やかに盛り上がる。長すぎると単調だが、短ければ謡にメリハリがつく。世阿弥は、大ノリの効果をよく知っていたのだろう。

大ノリを多用しようと最初に思いついたのは、禅竹だったのだろうか。後場の大半を拍子不合と長大な大ノリ謡で構成した早い例が、禅竹作の可能性が高い《賀茂》である。別雷神がとどろかす音を描写した祝言的な内容で、少々長いが、世阿弥作品と長さを比較するために大ノリ謡の詞章を掲げておく。

風雨随時の、御空の雲居、風雨随時の、御空の雲居、別雷の、雲霧を穿ち、光稲妻の、稲葉の露にも、宿る程だに、鳴る雷の、雨を起して、降り来る足音ハ、ほろ〳〵、ほろ〳〵、とゞろ〳〵と、踏み轟かす、鳴神の鼓の、時も到れば、五穀成就も、国土を守護し、治まる時にハ、この神徳と、威光を顕し、おはしまして、御祖の神ハ、糺の森に、飛び去り飛び去り、入らせ給へば、なほ立ち添ふや、雲霧を、別雷の、神も天路に、攀ぢ上り、神も天路に、攀ぢ上って、虚空に上らせ、給ひけり。（賀茂）

禅竹以降はまた用途が変わる。

維茂少しも、騒がずして、維茂少しも、騒ぎ給はず、南無や八幡、大菩薩と、心に念じ、剣を抜いて、待ちかけ給へば、微塵に為さんと、飛んで懸るを、飛び違ひむずと組み、鬼神の真中、刺し通す処を、頭を掴んで、上らんとするを、切り払ひ給へば、剣に恐れて、巌へ登るを、引き下し刺し通し、忽ち鬼神を、従へ給ふ、威勢の程こそ、恐ろしけれ。（紅葉狩）

《紅葉狩》の〔舞働〕後の詞章だが、信光作の《紅葉狩》や《船弁慶》では、説明調の長々とした場面描写を大ノリで謡うようになる。異形の者が登場し、詞章に合わせた所作をするから大ノリ謡がふえたのか、と筆者はこれまで漠然と考えてきた。たしかにノリのよい大ノリと異形のイメージは結びつきやすく、世阿弥作でも《野守》の終曲は例外的に長大な大ノリ謡である。『申楽談儀』には、「切拍子（大ノリ謡に相当）は舞とはたらきを見せん為也。書手も為手も心得べきこと也」という世阿弥の言も残っている。だが、大ノリ謡でなければ所作が行えないわけではない。元雅の作品に大ノリ謡はないし、世阿弥やその周辺では、平ノリ謡や中ノリ謡に合わせて具体的な所作を行っている。大ノリ謡がふえたのは、なんといっても謡いやすさからであろう。大ノリ謡は平ノリや中ノリ謡にくらべて各段に単純である。舞台上でシテとワキ、ツレが入り交じって所作を見せる風流能では、ワキの口元が確認しにくい。口元が確認できなくても、いったん謡い出したら誰でも半ば機械的に謡い続けられるのは大ノリ謡しかない。多用するうちに、所作を示す謡は大ノリという解釈が生まれ、さらに登場人物の異形性と関連づけた解釈が定着したのではなかろうか。

大ノリ謡に限らず、信光の作品では平ノリ謡の地拍子も概して単純である。字余りや字足らずの句が少なく、上ノ句を二分してトリの句（四拍の地）プラス本地（八拍の地）に割り付ける「分離ノトリ」、という技巧的な処理を施す場合でも、その処理はパターン化できるほどヴァリエーションが少ない。これは信光の作曲能力の低さのように言われてきたが、実は統率者なしでも謡えるよう配慮した結果なのではなかろうか。

禅鳳になるとこの傾向はさらに強くなる。《一角仙人》や《嵐山》の前場には「クセ」すらなく、若年のシテのために創作したらしい《初雪》の〔クセ〕は、幼い子でも謡えるようこの上もなく単純な地拍子になっている。
こうした傾向は、ワキが脇座にすわったまま進行する能、つまりワキが地謡を統率できる脇能にも波及したようだ。信光作《玉井》や禅鳳作《嵐山》の後場は大ノリ謡一色である。単純化の波は、風流化とあわせて曲趣を選ばずこの時代の傾向となっていったのである。

注

（1）表章「能の『同（音）』と『地（謡）』」（『国語と国文学』六十二巻四号　一九八五年）。藤田隆則『能の多人数合唱』（二〇〇〇年　ひつじ書房）。

（2）『福王流古型付』（伊藤正義編著『福王流古伝書集』一九九三年　和泉書院）など。

第四節　とうとうたらりと雅楽の唱歌

「とうとうたらりたらりら」、《翁》は不可思議な詞章でおごそかにはじまる。この呪文めいた詞章の出自をめぐって、チベット語説、唱歌説、呪文説等、さまざまな解釈があるのは言うまでもない。天野文雄が陀羅尼と響きが近い旨指摘しているが、(1) 大勢は唱歌説で落ち着いている。《翁》の詞章には、「鳴るは滝の水（今様）」や「あげまきやとんどや（催馬楽）」等、平安時代後期に流行した歌謡が摂取されているので、「とうとうたらり」も何らかの歌謡だった可能性が高い。「とうとう」は太鼓で「たらり」は笛、あるいは「とうとうたらり」全体が笛の唱歌という説が通行していたが、それとは別の視点から、再び「とうとうたらり」唱歌説を唱えてみたい。

今日一般に唱歌といえば、篳篥の「チーラーロールロ」や能管の「オヒャーラー」といった一節が思い浮かぶ。「チーラー」と唱えて楽曲や舞を覚えていくのだが、「レーミーシーラシ・ミーミレミー」という旋律を、篳篥は「チーラーロールロ・ターアルラー」と唱える。「チ」が「レ」で「ラ」が「ミ」という対応ではなく、「チーラーロールロ」でひとまとまりの旋律を表すのだが、タ行は旋律の冒頭、ラ行は旋律の途中、ア行は同じ音にアクセントを付けるとき、といった具合に子音の別で旋律の構成や奏法を表している。母音といえば、「ア」には空間的に広いイメージ、「イ」には音が高いイメージ、「ウ」や「オ」には音が低いイメージがある。これはイメージなどといった曖昧なものではなく、母音を発音したときに発する音響エネルギーのうち、第二フォルマントと言われる周波数帯が、イエアウオの順に低くなる現象を感覚的にとらえたもので、唱歌ではイ列音は高音、オ列音やウ列音は低音というように、カナの母音と旋律の高低を一致させる傾向が見られる。笛を甲高く「ピー」と吹き、地響きするように太鼓を「ドンドン」打ち鳴らすのは、理にかなった表現といえるわけだ。院政期に編まれた『後拾遺和歌集』には「笛の音の／春おもしろく聞こゆるは／花ちりたりと吹けばなりけり」という俳諧歌が載っているので、平安時代には既に「チリ・タリ」という唱歌が存在していたようだが、現在のように旋律の一音一音にカナ一字一字を当てるシステムが整ったのは比較的後代のことらしい。

かつては歌詞を唱歌と呼ぶ例もあったが、平安時代には、歌詞でもなく楽器の旋律を唱えるものでもない第三の唱歌が存在していた。その具体例が『源氏物語』の「手習いの巻」、小野の大尼君が和琴を弾く場面にみえる。[2]

（和琴を）とり寄せて、たゞいまの笛の音をも尋ねず、たゞおのが心をやりて、東の調べを、爪さわやかに調ぶ。皆、異物は声やめつるを、「これをのみ、めでたる」と、思ひて、「たけふちちり〳〵たりたな」など、掻き返し、はやりかに弾きたる言葉ども、わりなく、古めきたり。

和琴にあわせて「たけふちちり〳〵たりたな」と唱えたというのだ。石田百合子は、『源氏物語』の注釈書『河海抄』に「唱歌事有例　笛ノソウカニテハナキ也。昔ハサウカノフトテ別ニ有ケルナリ」とあることから、特定の楽器専用ではなく、歌謡として謡う唱歌が別個に存在した可能性を指摘した。[3]この唱歌、どことなく「とうとうたらり」に似ていないだろうか。

『源氏物語』では「古めきたり」と書かれているが、実はその後も謡いつがれている。たとえば催馬楽の「大宮」では「大宮の・西の小路に・漢女子産だり・さ漢女子産だり」という歌詞の最後に「たらりやりんたな」と付け加えているし、同じく催馬楽の「田中」では歌詞の途中に「たたりらり」、「酒飲」でも譜本によっては歌詞の最後に「タンナタンナタリリララ」等と囃子詞風に付加している。この部分にも墨譜が付いているから、歌詞と同じように謡ったのだろう。

催馬楽では歌詞の一部だったが、雅楽一曲をこのような唱歌で通すこともあったらしい。「順次往生講式」という声明のなかの「極楽声歌」がそれである。と言っても通常知られているのは経文や教化風の歌詞をあてはめるスタイルで、たとえば「慶雲楽」という楽にあわせて「ミタホトケノ・チカヒタノモシ・ミナヒト・コノホトケニ・ツカヘヨヤ・アナカシコ…」と謡ったりしている。ところが、『知国秘鈔』と金沢文庫蔵の『楽邦歌詠』には歌詞の代わりに唱歌を記した珍しい譜が残っている。両譜ともすでに翻刻されているが、能の研究者にはあまり知られていないと思うので、紹介しておく。

『知国秘鈔』は、鎌倉時代初期に琵琶の名手として活躍した藤原孝道が末子に与えた秘事口伝書で、安貞三年（一二二九）の奥書をもつ巻子本である。その巻末に「万歳楽」「三台急」「鳥破・急」「賀殿」の唱歌が載っている。「万歳楽」の唱歌は次の通りである。[4]

　タリィ。タラ。チヤラ。ラリ。タンナ。チィラ。タンナァ。ラリ。タンナ。ラリ。チィヤ。タリ。チラ。タラ。タリヤチラ。タァリィ。チヤラ。リィラン。ナ引　タリ。チヤラ。タリィ。タンナ。タリ。チヤラ。リラ。ラリィ。タァリィチヤラ。リィラ。タンナ。チヤラ。リラ。タァリィラリ。タァリヤ。リラ。チヤラン。ナ引

四曲ともカナだけで音高を表示するものがなく、残念ながらどのような旋律だったのか知るすべがない。しかし、現在のように楽音とカナを一対一で対応させるとカナが圧倒的に足りなくなる。この唱歌の前に、「たとへはしやうのふゑふきは、せいちんならちんちゝりなとす、比巴ひきは、ちりちんたせいなとす、このていなるを、ふ

ゐにとりかゝりてまねふへしと、ふるくはいひつたえたれとも、このころのふゐふきの、さうかのつたえすくなき」と記しているから、鎌倉時代後期には歌うこともまれになっていたらしい。

金沢文庫には「長保楽」と「延喜楽」の唱歌譜が残っているが、「長保楽」は漢字、「延喜楽」はカタカナと表記の違いはあるものの、全く同じ内容の唱歌が記されている。「延喜楽」の唱歌の冒頭を載せておこう。(5)

タリタムナ　タラリタムナ　リヤリヤラムナ　リヤリヤラムナ　タリタムナ　タラリタラリ　タラリタリチ

リヤリー　…

「長保楽」と「延喜楽」は全く別の楽曲である。ところが、唱歌の横に付いた墨譜はほとんど同じで、しかも「長保楽」「延喜楽」のどちらの旋律とも一致しない。現在のような、旋律にぴったり対応させる唱歌でなかったことは明白である。『源氏物語』では「笛の音をも尋ねず」小野の大尼君が勝手な旋律を歌ったように書かれていたが、そもそも第三の唱歌は楽曲に合わせず歌うものだったのである。

『後拾遺和歌集』所収の俳諧歌や『五重十操記』の記述から、平安時代には既に「チリ・タリ」という唱歌が存在していたと言われている。しかしそれが、現在と同じように旋律一音ごとに対応させるものだったという確証はない。『教訓抄』には「輪台」「青海波」の笛の唱歌が載っているが、やはり現行とは異なり、笛の指孔やリズムとは無関係にカナが付いている。芝祐靖は、「口伝の漏れるのを恐れてわざわざ拍子をはずし、適当な仮名を羅列させたのではないか」と推測したが、(6)今までの曲例から判断すると、唱歌の唱え方そのものが現在とは違っていた、と考えた方がよさそうだ。雅楽の歌い物、催馬楽ではカナ一字を長く弾き、そこにさまざまな旋律を盛り込んで謡うが、それと同じような歌い方だったのではなかろうか。

このように、特定の楽器と関わりを持たず、しかも声を引いてゆるやかに歌う唱歌が寺院に伝承されていた。

翁猿楽の成立には寺院の法会が深く関わっていたわけだが、その中で歌う歌謡も例外ではあるまい。「とうとうたらり」は、こうした唱歌風の寺院歌謡から派生したのではなかろうか。

注

（1）天野文雄『翁猿楽研究』（一九九五年　和泉書院）。
（2）引用は日本古典文学大系『源氏物語』（一九六三年　岩波書店）による。
（3）石田百合子「源氏物語の音楽」（『東洋音楽研究』第十八号　一九六五年）。
（4）引用は『知国秘鈔』（一九八〇年　吉川弘文館）の影印・翻刻による。
（5）引用は『金沢文庫資料全書』第八巻（一九八六年）による。
（6）芝祐靖「横笛唱歌考」（『雅楽界』第五十七号　小野雅楽会編　一九八二年）。

第五節　能に至る過渡期の鼓胴

はじめに

能の鼓胴は、雅楽の鼓胴から派生したと言われている。砂時計型の形状は同じだが、雅楽鼓胴は胡粉などでカラフルに彩色をしているのに能楽鼓胴は黒漆の上に金蒔絵を施すなど、サイズや意匠を異にしている。日本各地に残る鼓胴の調査を行ったところ、雅楽鼓胴とも能楽鼓胴ともつかぬ中間の鼓胴を数点発見した。こうした鼓胴は雅楽から能へ至る過渡期の作ではなかろうか（本稿の参考写真はすべて巻頭カラーページ参照）。

平安時代末から室町時代初めに製作された絵巻には、遊女や白拍子達が鼓を膝の前に置いて打つ姿がときおり描かれている。『法然上人絵伝』では、上人が流される途中で室津の遊女を教化した、という有名なエピソードを描いた場面で、小舟にのり、大きな黒塗りの鼓を左脇に抱えた遊女の姿がみえるし、『鶴岡放生会職人絵巻』にも黒塗りの鼓を膝のうえに置いて打つ遊女の姿が描かれている。『一遍聖絵』でも武士の館の宴会で同じような鼓を身体の前に置いて打つ遊女の姿がみえる。絵巻に描かれた鼓の胴はいずれも黒塗りでおおぶりだが、黒漆を施しただけの簡素な作りだったのだろうか。

一九九四年、筆者の所属する東京国立文化財研究所芸能部（現在は無形文化遺産部）では雅楽器の調査のために各地の寺社へ所蔵楽器のアンケートをお願いしたが、奈良県石上神宮と香川県神谷《かんだに》神社から送られてきた写真にしばし息をのんだ。そこに写っていたのはまさに絵巻に描かれた黒い鼓胴だったのである（**写真1・写真2**）。しかもただ黒いだけではなく、胴のふくらんだ部分（乳袋《ちぶくろ》）に何本も筋が彫られている。その後、同じような線刻鼓胴が岐阜県荒城《あらき》神社に大小二点あると宮内庁式部職楽部の多忠輝氏を通じて教えていただいた。『東鑑』によると、荒城郷は建久四年（一一九三）、忠輝氏の祖先、多好方が頼朝から所領として安堵された地である。好方以後も好節・好氏・好久と地頭職を嗣いで弘安五年（一二八二）に好久が没するまで所領としており、雅楽とかかわりの深い土地であった。鼓胴にサイズの差があるのは、雅楽の壱鼓と三ノ鼓のつもりであろう。民俗芸能研究家の樋口昭氏からご教示いただいて京都府下の多治《たじ》神社の線刻鼓胴四点も調査した。こうした線刻鼓胴を雅楽から能楽へ至る過渡期の鼓胴と位置づけて報告書に発表したところ[1]（以下、前稿と称す）、宮本圭造氏から滋賀県の飯開《いびらき》神社にも同様の鼓胴が残存するとの情報をいただいた。東京在住の楽器コレクターが同じ形状の鼓胴を所持していることも確認したし、京都在住の能楽師が特筆すべき鼓胴を所有されているとのお知らせもいただいた。鼓胴の変遷については折にふれ発表してきたので重複する記述が少なくないが、事例が多くなるほど線刻鼓胴の普及率が高かった証明となり、楽器史上での存在も大きくなるだろう。ここで、前稿以降に発見した未報告の鼓胴を中心に過渡期の鼓胴についてまとめておく。

一　線刻鼓胴のあらまし

鼓といえば能や歌舞伎の楽器、というイメージが強いが、能以前の芸能でも、さかんに用いられている。たとえば雅楽では大きさの異なる壱鼓、二ノ鼓、三ノ鼓を用いられてきたが、雅楽鼓胴は朱や緑青、群青など色とりどりの胡粉で表面に宝相華や剣先紋を描いたものが多く、同じ砂時計型の形状をしていても、黒漆を塗布した胴全体をキャンバスに見立てて蒔絵を施した能の鼓胴とはたいそう印象が異なる。雅楽鼓胴では乳袋の表面に突起を設け、そこを境界線として彩色や意匠を変えることが多い。過渡期の作、と位置付けた黒漆鼓胴は黒漆のみで彩色をしないので境界線は不要だが、長年見慣れた形態を変えることに抵抗があったのだろうか。突起の代わりに線刻を施している。

法量を表にまとめておいたが（242ページ）、線刻鼓胴の全高は三十一～三十五センチ、革口径は十四センチ前後である。荒城神社の一筒と沼名前《ぬなくま》神社の一筒、個人蔵以下の三筒をのぞくとほぼ同じサイズとみなしてよかろう。雅楽の鼓胴に規格がないことを考えるとこれは驚くべきことである。雅楽鼓胴に壱鼓、二ノ鼓、三ノ鼓の別があるのはサイズが異なるからだが、手先の器用な寺僧や仏師が必要に応じて製作していたためか、壱鼓や三ノ鼓の標準サイズがあるわけではない。線刻鼓胴は能の大成以前の楽器と想定されるのに、規格が整っているのは専門の鼓工房が出現したからであろうか。ただし、サイズは一定でも乳袋内部（受ケ）はまだ手彫りで、刳り方にはかなりの差異がある。たとえば石上神宮では線刻鼓胴を四筒所蔵しているが、(2) 乳袋の形状をとっても四筒には微妙な違いがあり、一筒だけ線刻部分に朱を塗るなど（**写真1**）（左から二番目の筒）差異も認められる。

規格の一定化は、音色の問題に関わっている。求める音色が定まれば、その音色を作り出すために規格が定まってくるわけだが、規格、すなわち全高と革口径以上に鼓胴の音色を左右するのが棹の内部（巣）の刳り方と受ケのカーブ、乳袋から棹に至る部分（風切《かざきり》）の形状などである。能の鼓胴では、棹内部の中央付近を音越《ねごし》と呼んで少し狭まるよう刳っているが、驚くことに、石上神宮の鼓胴にも音越が確認できた。石上神宮の鼓胴は受ケが荒けずりで、カンナ目というよりノミ跡と呼ぶ方がふさわしい胴や、風切自体はっきり角度をつけて形成されていない胴もある（**写真3**）。受ケの形状や風切は音色にとって重要なファクターであり、音越部分だけ狭くしたからといってよい音色になるわけではない。偶然棹の中央を細く刳っただけなのかもしれないが、雅楽鼓胴の大多数が轆轤で挽いただけで棹の内部はほぼ寸胴であったことを考えると、これは特記したい事項である。鼓胴はまず「音越」部分から能に向けて一歩進展した、といえるのかもしれない。

神谷神社には舞楽面（抜頭）が残されていたから雅楽で用いた可能性が高いが、鼓胴内部には細かくノミで削った跡が認められたし、棹と乳袋の付け根に穴があいていた（**写真2・写真4・写真11**）。音色を調節するために内部を細工したあげく、削りすぎてしまったのだろう。雅楽の鼓胴は革に胡粉を塗り、バチを用いて奏するので響きを重視するとは考えに

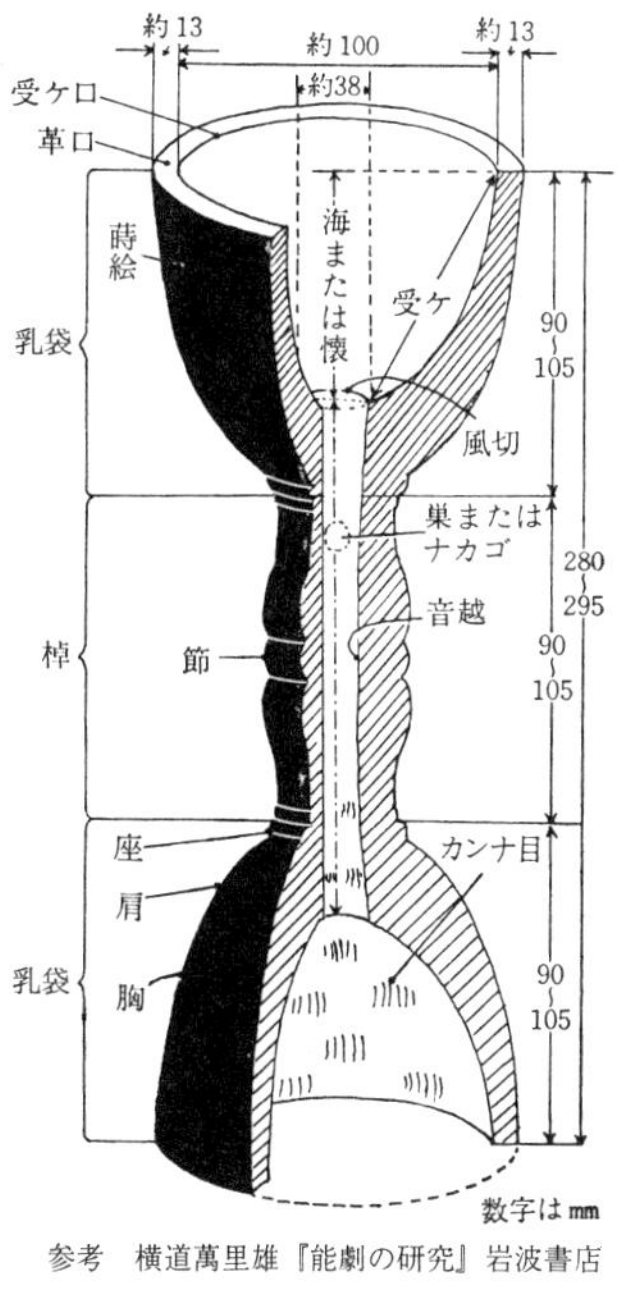

参考　横道萬里雄『能劇の研究』岩波書店

参考　大鼓胴図

多治神社 NO.3	多治神社 NO.4	荒城神社 NO.1	荒城神社 NO.2	遍明院	飯開神社	個人蔵	雷雲蒔絵	鳥海旧蔵
33.9	33.6～ 34.1	36.0～ 37.0	33.8～ 34.2	33.0	35.1	27.8	27.5	27.1
13.8(α) 14.1(β)	14.0(α) 13.6(β)	16.0～ 16.2	13.8(α) 14.1(β)	15.0(α) 14.8(β)	14.5	12.4(α) 12.6(β)	12.3	11.3
11.7(α) 11.5(β)	12.4(α) 12.7(β)	14.5(α) 14.4(β)	12.8(α) 12.9(β)	12.5～ 13.0	11.7	8.95	10.1～5	9.1～9.2
9.2(βシ) 24.8(αウ)	9.4(βシ) 24.5(αウ)	10.2(β) 26.3(α)	9.6(α)		9.3～9.6	8.6(β) 19.4(α)	8.0	8.3
6.7(βシ) 6.6(αウ)	6.4(βシ) 6.4(αウ)	7.5(β)	6.4(β) 6.6(α)		8.5	6.9(βシ) 6.9(αウ)	5.3	
9.6(βシ) 10.1(βウ) 23.9(αシ) 24.2(αウ)	9.6(βシ) 10.3(βウ) 24.1(αシ) 24.5(αウ)	10.6(βシ) 11.7(βウ) 24.8(αシ) 26.0(αウ)	9.4(α)	11.2(β) 11.0(α)	9.8	8.9(β) 18.5(α)	8.5	8.2
5.2(βシ) 5.0(βウ) 4.9(α)	5.0(βシ) 4.9(αシ) 6.4(αウ)	5.5(βシ) 5.3(βウ) 5.0(αシ) 5.2(αウ)	5.1(βシ) 4.9(βウ) 4.9(αシ) 5.1(αウ)	4.5	6.5(βシ) 7.0(βウ)	5.4(βシ) 5.3(βウ) 5.3(αシ) 5.4(αウ)	4.3	4.0
5.7(β) 6.2(α)	6.3(α)	7.7(α)	6.4	7.3(α) 7.0(β)	6.6(不成 形)	6.9	5.8～6.0	6.7
4.5	4.5	4.9(α)	5.0(β) 5.2(α)	4.0(β) 3.8(α)	4.1	3.1		3.1
					3.5			
16.9	17.1	18.5	17.2		17.0	13.9	14.0	13.3
6.8	6.4	7.1	6.3		7.0	6.6	5.4	5.1

凡例

①数値は㎝を単位とし、小数点第二位以下は四捨五入した。革口直径など計測位置によって数値が異なる場合は～でその範囲を示している。
②鼓胴の上下を仮に定め、高さに関しては鼓胴の下から計測した数値で示している。
③数値の後に記した(α)は上の乳袋、(β)は下の乳袋を指す。数値の後に何も表記がない場合は、上下の乳袋で数値が同じ事を意味する。弧極や座の数値でウとあるのはその部位の上の箇所、シとあるのはその部位の下の箇所で計測したことを指す。
④計測不能箇所などは空欄とした。

過渡期の鼓胴法量表

名称	石上神宮 B	石上神宮 C	石上神宮 D	石上神宮 E	神谷神社	沼名前神社	多治神社 NO.1	多治神社 NO.2
全高	34.9	33.4	32.1～ 32.2	31.0	34.1～ 34.5	25.3～ 25.4	32.1	34.7
革口直径	14.3～ 14.6	13.6(α)	14.5(α) 14.7(β)	14.2～ 14.3	14.0	10.9(α) 10.8(β)	14.0(α) 13.9(β)	14.1(α) 13.9(β)
革口内径	12.4～ 12.6	11.9(α) 12.7(β)	12.5～ 12.8	11.0～ 11.2	12.6	8.7～8.9	12.3	12.2～ 12.3
座迄の高さ	10.2(β) 24.6(α)	9.2(β) 24.2(α)	9.5(β) 23.0(α)	8.6(β) 22.7(α)	10.0(β)	8.0(β) 18.4(α)	9.0(β) 23.3(α)	10.2(βシ) 24.2(αウ)
座の直径	7.9	6.5(β) 6.4(α)	7.3	6.6(β) 6.3(α)	6.7	5.1	4.8(β) 4.9(α)	6.7(βシ)
弧極迄の高さ	10.7(βシ) 11.5(βウ) 23.6(αシ) 23.9(αウ)	9.8(βシ) 10.3(βウ) 23.3(αシ) 23.6(αウ)	9.9(βシ) 10.3(βウ) 22.0(αシ) 22.3(αウ)	8.9(βシ) 9.3(βウ) 21.9(αシ) 22.3(αウ)	10.5(βシ) 10.9(βウ) 10.5(αシ) 11.0(αウ)	8.5(β) 18.2(α)	9.4(βウ) 22.7(αシ)	10.4(βシ) 10.9(βウ) 23.6(αシ) 23.9(αウ)
弧極の直径	5.4(βシ) 5.2(βウ) 5.1(αシ) 5.3(αウ)	5.1(βシ) 4.8(βウ) 4.8(αシ) 5.1(αウ)	4.6(βシ) 4.4(βウ) 4.4(αシ) 4.6(αウ)	5.3(βシ) 4.9(βウ) 5.0(αシ) 5.3(αウ)	5.2(βシ) 4.7(βウ) 4.6(αシ) 5.1(αウ)	3.8(βシ) 3.6(βウ) 3.8(αシ) 3.6(αウ)	4.6(βウ) 4.6(αシ)	5.4(βシ) 5.2(αウ)
風切の深さ	7.6(β) 7.9(α)	7.3(β) 7.4(α)	5.5(β) 5.7(α)	5.6(β) 4.6(α)	6.1(β) 5.9(α)	5.6(β) 5.9(α)	6.7(β) 7.0(α)	7.1(β) 7.0(α)
風切内径	4.2	5.2(β) 5.0(α)	4.6	4.8(β) 5.0(α)	4.9	3.1～3.3	4.4	4.5
音越内径	3.5	3.9	3.7	3.6				
節迄の高さ	17.6	16.9	16.5	15.4	17.1	13.1	16.0	17.4
節の直径	6.8	6.8	6.2	7.2	6.3	4.6		6.9

くい。白拍子を始めとする中世芸能は、能と同様、素手で打つので音色の調節は可能である。神谷神社の鼓胴は、舞楽以外の中世芸能をも囃したのではなかろうか。雅楽以外の中世芸能に用いられるようになった時点で、線刻鼓胴の内部はより繊細になっていったと考えられる。

二　飯開神社の鼓胴

滋賀県東浅井郡湖北町、琵琶湖の北岸に位置する飯開神社は承和元年（八三四）または大治元年（一一二六）の勧請と伝えられているが、そこに天正元年（一五七三）正月、浅井長政と母君が祈願して御刀と共に奉納寄進した、と伝えのある鼓胴が残されている[3]（**写真5**）。地元では「躑躅胴鼓」と呼んでおり、県の登録文化財となっている。かなり破損が進み、乳袋の両端が朽ちているが、乳袋上の線刻ははっきり残っていた。およその全高は三十五センチ。革口径は十四・五センチ。全高が他より若干高いのは、棹が長いためである。他の線刻鼓胴と比較すると棹中央にかけてのふくらみが少なく、乳袋の開き具合も少ない。雅楽鼓胴の乳袋は、開口部が開いた形状のものが多い。その面影を強く残すのが石上神宮の鼓胴だが、飯開神社の鼓胴はそれより能の鼓胴に近い形状、といえよう。乳袋内は轆轤で挽いた上に細かい筋が刻まれていた（**写真6**）が、筋の様子をみると音色の調節のために刻まれたとは考えにくい。

天正といえば世阿弥が能を大成してから一世紀以上たち、能の鼓胴も現行とほとんど変わらぬ形態になっていたはずである。浅井長政の奉納とは、土地ゆかりの著名人に仮託した伝承であろうか。あるいは長政自身、古色が珍しくて奉納したのだろうか。躑躅胴鼓が天正時代に現役だったとは考えにくい[4]。

神社に残された『飯開神社・白髭神社取調帳』（明治七年筆）によると、琵琶湖の水が境内まで浸水して社殿が大破することがしばしばあり、天正六年（一五七八）には織田信長による御改もあって、現存する社殿は宝永三年（一七〇六）に普請されたという。そのような情況下で古い時代の遺品が大過なく保管されていたのは奇跡に近いことである。この鼓胴の製作年代や用途は不明なままだが、現時点では、まず確認できたところを報告しておく。ちなみに同社には応永十一年（一四〇四）の銘のある神輿も残されており、これは重要文化財に指定されている。

三　遍明院の鼓胴

線刻鼓胴はその多くが製作時期不明であるが、瀬戸内市内の弘法寺遍明院で、製作時期をかなり限定できる鼓胴を発見した（**写真7**）。乳袋の上に「千手山　奉施入安卩（部）重行　永仁四　七　十三」と彫り込まれた鼓胴（**写真8**）で、旧牛窓町の文化財に指定されている。弘法寺文書[5]によると、同寺は天智天皇の勅願寺として報恩大師が造立し、その後弘法大師が再興した、と伝えられている。同じく報恩大師開創と伝える岡山市の金山寺には仁安三年（一一六八）の記録が残されているから、弘法寺の歴史もその時期あたりまで遡ってよいのかもしれない。弘法寺は建長三年（一二五一）には地域の御願寺として郷民が支えていたという記録があるし、正安二年（一三〇〇）十一月に行われた本堂供養には、法会の中心的役割を担う講師と呪願師を比叡山から、唄師を西大寺から招いている。牛窓地域は瀬戸内交通の要所でもあったから、中央との交流もさかんに行われていたのであろう。弘安八年（一二八五）と陰刻された磬、迎講で使用する行道面、踟供養《ねりくよう》で用いた大きな被り仏も残されている。鼓胴に彫られた年号は施入の際の刻銘と考えられるが、永仁四年（一二九六）といえばまさに鎌倉時代後期である。被り仏や行道面は鎌倉時代の作と比定されているから、この鼓胴をそうした行事に用いた可能性も考えられよう。安部重行がいかなる人物なのか、現時点で不明なのが残念だが、鼓胴の全高は三十三センチ、革口径十五センチ。標準的な法量の線刻鼓胴が、まさに鎌倉時代に使用されていたのである。乳袋の内部はかなり細かく調整した跡があり、その様子は神谷神社の鼓胴に酷似している（**写真9**）。乳袋と棹の境に穴があいているのは、削りすぎたためであろう（**写真10**）。先述したように、神谷神社の鼓胴にも同じ様な位置に穴があいていた（**写真11**）。雅楽鼓胴ではこの部分を薄く成形しないが、能の鼓では、乳袋と棹の境は数ミリという薄さである。過渡期の段階で能の鼓胴と同じような細工のしどころがうかがえるのは興味深い。

不思議なことだが、遍明院の鼓胴は、片方の革口部分が部分的に切断されていた（**写真12**）。切断してしまえば鼓胴として使用はできなくなる。どのような意図で切断したのだろうか。

四　未調査の鼓胴

東京在住の楽器コレクターが同じような線刻鼓胴を所有していることも確認している。調査を許可されなかったので計測はしていないが、能の大鼓と並べて展示されており、全高はそれとほぼ変わらなかった。乳袋の口が、石上神宮蔵鼓胴の写真左端（**写真1**）程度にかなり開いた形状だが、特異なことに線刻が少ない。これまでの線刻鼓胴では三本ずつまとまった線刻が二カ所、各乳袋に認められたが、この鼓胴ではそれが一カ所、乳袋の中央に集中していた。線刻が少ない分、能の鼓胴に近づいたことを思わせるが、乳袋の口がかなり開いている。線刻鼓胴の外形はほぼ同じ、とこれまで報告してきたが、多少のヴァリエーションが存在したことになる。

また、古裂会の第六十七回入札オークションのカタログ（二〇一二年七月）に、同じような線刻鼓胴が二点出品されていた。黒漆は少し擦れていたが、カタログには十四×十四×三十四とあるので、全高三十四センチ、革口径十四センチと推定される。出品された二筒で乳袋の形状が異なっていたのが興味深い。

五　能の鼓胴へ

さて、こうした線刻鼓胴はその後線刻を廃し、蒔絵を施して能の鼓に転身させた、と考えるのが妥当であろう。実際、線刻を残したまま蒔絵を施した鼓胴を三点確認している。発見した順に報告しておく。

まず、広島県福山市鞆浦の沼名前神社に所蔵されていた鼓胴である（**写真13**）。それについては一九九九年に調査を行って前稿で報告したので、概要を述べるだけとしたい。

鼓胴の内部には朱で「奉寄附 備後国 沼隈郡 鞆津 祇園牛 頭天王 御宝殿 神楽筒 千種作」「同国太守 源朝臣水野氏 日向守 勝貞 万治三 庚子歳 四月吉辰」と書かれているので（**写真14**）、藩主水野勝貞が万治三年（一六六〇）に奉納した由が明らかである。沼名前神社の境内には重要文化財の能舞台が建っている。豊臣秀吉が伏見城に設けた組み立て式の舞台、と伝えられているのだが、同じ時期に舞台と鼓胴が沼名前神社に奉納されたらしい。鼓胴には平蒔絵で鳳凰が描かれており、蒔絵粉は刻まれた線の中にも入りこんでいた。つまり、線刻した上に蒔絵を施したわけである。蒔絵以上に驚かされたのはそのサイズであった。全高二十五・三センチ、革口径十一センチ弱。まさに小鼓のサイズである。

大鼓と小鼓はともに砂時計型の胴をもち、おおよその形態は一致しているが、二つの乳袋をつなぐ棹の中央に節があるのが大鼓、節がなくつるりとしているのが小鼓という区別がある。しかしこの鼓胴の出現で、大鼓と小鼓がもともと同じ形態であった可能性が生まれてきた。世阿弥の著した『習道書』には「鼓の役人の心得べき」項目が書かれているが、そこでは大鼓と小鼓を区別していない。現在のように分業せず、大小を兼ねる役者が多かったから、と従来解釈してきたが、数センチ程度の差異のみで楽器の形態が変わらなかったとしたら、しいて大小を区別する必要はあるまい。室町中期のことだが、『四座役者目録』には、大鼓胴の両端を切って小鼓に作り替えた話も載っている。調べ緒の中に手を入れてにぎり具合を調節しながら打つ小鼓には、棹の途中の節が邪魔になる。小鼓の技法が発達して複雑なリズムを打つようになったとき、節を削った可能性は十分考えられよう。

次の鼓胴は、京都府在住の能楽師が所蔵するもので、郷里の山形で入手されたそうである（以下個人蔵と称す）。鼓胴には美しく蒔絵が施されていたが、乳袋にはくっきり線が刻まれていた（**写真15**（口絵冒頭））。沼名前神社の鼓胴同様、線の内部にまで蒔絵粉が蒔かれていたから、蒔絵の後に線を刻んだのではなく、線刻の上に蒔絵を施したことは明らかである（**写真16**）。全高二十七・八センチ、革口径十二・四センチ。現行の大鼓の平均的な全高は二十八・六センチ、革口径は十一・五センチであるから、平均的な線刻鼓胴より小ぶりなだけでなく、現在使用している大鼓よりさらに小ぶりである。

しかし、棹の中央に設けた節や棹と乳袋の付け根に設けた座の形状は、現行の大鼓とほとんど変わりがない。乳袋にしても、線こそ刻まれているが、革口の開いた過渡期の鼓胴とは異なり、すっきり引き締まった姿、厚みを有する革口（**写真17**）は能の大鼓そのものといってよい。同じように平蒔絵が施されていても、沼名前神社の鼓胴の乳袋は口の開いた過渡期の形状を残しているから、線刻がありながらここまで現行の姿に酷似した鼓胴の存在は特筆すべきことである。二〇〇三年十月の奈良金春会で実際に革をあてて舞台で演奏されたが、見所で聞く限りまったく遜色のない音色であったし、演奏した大鼓奏者も、若干音が高めではあるが違和感は感じないとの感想を寄せられた。漆芸作家田口善明によると、金粉と金平目粉を用いた平蒔絵で桃山時代の作であろう、という見解である。かなり使用したらしく棹部分の蒔絵は少々剥落していたが、剥落部分に、桃山時代の蒔絵の特徴である赤置き目[6]がうっすらみてとれた（**写真18**）。

三点目は、東京在住の某氏が関西で入手した鼓胴である（**写真19**）。乳袋上に線刻を施した過渡期の形状だが、乳袋の一部に蒔絵で瓢箪が描かれている（**写真20**）。これまで調査した鼓胴は、黒漆のみの鳥胴か、あるいは全体に平蒔絵を施した鼓胴のいずれかで、部分的に蒔絵を施した意匠は初めてである。受ケには細かなカンナ目が施されており、一方の受ケには阿古作、反対側の受ケには金剛新六、弥左衛門（宮増）、と朱漆で記されていた（**写真21**）。

鼓胴に付された資料によると、旧蔵者は画家の鳥海青児。一九〇二年に生まれ一九七二年に没した洋画家で、古美術のコレクターとしても知られている。資料の中には長富忠三郎なる人物が鳥海にあてた書状が含まれていた。不思議な鼓胴を入手した鳥海が長富に問い合わせた書状の返事らしく、「先達中は何かといろ〳〵御世話様でした。御問合せの阿古、金剛新六　弥左ヱ門につき、只今返信を得ましたので同封お送りします。おそくなって済みませんでした」等と書かれている。長富は佐藤芳彦（わんや書店勤務）に問い合わせたようで、長富にあてた佐藤の返事も残されていた。わんや用箋に、阿古については「千音に学んだ筒工で、筒職家である」こと、「古阿古を初代として一本は五代を数え、他は阿古長兵衛を初代とし二代、また初代阿古、二代阿古としている本もある」など伝承が多々あること、「阿古長兵衛は東山時代と推定されて」いることを記し、もう一枚の用箋に金剛新六（氏正）の生没年や前名などを認めた上、「先日は失礼致しました。お問合せの件、左の通りで御座います。十分分りません。胴を拝見させて頂けば幸甚です」と記している。佐藤はこの鼓胴を実見したのだろうか。能楽関係者の間でこの鼓胴の存在を聞かないので、情報を提供しただけだったのかもしれない。

それとは別に、鳥海は白洲正子にもこの胴を見せている。白洲の『ものを創る』にこの鼓胴に言及した箇所があり、癋見面と一緒に見せられたことが記されている。鼓胴の付帯資料の中に読売新聞社刊の同書のコピーも含まれていたので、当該箇所を引いておこう。

…お能の鼓といえば、私達が知っているのは、いくらよくても桃山か徳川初期のものですが、これはあきらかにそれ以前のもので、唐草の漆絵も、全体の姿も、古風な形をとどめています。裏に阿古作の銘があり、鼻金剛と呼ばれた金剛氏正（一五〇七～一五七六）の所有と伝えられ、氏正は天文年間に活躍した能役者でしたから、この鼓もその頃か、室町初期の作かもしれません。氏正という人は、逸話の多い人物でした。…中略…大きな芸の持ち主で、沢山面白い話を残しているのですが、やわらかい後世の作に比べて、サイズも大きく、無骨な作りの鼓を眺めていると、鼻金剛と呼ばれた人の、絢爛豪放な舞いぶりが、ほうふつとされて来るようです。こういう楽器を用いた室町時代の申楽は、現代のお能より、もっと溌剌としたものだったに違いありません。…

サイズが大きい、と書いているが小鼓と勘違いしたのだろう。小鼓の平均的な全高は二十五センチ、大鼓は二十九センチ前後だが、この鼓胴の全高は二十七・一センチ、革口径は十一・三センチ。現行の大鼓より小ぶりである。

受ケ内の銘を信ずれば、室町後期に活躍した鼻金剛、金剛氏正の所持ということになる。蒔絵の一部には絵梨地で葉が描かれているが、絵梨地の技法は高台寺蒔絵によく見られる手法で桃山時代以降、また金剛新六・阿古と記した受ケ内の銘は蒔絵より後、というのが漆芸家中里寿克の見解である。銘が書かれたのが江戸時代だとすれば、金剛新六・阿古という情報の信憑性が危うくなるが、あくまでも鼓胴の形態に従って推定すれば、やや開き気味の乳袋や、棹の中央に設けた節の形には過渡期鼓胴の特徴がうかがえる。胴自体の製作は桃山時代以前、と判断してよかろう。鼓胴の成形後、しばらくたってから蒔絵を施す「後蒔絵」は鼓の世界ではよく聞く話である。おそらくこれも後蒔絵であろう。

この三点の鼓胴に共通するのは、寸法が大鼓よりも小ぶりな点である。室町時代のはじめ、大鼓は現在よりも小ぶりだったらしい。『四座役者目録』の大鼓奏者高安与右衛門（道善）の項に、「大鼓ノ筒ヲ、大ニコノミ初タル人也」という記述がある。観世宗節時代の奏者であった「大兵」道善が大鼓の胴を大ぶりにした、という記述に従えば、室町時代初期の大鼓は小ぶりだったことになる。室町初期に存在したことが確実視される大鼓胴の例は少ないのだが、MIHO MUSEUM所蔵の雷雲蒔絵鼓胴は受ケに「奉寄進　竹生嶋　御宝前、永享二年　六月廿一日　源左京大夫持信」と朱書きがあり、永享二年（一四三〇）に竹生島へ奉納されたことが明らかである（**写真22**（口絵冒頭）・**写真23**）。全高二十七・五センチ、革口径十二・三センチ。この鼓胴の全高を室町初期のひとつの基準と仮定すると、個人蔵鼓胴と鳥海旧蔵鼓胴は、寸法の点でほぼ一致する。室町時代初期の大鼓は、現在より小ぶりだったのではなかろうか。

ただし、数値はさきに紹介した線刻鼓胴とほとんど変わらないが、雷雲蒔絵鼓胴の乳袋は開口部が開いた形状で、革口も薄く、過渡期の鼓胴の面影を濃厚に残している。乳袋上に刻まれた線を埋めて蒔絵を施した可能性が考えられるほど過渡期の形状そのものなので、所蔵者の許可をいただいてX線撮影を行ってみた。その結果が**写真24**だが、線の跡は認められなかった。永享二年といえば世阿弥の存命中である。この時代、線刻こそないが雅楽風に開いた乳袋を有する鼓胴は現役だったのである。

線刻はあるが乳袋がすっきり引き締まった鼓胴と、線刻はないが口の開いた乳袋を有する鼓胴。室町時代には両者が並存していたことになった。あるものは乳袋の開き具合を狭め、あるものは線を刻まぬ方向で、という具合にさまざまな方向から現行の大鼓へと形状が変化していったのである。過渡期の鼓胴から能の大鼓への道筋は、単純な一方向ではなかったことが改めて確認された。

おわりに

線刻鼓胴はいつまで製作されたのだろうか。京都府下の多治神社では、現在でも秋の祭礼で線刻鼓胴を使用しているので他所での下限は不明だが、おそらくある時期一斉に線刻を廃したのではなく、線刻のない鼓胴と線刻を有する鼓胴を並行して製作していた時期があったのだろう。

未確認の鼓胴も含むと、線刻鼓胴の総数は十八となった。石上神宮の古風な鼓胴から、能の大鼓と言ってもよいほど形態の整った個人蔵の線刻鼓胴まで、形態も使用時期も当初想像していた以上に幅があり、ヴァラエティに富んでいたことが次第に解明されつつある。どの段階から能楽の鼓胴として使用されたのか等々解明するには至っていないが、こうした鼓胴が西日本を中心に普及していたことは明らかである。一筒発見されるたびに新たな事実が浮かびあがるさまはまるで考古学のようで、この論考も次の一筒が「発掘」されるまでの中間報告に過ぎないのだが、新たな発掘を期待しつつ論を閉じることにする。

末筆ながら、調査にご協力いただいた所蔵者、関係諸機関各位に深謝申し上げる。

注

（1）高桑いづみ「雅楽鼓をめぐる一考察」（科学研究費報告書『雅楽古楽器の総合的調査研究』研究代表者　蒲生郷昭　一九九五年）。
高桑いづみ「過渡期の鼓胴の位置」（科学研究費報告書『地方に残る雅楽・能楽の古楽器研究』研究代表者　高桑いづみ　二〇〇〇年）。
高桑いづみ「鼓胴の形態変化」（東洋音楽学会機関誌『東洋音楽研究』第六十五号　二〇〇一年。『能の囃子と演出』（二〇〇三年　音楽之友社）に再録）。

（2）石上神宮ではこのほかもう一点黒塗鼓胴を所蔵しているが、これには乳袋上の線刻がなく、中央の節も三条あるので雅楽鼓胴と認められる。前稿では雅楽鼓胴をAとしたので、法量表での線刻鼓胴はB～Eとなっている。

（3）『ふる里延勝寺のたからと歴史』（一九九七年　私家版）による。

（4）京都府多治神社では、現在でも線刻鼓胴を民俗芸能「カッコスリ」に用いている。これは室町時代にさかんになった風流踊であるから、飯開神社でも天正当時に躑躅胴鼓が現役でなかったとは断定しにくい。『飯開神社・白髭神社取調帳』によると、同神社では毎年四月初辰日に祭礼が執り行われ、神輿が村内を渡御したようだ。かつては祭礼で使用した可能性も考えられる。

（5）『牛窓町史』牛窓町史編纂委員会編（一九九六年）。

（6）蒔絵を描く前段階として、桃山時代には和紙に描かれたデザインを朱漆で漆器面に写していた。これを赤置き目という。しかし桃山時代には必ずしも置き目通りではなく蒔絵を施す事があったため、蒔絵を施さなかった置き目の赤が部分的に表面にみえることがある。

あとがき

動きが少なく、舞台装置もほとんど出さない能では、謡で情景や心情を描く。謡がわからなければ能はわからない。謡がなければ能は成り立たず、声を出して謡わなければ謡ではない。当たり前すぎることなのに、能を音楽としてとらえた研究は、たいへん少ない。音楽大学出身の私は、ドビュッシーの楽曲分析の講義で耳にした一言をよく覚えている。「長二度の付加音、これがこの部分のひびきを複雑にしています」。現役の作曲家でもある教授が淡々と放った一言だった。クラシック音楽の世界では、ソナタ形式だ、対位法だと大きく形式をとらえる一方で、一音一音ひびきの効果をたどっていく。ミファソ、と順次進行するところでミファラソ、と間に一音はさんだらそれがどのような意味を持つのか。ソシレではなくソシレファ、と一音加えることでどれだけひびきが広がりを持つか。ところが、観世流では《雲林院》［クセ］の「かの遍昭が連ねし」でいきなり下音から上ウキ音へ一オクターブも上行するのに、その意図について、その効果についてなぜだれも言及しようとしないのだろう。《野宮》によく出てくる拍子当たりも、《杜若》の［クセ］に頻出する拍子当たりも、作詞同様作者の工夫である。［上ゲ歌］の前半を中ノリ地に替えた小段は《野宮》と《定家》だけに用いられ、この二曲の後場に大きな効果をもたらしている。高音で歌ったりリズムを工夫することで表現したいことはあったはずなのに、謡や囃子はむずかしいから、と敬遠され、その意図を探ろうという試みもなされなかった。

むずかしいから、と謡を敬遠していたのは筆者も同じである。鼓のいさぎよい音色とカケ声に惹かれ、大鼓と小鼓がおりなす間の駆け引きに魅了されて能を見続けてきた著者にとって、笛や鼓が研究の出発点であった。どのようなリズムパタンをくみあわせて、どのように間を刻んでいくのか。流儀によってリズムパタンはどう変わるのか。時代の移り変わりとともにどのように変化したのか。囃子をテーマにした論文を集めて音楽之友社から出版したのが、『能の囃子と演出』（二〇〇三年刊）である。

それから約十年たった。縁の下の力持ち、として能を支える囃子だが、その囃子が支えているのはほかでもない謡である。世阿弥は謡のフシをどうとらえたのか。時代の変遷に伴って謡はどのように変化したのか。劇中芸として狂言はどのように流行歌を摂取したのか。謡の世界は未知の事柄であふれている。クラシック音楽の楽曲分析のように能の音楽を解体し、六百年の時空を遡って世阿弥時代のオリジナルに肉薄することはできないものだろうか。二〇〇二年には、横浜能楽堂の企画公演に参画して、桃山時代の能の復元にも携わった。力不足なのはもとより承知。無謀な試みの第一歩として謡をテーマにした論文を一冊にまとめようと思い立った。前著に劣らずマニアックな論ばかりだが、神は細部に宿ると聞く。先人たちが工夫を重ねた細部に目を配って、音楽としての能の醍醐味を少しでも解き明かしてみたい。そのような意図で本書を編んでみた。

私が少しでも謡の魅力に近づけたとするならば、それは稽古を通して、舞台鑑賞を通して、過去の録音を通して、私に謡のすばらしさを伝えてくださった能楽師の方々のおかげである。その表現の多様さと深さに敬意を表しつつ、本書を閉じることとしたい。

本書は独立行政法人日本学術振興会平成二十六年度科学研究費助成事業（研究成果公開促進費）の交付をうけている（課題番号二六五〇〇七）。

初出一覧

序にかえて　くり返すということ――音楽のかたちと伝承――
「「くり返す」ということ ― 音楽の「かたち」と変化する伝承 ―」（東京文化財研究所主催・第三十七回文化財の保存及び修復に関する国際研究集会「かたち」再考〔発表原稿〕、二〇一四年一月）

第一章　能の謡　――華やかなフシをたどる――
第一節　［上ゲ歌］の形成とその応用―返シを謡うということ―
「返シを謡うということ　―［上ゲ歌］形成の一過程とその応用―」（『能と狂言』十二　能楽学会編、二〇一四年八月）
第二節　世阿弥自筆能本節付考―《難波梅》・《盛久》・《江口》をめぐって
「世阿弥自筆本の節付けを考える―《難波梅》から《盛久》《江口》まで」（『無形文化遺産研究報告』第二号　東京文化財研究所無形文化遺産部編、二〇〇八年三月）
第三節　下間少進手沢車屋本節付考―桃山時代の謡のフシを考える―
「下間少進手沢車屋本節付考」（『能と狂言』創刊号　能楽学会編、二〇〇四年四月）
第四節　下ゲゴマ考
「下ゲゴマ試論」（『能と狂言』十　能楽学会編、二〇一二年五月）
第五節　《卒都婆小町》の復元―秀吉の見た能―
「《卒都婆小町》の復元―秀吉の見た能―」（『伝統芸能の特殊な上演に関する調査研究』東京文化財研究所無形文化遺産部編、二〇〇六年三月）

第六節　「四季祝言」・「敷島」の謡復元
「《四季祝言》《敷島》の謡復元」（『能と狂言』十二　能楽学会編、二〇一四年八月）

第二章　狂言の謡　――流行歌の摂取と狂言謡――
第一節　狂言小歌拍節遡源―狂言小歌は拍子合か拍子不合か―
「狂言小歌拍節遡源―狂言小歌は拍子合か拍子不合か」（『楽劇学』第十七号　楽劇学会編、二〇一〇年三月）
第二節　独吟一管「海道下り」の伝承再考
「独吟一管「海道下り」の伝承再考」（『楽劇学』第十八号　楽劇学会編、二〇一一年三月）
「《放下僧》と《海道下り》放下の歌」（『花もよ』第十五号、二〇一四年九月）
第三節　狂言小舞の伝承を考える―和泉流各家のフシと比較を中心に―
「狂言小舞の伝承を考える―野村万蔵家と狂言共同社のフシの比較を中心に―」（『金沢大学日中無形文化遺産プロジェクト報告書』第十七集　金沢大学人間社会研究域発行、二〇一二年一月）

第三章　能の周辺・音楽の周辺
第一節　ちと年寄しくある女面―《井筒》と《砧》
「昔語りをする老女」（『銕仙』五二三　銕仙会編、二〇〇四年四月）
「生ひにけらしな、老いにけるぞや―深井が見せる『井筒』の世界」（『能楽観世座第二回公演』パンフレット二〇〇四年七月）
「ちと年寄りしくある女面再考―待つ女と待てぬ女―」（『銕仙』六三七　銕仙会編、二〇一四年六月）
第二節　室町時代の「読ミ物」覚書
「能を中心とした室町時代の読ミ物・覚エ書」（『楽劇学』第十二号　楽劇学会編、二〇〇五年三月）
第三節　風流能と大ノリ謡
「風流能と大ノリ謡」（『銕仙』五三一　銕仙会編、二〇〇五年二月）

第四節　とうとうたらりと雅楽の唱歌

「とうとうたらりと雅楽の唱歌」（『銕仙』四四九　銕仙会編、一九九七年一月）

第五節　能に至る過渡期の鼓胴

「過渡期の鼓胴その後」（『無形文化遺産研究報告』第一号　東京文化財研究所無形文化遺産部編、二〇〇七年三月）

「能の鼓が誕生するまで　一・二」（『国立能楽堂』上演パンフレット　第二七七号・第二七八号、二〇〇六年九月・十月）

「「過渡期の鼓胴その後」再び」（『銕仙』五六〇　銕仙会編、二〇〇七年九月）

歌
ゆきてわかいェりー　か　アいェりてわゆきーふィとよふたよみーよよよー
ななよやよこーこのよ　とよのンあかりのしェちいェにも
あわでぞかよーにわとりの　ときうォもかいェずあかつきのオ
しぢのふァしがきももよまでとかよいいて　くじゅーくよになりたり
あらくるしめまいや　むーねくるしやとかなしみて
ふィとようォまたでししたりしン　ふかくさのしょーしょーの
そのうォんねんがつきそいてーエ　かよーにもーのにわくるわするウぞや
キリ
これにつけてものちのようォ　×2　ねごーぞまことなりける
いさごうォとーとかさねて　おーごんのふァだいェこまやかに
ふァなうォふォとけにたむけつつ　さとりのみちにいろーよ
さとりのみちにいろーよ

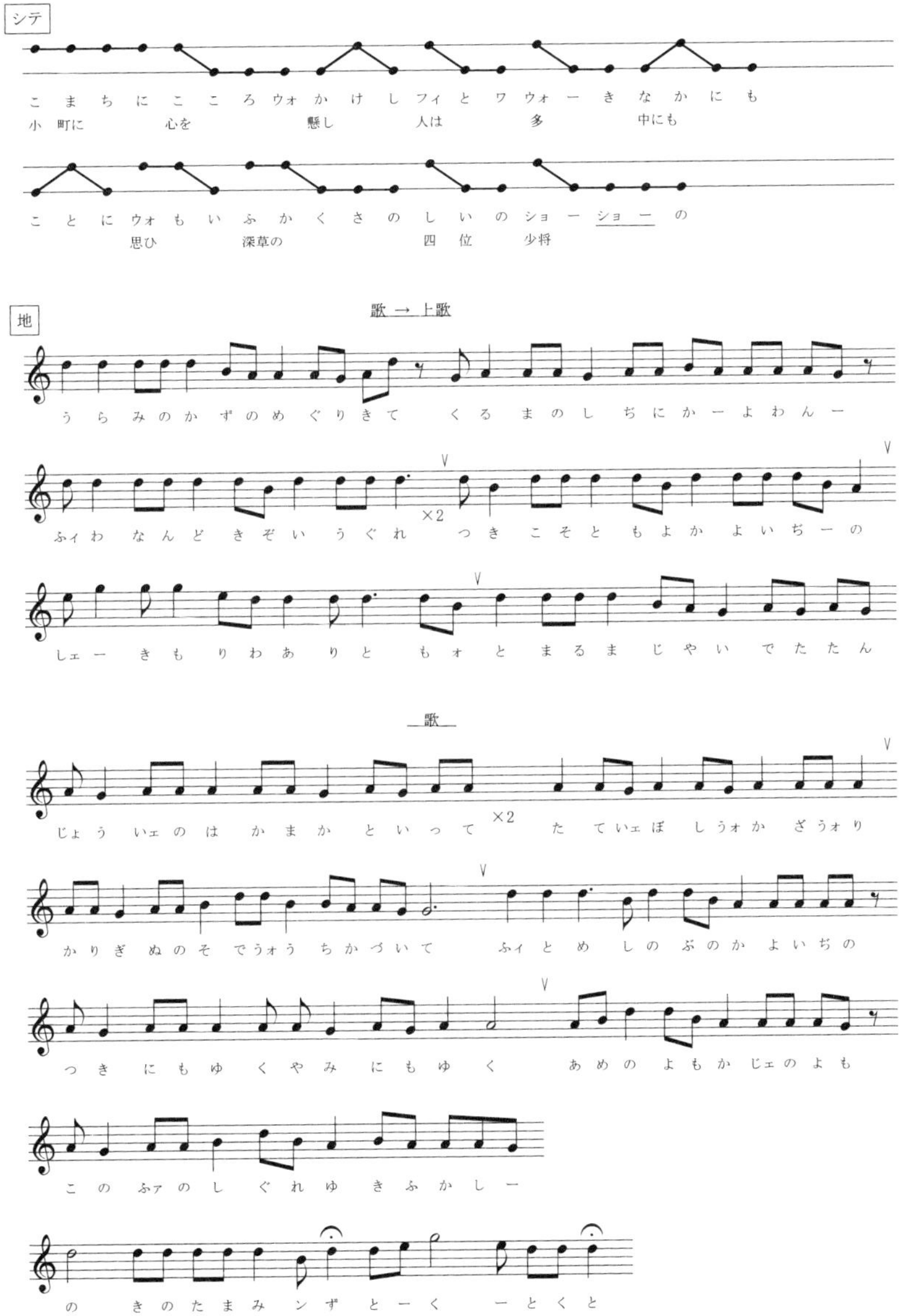
シテ
こ ま ち に こ こ ろ ウォ か け し フィ と ワ ウォ ー き な か に も
小 町に 心を 懸し 人は 多 中にも
こ と に ウォ も い ふ か く さ の し い の ショ ー ショ ー の
思ひ 深草の 四 位 少将
地
歌 → 上歌
う ら み の か ず の め ぐ り き て く る ま の し ぢ に か ー よ わ ん ー
ふぃ わ な ん ど き ぞ い う ぐ れ ×2 つ き こ そ と も よ か よ い ぢ ー の
しェ ー き も り わ あ り と も ォ と ま る ま じ や い で た た ん
歌
じょ う いェ の は か ま か と い っ て ×2 た て いェ ぼ し うォ か ざ うォ り
か り ぎ ぬ の そ で うォ う ち か づ い て ふぃ と め し の ぶ の か よ い ぢ の
つ き に も ゆ く や み に も ゆ く あ め の よ も か じェ の よ も
こ の ふァ の し ぐ れ ゆ き ふ か し ー
の き の た ま み ン ず と ー く ー と く と

おそうノーなにごとぞこまちがもとイェかよオーよノー
お僧 なふ 何事ぞ 小町が 許へ 通 はふによ
ワキ
おことこそこまちよ。なにとてうつつなきことうォばのたモーぞ
おこと 社 小町よ。 何とて うつつなき 事をは 宣うぞ
シテ
いやこまちといふひとワ。あまりにいろがふコーて
いや 小町と いふ 人は。 余りに 色が 深ふて。
あなたのたまづさこなたのふみ。
あなたの 玉章 こなたの 文。
かきくれてふるさみだれのー
そらごとなりともいちどのフェんじもノーて
空 一度 返事
いまももとしェになるがむくうて あらーふぃとこいしや
あアらふぃとこいしやーやー
ワキ
さてただいまワいかヨーなるもののたちよりたるぞ
扨 只今は いかやう成 者の 立ち寄

ロンギ

くびにかけたるふくろにわ いかなるものうォいれたるぞ
きょーもいのちわしらねども あすのういェうォたすけんとー
ぞくとーのかーれいいーうォ ふくろーにいれてもちたるよ
うしろにうォいェるふくろにわ くにのあかづけるこーろもあり
ふィぢにかけたるあじかにわー ふァッこくのくわいありー
やぶれみのやぶれがさ おもてばかりもかくさねば
ましてしもゆきあめつゆー なみだうォだにーもうォそーべーき
たもともそでもあーらばこそー いまわろとおに
さそらい ゆききのふィとにものうォこう こいいェぬときわ
あくしん またきょーらんのこころつきてー こいェかわりけしからずー
クリ
のーものたーべのー

ふァくふんうォたいェさず　らりょーのころもうォー　してー
けいでんのあいだにあまりしぞかしー
シテ
地
うたうォよみしうォつくりー　いェいうォすすむるーさかづきわ
かんげっそでにしづかなりー
下歌
まことい う なるあーりさまのいーつそのふォどーにふィーきかいェて
上歌
こーべにわー　そーふォうォーいただき
入
しェんげんたりしりょーびんも　ふァだいェにかしけてすみみだーれ
クリ
いェんいェんたりしそーがも　いェざんのいろうォうーしの
ももとしェに　ふィと　としェた　らぬつくもがみ　かかる
うォも　いわあ　りあけのかーげふァづか　しきわーがみかな

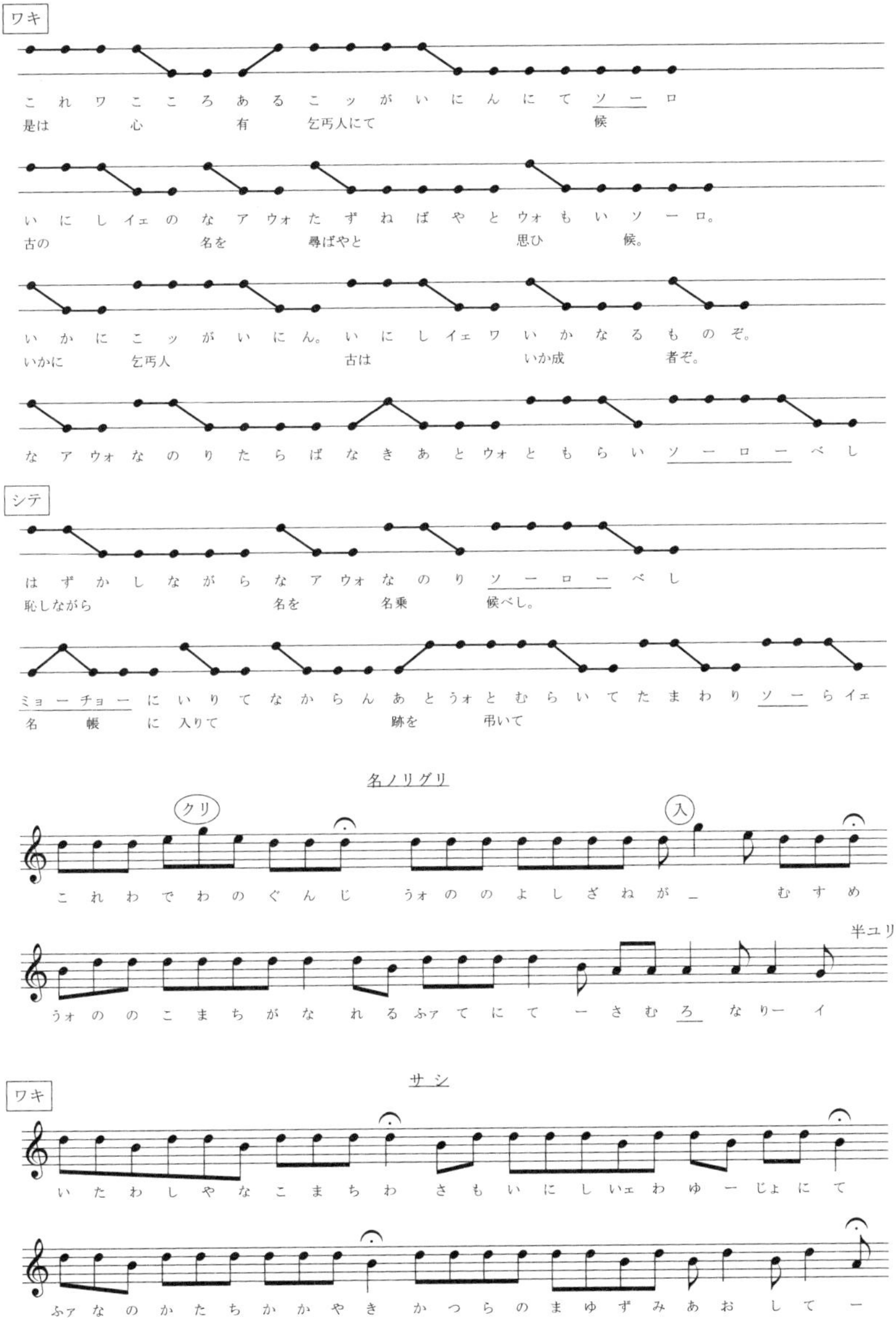
ワキ
こ れ ワ こ こ ろ あ る こ ッ が い に ん に て ソ ー ロ
是は 心 有 乞丐人にて 候
い に し イェ の な ア ウォ た ず ね ば や と ウォ も い ソ ー ロ。
古の 名を 尋ばやと 思ひ 候。
い か に こ ッ が い に ん。 い に し イェ ワ い か な る も の ぞ。
いかに 乞丐人 古は いか成 者ぞ。
な ア ウォ な の り た ら ば な き あ と ウォ と も ら い ソ ー ロ ー べ し
シテ
は ず か し な が ら な ア ウォ な の り ソ ー ロ ー べ し
恥しながら 名を 名乗 候べし。
ミョ ー チョ ー に い り て な か ら ん あ と うォ と む ら い て た ま わ り ソ ー ら イェ
名 帳 に 入りて 跡を 弔いて
名ノリグリ
クリ
入
こ れ わ で わ の ぐ ん じ うォ の の よ し ざ ね が ＿ む す め
半ユリ
うォ の の こ ま ち が な れ る ふァ て に て ー さ む ろ な りー イ
ワキ
サシ
い た わ し や な こ ま ち わ さ も い に し いェ わ ゆ ー じょ に て
ふァ な の か た ち か か や き か つ ら の ま ゆ ず み あ お し て ー

歌
地
入
げにふぉんらいいちもッなきときわンふぉとけもしょじょーもふェンだてなし
もとよりぐちのぼんぶうォすくわんためのほーべんの
ふかきちかいのぐヮんなればぎゃくいェんなりとうかむべーしと
ねんごろにも——しェばアまことにさとれるふィにんなりとて
そうわこーべうォちにーつけてさんどらいしたーまいェばー
シテ
われもそのときちからうォえーなうォたわむれのうたうォよむー
下ノ詠
ごくらくのーうちならばこそあしからめそとわなにかわくるしかるンべき
地
歌
むつかーしのそーのきょーけやーむつかしのそーのきょーけや

ワキ
こころなきみなればこそ ぶったいうォばしらざるらめ
シテ
ぶったいとしればこそそとばにワちかづきたれ
仏体と 卒都婆には 近づきたれ
ワキツレ
さらばなどらいうォばなさでしきたるぞ
シテ
とてもふしたるこのそとば われもやすむわくるしいか
ワキ
それわじゅんねんにふァづれたり
シテ
ぎゃくえんなりとうかむべし
逆 縁 浮
ワキツレ
だいばがあくも
シテ
クヮンノンのじひ
観 音 慈 悲
ワキ
はんどくがぐちも
シテ
もんじゅのちイェ
文 殊 智 恵
ワキツレ
あくとゆーも
シテ
じェんなり
ワキ
ぼんのーとゆーも
シテ
ぼだいなり
ツレ
ぼだいもと
シテ
ういェきにあらず
ワキ
みょーきょーまた
シテ
うてなになし

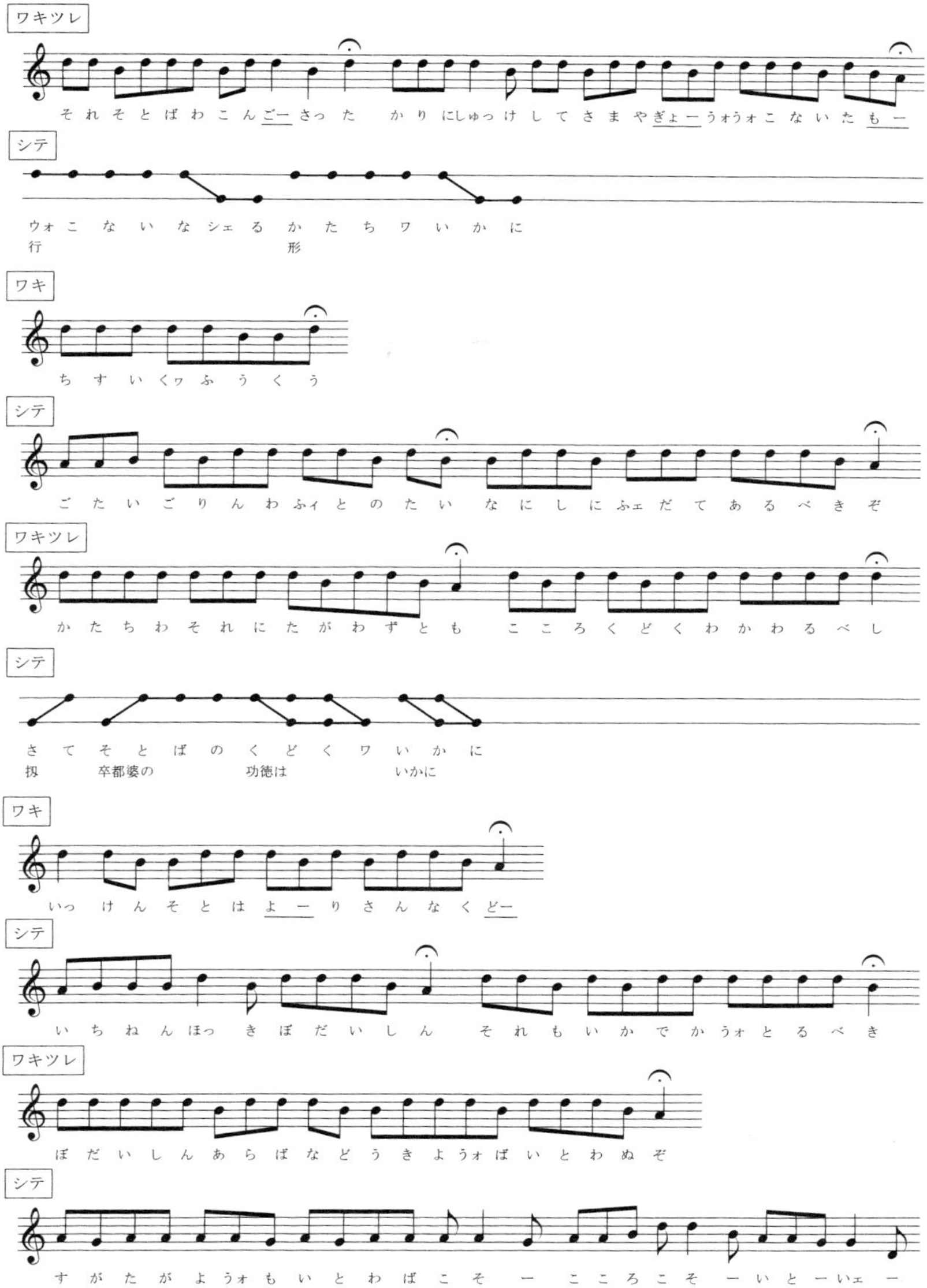
ワキツレ
それそとばわこんごーさった かりにしゅっけしてさまやぎょーうォうォこないたもー
シテ
ウォこないなシェるかたちワいかに
行 形
ワキ
ちすいくヮふうくう
シテ
ごたいごりんわふィとのたい なにしにふェだてあるべきぞ
ワキツレ
かたちわそれにたがわずとも こころくどくわかわるべし
シテ
さてそとばのくどくワいかに
扨 卒都婆の 功徳は いかに
ワキ
いっけんそとはよーりさんなくどー
シテ
いちねんほっきぼだいしん それもいかでかうォとるべき
ワキツレ
ぼだいしんあらばなどうきようォばいとわぬぞ
シテ
すがたがようォもいとわばこそー こころこそーいとーいェー

かたじけなくもぶったいしきショーのそとばにてワなきか。
忝も　仏　体　色　性の　卒都婆にては　なきか。

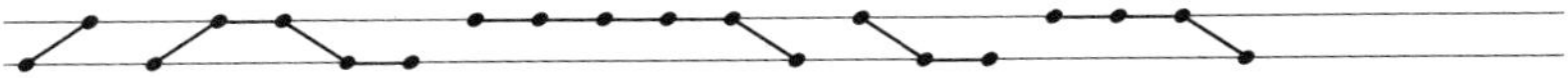

そこたちのきてよのところにやすみソーらイェ
そこ　立　退て　余の　所に　休み　候へ

シテ

ぶったいしきショーのかたじけなきとワのたまイェども。
仏体　色性の　忝きとは　宣へとも。

これフォンどもじもみイェずきざめるかたちもなし。
是　程　文字も　見へず　刻める　形　も　なし。

たンダアくちきとこそみイェたれ
只　朽木と　こそ　見へたれ

ワキ

いわんやぶったいにきざめるきイ。
況や　仏体に　刻める　木。

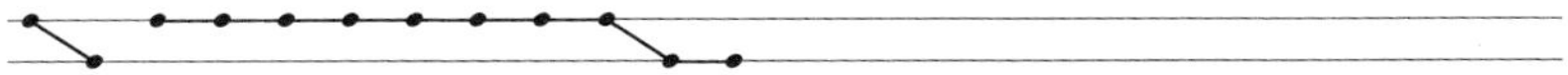

なンどそのしるしなかるべき

シテ

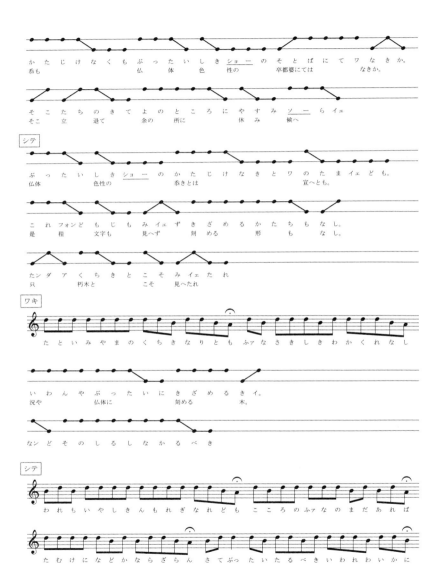

着キゼリフ シテ

あまりにくるしうソーローフォンどに。このところに
余りに　苦しう　候　程に。此　所に

しばらく。やすまばやとフォもいソーロ
暫く。休まば　やと　思ひ　候

ワキ

ノーノーこれなるこッがいにんごらんソーらイェ。
なふなふ　是　成　乞　丐　人　御覧　候へ。

あらあさましとやつれファててソーローや。
あら　浅ましと　やつれ　果て　候や。

こしフォかけたるワそとばにてワソーらわぬか。
腰を　かけたるは　卒都婆にては　候らわぬか。

キョーけしてのけばやとフォもいソーロ。
教化して　のけばやと　思ひ　候

いかにこれなるこッがいにんフォことのこしかけたるワ。
いかに　是　成　乞丐人　おことの　腰　掛たるは。

サシ

シテ

あわれやげにいにしいェわ きょーまんもっともふァなふァだしう
ふィすいのかんざしわあだとーオたうォやかにして よーりゅーのふァるのかじェになびくがごとしーイ
またおーじェつのさいェづりわ つゆうォふくめるいとふァぎの
かごとばかりにちりそむるーウ ふァなよりもなうォめづらしやー
いまわみんかんしづのめにさいェきたなまれ しょにんにふァぢうォさらし
うれしからぬつきふィみにつもってーエ ももとしェのんばとなりてーエさむろ

下歌

みやこわふィとめつつましやー もしもそれとかいうまぐれ

上歌

つきもろともにいでていく ×2 くもいももしンきや
入
クリ
うォーうちやまのやまもりも かかるうきみわよもーとがめじイ

ワキ （現行下掛宝生）

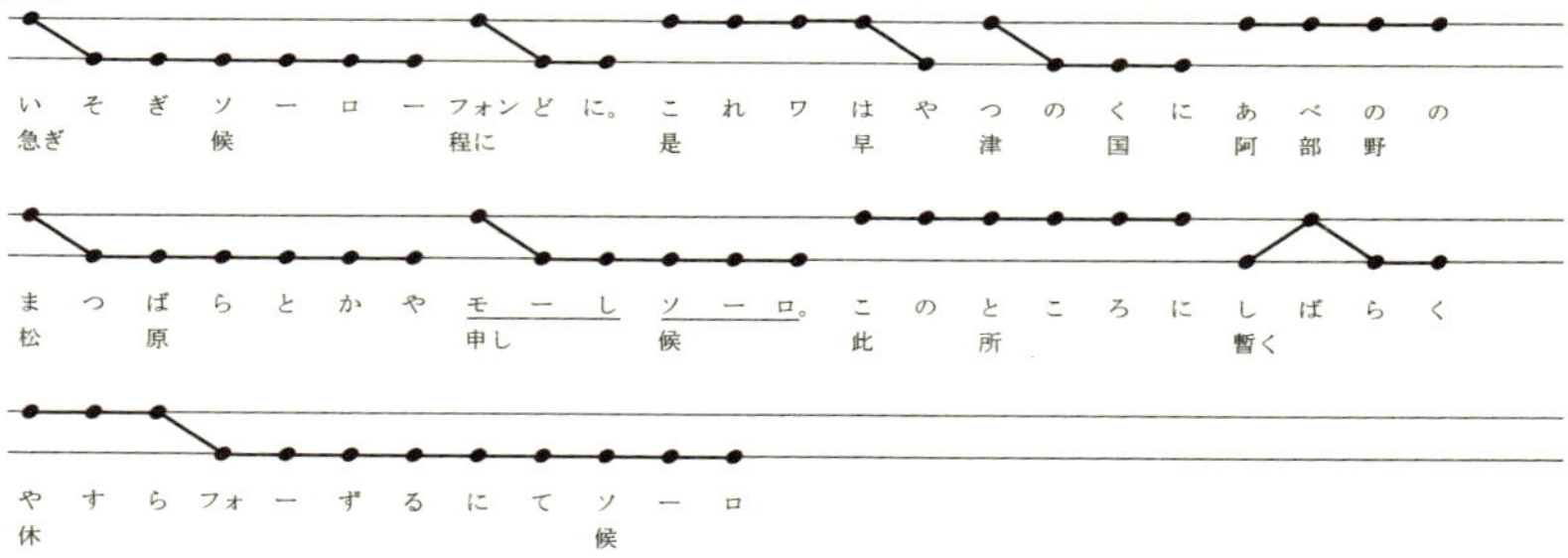

ツレ

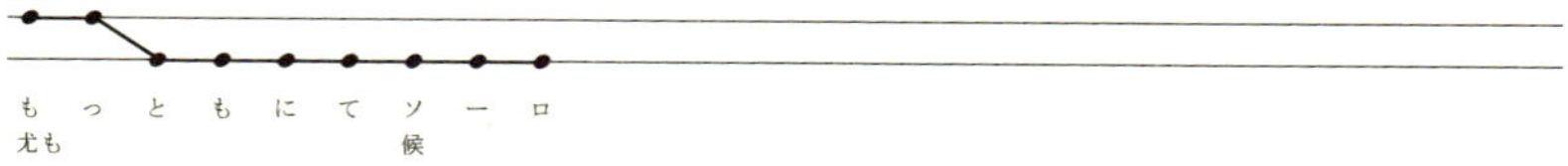

シテ

次第

ワキ

次第

1名ノリ

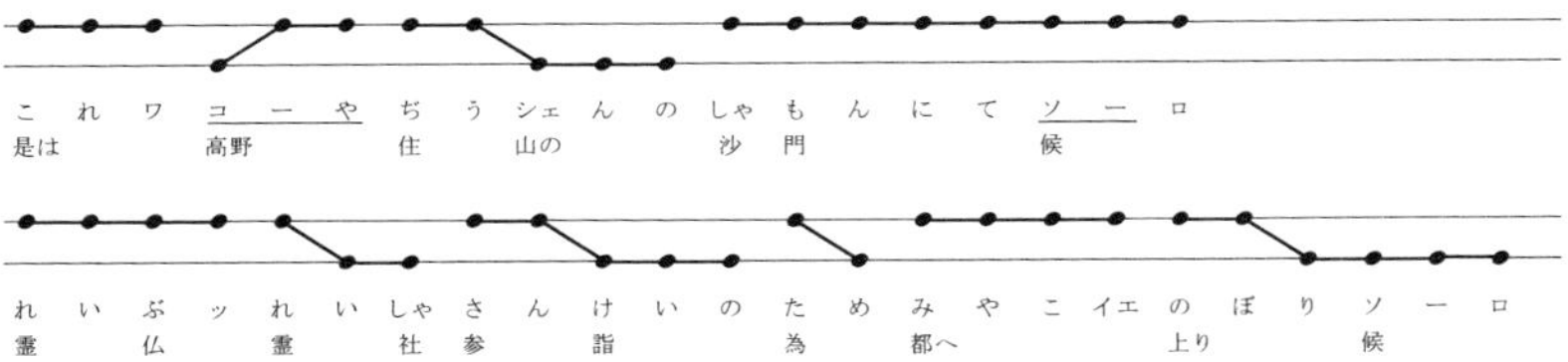

ワキ

サシ

ワキ

道行

《卒都婆小町》復元上演資料

以下（262ページ〜276ページ）は、本書第一章第五節「《卒都婆小町》の復元」で論じた《卒都婆小町》復元の上演資料である。

凡例

＊シテの詞章は法政大学鴻山文庫蔵「堀池・淵田百拾九番本」、ワキの詞章は法政大学能楽研究所所蔵「下間少進手沢車屋謡本」を用いた。

＊便宜上、以下の五線譜の様に音高を定めた。

＊ゴマ一つ分を八分音符で表記し、サシ謡に関しては句末の引きをフェルマータ付きの四分音符で、詠の部分は増シ節の多い文字は適宜四分音符、二分音符で表記した。

＊拍子合の謡に関しては、モチのある文字を四分音符で表記した。地拍子は、以下のリズム対応になっている。一句の区切りにブレスを入れた。

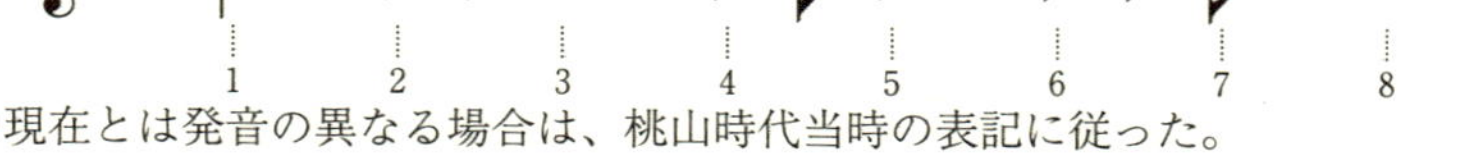

＊現在とは発音の異なる場合は、桃山時代当時の表記に従った。

＊コトバのアクセントは、坂本清恵作成資料によっている。

な行

は行

ま行

や行

ら行

さ行

た行

書名・資料名

あ行

か行

人名

さ行

た行

な行

索引

＊ この索引は、本文および引用文にあらわれる語句について「曲名」「人名」「書名・資料名」に大別し、五十音順に配列したものである。なお、注のうち必要事項と思われる語句についても同様に掲載したが、資料のキャプションについては採録していない。

＊ 見出し語は原則として本文中の文字に従ったが、略称を含む場合がある。

＊「曲名」には一部小段名も含めた。能・狂言以外の曲目については採録していない。

＊「人名」には、流派名や狂言の家名、鼓胴の所蔵者（機関）などの固有名詞も含めた。

＊「書名・資料名」では、名称の区別がつきにくいのでカッコ内に所蔵者・流儀名などを記した。

曲名

あ行

か行

高桑いづみ（たかくわ　いづみ）

東京生まれ。東京藝術大学音楽学部楽理科卒業。東京藝術大学音楽研究科修士課程修了。早稲田大学文学部演劇研究科より博士号（文学）取得。現在、独立行政法人国立文化財機構東京文化財研究所無形文化遺産部無形文化財研究室長。第21回東洋音楽学会田邉尚雄賞（2003年度）第35回観世寿夫記念法政大学能楽賞（2013年度）受賞。主著に『能の囃子と演出』（音楽之友社）。

協力
アトリエ・ベアール　清水亜紀子　古川和美　山脇たづさ

能《のう》・狂言《きょうげん》　謡《うたい》の変遷《へんせん》　世阿弥から現代まで
2015年2月23日　第一刷発行

著　者　高桑いづみ
装　幀　阿部 壽
発行者　檜 常正
発行所　株式会社 檜書店
〒101-0052　東京都千代田区神田小川町 2-1
☎03-3291-2488
http://www.hinoki-shoten.co.jp
印刷・製本　モリモト印刷株式会社

ISBN 978-4-8279-0998-2 C3074 Printed in Japan